生活因阅读而精彩

生活因阅读而精彩

TRUSTED BY WHAT YOU'VE DONE

对手都相信你，你就成功了！

信任是靠挣出来的

主流媒体

重磅推荐

THE RECOMMENDED EDITION

易文◎编著

中国華僑出版社

图书在版编目(CIP)数据

信任,是靠挣出来的 / 易文编著. —北京:
中国华侨出版社,2013.3

ISBN 978-7-5113-3382-7

Ⅰ. ①信… Ⅱ. ①易… Ⅲ. ①人间交往-通俗读物
Ⅳ. ①C912.1-49

中国版本图书馆 CIP 数据核字(2013)第050773 号

信任,是靠挣出来的

编　　著 / 易　文
责任编辑 / 筱　雁
责任校对 / 志　刚
经　　销 / 新华书店
开　　本 / 787×1092 毫米　1/16 开　印张/17　字数/255 千字
印　　刷 / 北京建泰印刷有限公司
版　　次 / 2013 年 5 月第 1 版　2013 年 5 月第 1 次印刷
书　　号 / ISBN 978-7-5113-3382-7
定　　价 / 29.80 元

中国华侨出版社　北京市朝阳区静安里 26 号通成达大厦 3 层　邮编:100028
法律顾问:陈鹰律师事务所
编辑部:(010)64443056　64443979
发行部:(010)64443051　传真:(010)64439708
网址:www.oveaschin.com
E-mail:oveaschin@sina.com

前言 Preface

你能想象缺乏甚至没有信任的世界是什么样子吗?

你能想象缺乏信任的团队能顺利完成某项工作吗? 你能想象缺乏信任的生意伙伴能顺利签约吗? 你能想象缺乏信任的朋友能风雨同舟同甘共苦吗? 你能想象缺乏信任的爱人能白头偕老举案齐眉吗?……

信任,就像是这个世界运转的润滑剂,没有它,这个世界就变得生涩而无法运转。

不知道读者看过《在劫难逃》这部影片没有。本书的书名就是由此而来。在这里先简单介绍一下这个故事。

影片从主角尼敦登陆失踪人口网站开始，之后发生了许多无法控制的事情,养父母被杀、亲生父母不知身在何处,他开始觉得原来自己一直生活在一个谎言里,于是开始对抗这个谎言,并寻找自己真实的身份,逃亡、追击、发现、绝地反攻……整部影片除了动作打斗、飞车、枪战这些给人视觉震撼的元素外,男主角的性感、女主角的美貌、配角的亮眼也都为影片注入了让人心潮澎湃的血液，不过让我留心的是一句反复两次提到的台词:

“信任，是要挣出来的。”

第一次是在尼敦整夜参加 Party 并喝得烂醉未回家时，他的养父母惩罚他禁足一周，并对他的反驳回应了一句“信任是要挣出来的”，言外之意是“你自己做不到的事情，就不要拿出来说了！”当时的情境让人觉得这句话挺逗的，猜想尼敦当时也是很不屑的。但当尼敦亲眼目睹养育自己多年的养父母死在面前时，这只言片语就显得弥足珍贵了。这是影片催人泪点的部分，也是故事继续发展的前奏。

该信任谁？成为一个问题。

第二次是在医院里。电话里所谓的 CIA 提出要尼敦信任他们时，尼敦回他一句“信任是要挣出来的”便挂断了电话，言语中流露出些许心伤。这一次，说出这句话的人不是父母，不是别人，而是他自己。是不是意味着他开始懂得了信任的真正意义？还是说明他面对这个充满谎言的世界披上了防护的铠甲？总而言之，尼敦是在成长的。

“信任是要挣出来的”，看似简单，实则意味十足。想想编剧应该不是随意安放这样一句话在情节中，定有他特殊的隐意。据说当初故事的创作背景也是编剧浏览到失踪人口网站，震惊于如此之多的失踪人口，之后才创作了这部影片中的故事。其实这个世界每天都在上演失踪的画面，是不是每个人都要经历“在劫难逃”，没有人知道，但相信“信任”能够成为击败谎言的一把利器，让自己变得可信，让生存的世界变得可信，于是危机不攻自破。

看一部影片，学一个道理。《在劫难逃》拥有动作悬疑大片的气质，也伴着文艺片的沁人心脾。如果你从这段紧张刺激的旅途中醒悟过来了，那就请开始挣得你的信任指数吧！

目录 Contents

上篇 反思篇
——你为什么得不到别人的信任

第一个反思 你看上去像一个值得信任的人吗？

你看上去像一个值得信任的人吗？坦白说，这个问题很难回答。因为你在别人眼中是否像一个值得信任的人要取决于很多方面，譬如言谈举止、处事方式、用心程度等等。虽然因由多多，但是有一点我们可以肯定，只要愿意、掌握并运用一些技巧的话，完全可以轻松赢得别人的信任。

第二个反思 要别人相信你时，你相信别人了吗？

信任是一种有生命的感觉，信任也是一种高尚的情感，信任更是一种连接人与人之间的纽带。在我们要求别人信任自己之前，应该想想自己是否拿出了足够的诚意，是否完全相信了对方。正所谓：将心比心。当你付出了真诚与坦率，打动了对方，那么你才有可能得到自己渴望的东西。

第三个反思　你嘴上说的和实际做的一样吗？

我们喜欢用“说一套做一套”来形容一个人表里不一。在很多人心目中，说和做是两码事，说的时候大义凛然，只顾一时说着痛快，但究竟能不能做到、如何去做，却没有考虑。总觉得那是以后才发生的事，多想无益。殊不知，这个看似“微不足道”的举动，却直接影响到一个人的信任度。

第四个反思　说话之前，你揣摩过别人的心思吗？

有些人特别被上级赏识，可能是因为他说话的语气；有些人特别被下属喜爱，可能是因为他说话的方式；有些业务员的业绩特佳，可能是因为他说话的技巧；有些夫妻从来不吵吵闹闹，可能是因为他们都懂得说话的艺术。说话实在是一门艺术。会说话的人，懂得揣摩别人的心思，一语中的，说到对方心坎里去，用充满魅力的语言赢得对方的信任。

第五个反思　你给别人制造过开口的机会吗？

在社会生活中，一个人不管地位有多高、权力有多大，如果要想赢得别人的尊重和信任，就应该学会去尊重和信任别人。那么，我们应该怎样尊重和信任别人呢？不要把你的想法变成别人的想法，不要剥夺了别人说话的机会。毛泽东同志有一句名言是这样说的：让别人说话，天不会塌下来。得不到信任的时候好好想一想，你给别人制造过开口的机会吗？

下篇 实践篇
——赢得信任的秘诀

第一种情境 面试：如何赢得考官的信任

我们生活在一个略显浮躁的时代，身边有一群略显浮躁的人。即便如此，我们还是得在这个浮躁的社会上四处奔波，希望能找到一份好的工作，挣得一份差强人意的薪水。所以我们要求职、要面试，要和那一批略显浮躁的人竞争，要告诉考官：我是你合适的人选。可是，那些被称之为“职场门神”的考官会选择我们吗？会的，只要我们能够在短时间内快速赢得他们的信任。

第二种情境 销售：如何赢得客户的信任

在我们的生活中，销售无处不在。或者这样说，我们生活中的一切都与销售息息相关。不是吗？我们的吃穿住行玩，那一样不是和销售息息相关？可以说，销售是一门相当深奥的学问。身为一名销售人员，我们站在了销售这门学问的最前端，那么，我们又该怎么样去掌握这门大的学问，去赢得客户的信任呢？

第三种情境　竞争：如何赢得对手的信任

大松博文说：“人生的每一天都在胜负中度过，一切都以竞争的形式出现。每天都是为在竞争中取胜，或者至少不败给对方而进行奋斗。因此若有一天懈怠，便要落后、要失败。人生就是这样严峻。”许多人都把对手视为心腹大患，是异己，是眼中钉肉中刺，恨不得马上除之而后快。可是，我们为什么不换种角度来想呢？拥有一个有力的对手，其实是一种福分、一种造化。只有强劲对手的存在，才会激发起我们旺盛的斗志。一个好的对手其实是我们的朋友，那么，我们应该怎样赢得对手的信任？

第四种情境　管理：如何赢得下属的信任

作为一名管理者，最大的难题就是如何去赢得下属的信任。有人曾给“管理者”下过一个定义，认为管理者是处理复杂的问题，通过制定制度、规范、组织机构和监督以促进企业的快速发展。但我们以为，这些还都要排在后面，管理者最需要弄明白的是，如何去抓住下属的心，让他们心甘情愿努力工作。

第五种情境　沟通：如何赢得上司的信任

身在职场，就少不了要与同事接触，与上司打交道。也许你和大多数人一样，也是每天工作八小时，上班下班，朝九晚五，日子过得闲散却又忙碌。也许在一周当中，你醒着的时间有一大半是在公司里，在上司的眼皮子底下度过。可是，你赢得上司的信任了吗？你的上司有可能会很苛刻、没有耐心、毫无条理、咄咄逼人，可是我们相信，一定有一种沟通技巧，能使你在短时间内赢得上司的信任。

第六种情境　合作：如何赢得同伴的信任

叔本华说：“单个的人是软弱无力的，就像漂流的鲁滨逊一样，只有同别人在一起，他才能完成许多事业。”拉封丹也说：“若不团结，任何力量都是弱小的。”可见在当今社会与人合作的重要性。可以说，谁不善于与他人合作，就会被时代大潮的巨浪所打翻。与人合作，最重要的是什么？当然是赢得合作伙伴的信任。

第七种情境　婚恋：如何赢得爱人的信任

有人说，一个人就像是一扇贝壳，只有在茫茫人海中找到人生中的另一扇贝壳，才能孕育出美丽的珍珠。但找到了另一扇贝壳，真的就能孕育出美丽的珍珠吗？也未必！如果在爱情里面得不到爱人的信任，那一切都是枉然。如果你想被爱人信任，你首先必须使自己值得信任，不是一天，一个星期，而是永远。

第八种情境　交际：如何赢得陌生人的信任

现在的社会，是一个由人脉组成的社会。我们要想拥有丰富的人脉关系，那就必须学会与陌生人打交道。在那些我们想要认识的陌生人中，有的事业有成、有的满腹经纶、有的重情重义、有的风趣幽默……我们知道，这些人都是我们一生中最宝贵的财富，必须牢牢抓住。那么，我们应该怎么做，才能让这些人喜欢我们、信任我们呢？这其实一点也不难……

第九种情境 危机:重建你的信任度

富兰克林说过："失足，你可以马上恢复站立；失信，你也许永难挽回。"事实上，在现实生活中，因为处事不当而失去信任的例子比比皆是。但是请记得，正如富兰克林所说，失去信任虽然难以挽回，但毕竟不是无法挽回。信任就像是蜥蜴的尾巴，即便是断了，只要用心，只要努力，它就还可以长出来。

上 篇

反思篇

——你为什么得不到别人的信任

- 信任的意义就是在一起能够快乐，它犹如一缕春风，能让枯藤绽出新绿，在阳光里尽情欢笑。说到底，信任是一种有生命的感觉，有了生命，人与人之间的情感才链接得如此美好、如此和谐。
- 我们都有义务去信任另外一个人，除非我们能证明那个人不值得我们去信任；我们也都有权利享受到另一个人的信任，除非我们已经被证明不值得那个人信任。
- 但事实上是，很多时候，我们都会不为人所信任。这是怎么回事？难道我们已经被证明了不值得别人信任吗？当然不是！我们是值得别人信任的，我们所欠缺的，只是无法及时让别人看到我们值得信任的地方。
- 其实，我们的言谈举止早已向别人传达了一种信息，告诉了他们我们是否值得他们去信任。这是前兆，只是我们没有留意而已。当然，如果我们够细心的话，就会留意到这些前兆，也就可以未雨绸缪，轻松赢得别人的信任。

第一个反思

你看上去像一个值得信任的人吗?

你看上去像一个值得信任的人吗？坦白说，这个问题很难回答。因为你在别人眼中是否像一个值得信任的人要取决于很多方面，譬如言谈举止、处事方式、用心程度等等。虽然因由多多，但是有一点我们可以肯定，只要愿意、掌握并运用一些技巧的话，完全可以轻松赢得别人的信任。

你注重第一印象吗?

与陌生人会面，第一印象相当重要。有多重要？我们可以打个简单的比方：一条大河被水坝拦腰截成两段，你是大坝上游的河水，那个将要与你会面的陌生人则是大坝下游的河水，而你给人的第一印象，就是这座水坝的闸门。很显然，这个第一印象的好坏，将直接影响到你与陌生人的交流是否顺畅。

第一印象好，则闸门大开，水流畅通无阻；反之，结果就很难预料了。

知道了第一印象在人际交往当中的重要性，那好，我们就加粗一些对第一印象描述的笔墨，来细细考究一下，什么叫第一印象？第一印象包括哪些方面？如何能给人以较好的第一印象？

所谓第一印象，是指在与陌生人交往的过程中，所得到的有关对方的最初印象，也叫“首因效应”。第一印象主要是根据对方的表情、姿态、身体、仪表和服装等形成的印象。无论是谁，是交朋友也好，找客户也罢，在人与人的交往中，都得和对方经历同一个过程，那就是由生到熟。你说出的话，不经意间做出的细微动作，甚至连你的穿着与表情，都能在别人心里留下烙印。这个烙印，就是你的符号，就是以后别人和你交往的依据。

有研究表明，50%以上的第一印象是由外表决定的。你的着装是否清爽整洁，你的笑容是否带着真诚，都在第一时间反馈给了你所接触的人，并由他们给你打分。他们可能给你打50分，或者20分，当然，也有可能打的是0分。所以我们不得不慎重地对待外表。

不过，我们所说的外表，不是单单指脸蛋漂亮、衣衫鲜亮，也不是指嬉皮笑脸、眉飞色舞夸张的笑，它是一种体态、气质、神情和衣着的细微差异，当别人第一眼看到你时会眼前一亮：这小伙子不错，虽然不是很英俊，但干净利落、精神饱满、器宇不凡，一看就知道是个可以信任的人。好了，如果能给人这样的感觉，那么恭喜你，你在外表上给人的第一印象，已经顺利过关。

第一印象有大约40%的内容与声音有关。也就是说，你说话的方式、语调、语气、语速、节奏等都可以影响第一印象的形成。既然如此，我们就得好好想想了，在第一次和别人交流的时候，应该怎么样去说话？用什么样的方式去说话？

这个问题凭空想象恐怕难以回答。我们不妨来做个换位思考：陌生人第一次和我们交流，他用怎么样的说话方式能赢得我们的好感和信任？最基本的是说话有亲和力，让人听了如沐春风。他的语调要清新，如小河细流涓涓不断，不能响若洪钟、不能低若蚊鸣、不能太急促让人无法反应……总之，声音和话语都要传到我们的心坎里，才能让我们心生信任。

是不是感觉有些难了？是不是觉得要求太多了？如果是这样认为，那么也是好事，这证明你已经在考虑如何与别人进行初次见面的交流了，你已经知道了声音对于第一印象的重要性。其实，解决这个问题一点也不难，拿你最喜欢听的说话方式去与别人交流，别人就能够感觉到你的真诚。

那么，第一印象里还有10%，这与什么有关呢？言谈举止。你的谈吐和动作，无一不显示了你个人的素质和修养，别人一眼就能看得出来。

我们再举个简单的例子：你初次和一位女士见面，刚说上没有两句话呢！扭过头来，“啪”，一口痰吐在了地上。那位女士会怎么看你？她肯定会想：这个人太没素质了，得好好考虑考虑要不要和他交往。是不是？如此一来，刚刚留给人的较好的第一印象，又迅速地大打折扣，别人对你的信任感自然要减分了。

知道了产生第一印象的各个层面，我们做起来就会得心应手一些。只要你能够用心做好那几个方面，50分也挣，40分也要，10分也不丢，那么你一定会给人留下好印象。要知道，第一印象的好坏，将会直接影响到对方对你的认知。对你的印象好，别人会认为你这个人值得信任；对你的印象不好，那么不好意思，别人会认为你这人不值得交往，即便是因为种种原因而不得不和你交往，也会心生排斥。

可以说，第一印象是赢得信任与成功的基础。

小张在一家外企做白领，人长得高挑漂亮，而且温柔大方，性格极好，所以在单位如群星捧月，追求者甚众。大家都以为她这么优秀，选择男友的条件也必定极为苛刻，很难达到。然而出乎人意料之外的是，小张居然选择了相貌一般、才华一般、无甚家世的小李做男朋友，让人惊诧之余，不免心生揣测。

于是大家好奇地问小张：为什么会选择小李做男朋友？看起来，小李和你根本不般配啊！

面对大家的疑惑，小张给出了这样的一个答案：在来公司上班的第一天，我就觉得他很不错。那天我们相互做自我介绍，在闹哄哄的人群当中我一眼就看到了小李。他那天穿的是天蓝色运动衫，天蓝色及膝运动裤，纯白色运动鞋。脸上始终带着一丝淡淡的微笑，神情专注却又超然物外。他就站在那里，礼貌地和我握了握手，简单地问了句好，声音悦耳动听，然后马上又投入到工作当中。但是就在那一瞬间，我从他的眼睛里看到了真诚。我对他的好感就是从那一刻开始的，直觉告诉我，这个人我可以信任。后来，我们彼此间又有了更深入的了解，而后就走到了一起。

小张会对其貌不扬的小李在初次见面当中产生好感，显然是第一印象起了作用。这就是第一印象的魅力所在。

其实在远古时代，外界已经对我们的老祖先提出了要求：迅速判断面对的是朋友还是敌人。他们凭的是什么？第一印象。第一次见到一个高大威猛的动物，他们不知道这个动物是吃草的猛犸象还是吃肉的剑齿虎，只能凭借第一印象来进行判断：这个动物见到我们依然是悠闲自在，不紧不慢，不仅远远的一声欢叫打了个招呼，而且脸上充满善意，它一定是吃草的，不用怕；那个动物见到我们就开始兴奋起来，本来在散步呢，现在却猛冲了过来，叫声中充满了兴奋，脸上充满了杀意，它一定是吃肉的，大家快跑。我们的祖先的很多生存机会，取决于他们对第一印象的判断力。

我们以此为例，只是想说明，在现代社会中，人与人之间的第一印象很重要。它虽然不能如同决定我们的祖先的生死一样，决定我们的生死，但却在很大程度上决定了我们事业的成败、人生的成败。

媒体策划专家有一句名言：要给人好印象，你只需要一分钟。亲爱的朋友，在这一分钟里，你做到了吗？

习惯把坏心情写在脸上?

童话故事里说：小猫因为心情不好，于是就给小狗脸色看。小狗本来心情挺不错，因为看见小猫黑着一张脸，心情也开始变得差起来了。于是当小主人又逗小狗玩的时候，小狗狠狠地咬了小主人一口。小主人又痛又气，拿起棍子，顺手给了身旁的小猫一下。于是，小猫的心情更加不好了。

虽然这个故事很有意思，但是放在现实生活中，却一点也不好笑。比如，当你和一个陌生人初次见面，正巧对方心情不佳。你看到他黑着个脸面对自己，那满脸不爽的样子让你心怀忐忑，甚至不停地回想，是不是以前和他见过，在什么地方得罪过他？顿时，心情就跌到了谷底。

其实，你不愿意面对别人愤怒的样子，别人同样也不喜欢看你的脸色。如果对方是你的好朋友也就罢了，但如果另一个人还不是你的朋友呢？或者说，有可能会成为你的朋友呢？那么毫无疑问，这将会是一个恶性循环的开始，甚至，根本就循环不下去，因为只此一次，别人就巴不得远离你，不再靠近。这个人这次看了你的脸色，将很难再会对你产生信任感。原因很简单：一个连自己情绪都无法控制，容易迁怒于别人的人，能值得人信任吗？进一步讲，能值得交往吗？

或许你会觉得，心情不好的时候黑着个脸并非迁怒于别人，而只是无法调节自己的情绪，把情绪写在了脸上。那别人就又会说了：如果连自己的情绪都不能很好地调节，那个人还能做什么？肯定是什么也做不成的。别人有了这种想法，那么他还会信任你吗？很难！

王威是一家小型塑钢门窗厂的老板，虽然厂子规模不大，但他经营有方，领导得力，并且肯下苦功夫，几年下来，这个小厂子也被他经营得有声有色。

可是，最近王威的心里有点窝火。半年前他的厂子揽下一单大活，承接了一个大型住宅区所有塑钢窗户的制作。他把所有的家底都搬了出来，经过半年没日没夜的赶工，终于把窗子全部做了出来，按期交给了施工方。可是让他忧心的是，余款却迟迟收不回来。眼看着厂子里因为流动资金无法周转就要停产，他这个气啊！

没有办法，他只能一面急催余款，一面心急火燎地四处揽活。他的意思是，只要能再接一单大活，就可以先收一部分定金，如此一来，就可以缓解此时厂子里缺钱的燃眉之急。

经过四处托关系，还真让他联系到了一个大的客户周老板。周老板是一地产商，手下正好有一大批刚刚建起来的居民楼。王威知道，如果能把这批制作窗户的活接下来，厂子里的这个难关就算是过去了。

没有想到是，他刚跨进这个客户的办公室里没有一会儿，屁股还没有坐稳，就被人家给哄了出来，生意自然也没有谈成。

王威很是纳闷：自己没有见过这位周老板啊，和他之间也没有什么过节，为什么他会对自己这么反感呢？甚至连听都不听自己的话，就下来逐客令？

后来经过打听，周老板的秘书解开了王威心头的疑惑。原来，他和周老板是见过面的。就在去见周老板的前两天，他曾经参加过一个私人俱乐部的活动，而周老板也在其中。用周老板对其秘书的说法是：那个时候，我正想找一个厂子来承接我们居民楼的窗户。听说这个俱乐部有几个会员就是做这一行的，就想来结识一番。但是，当时这位王老板在活动中一直黑着个脸，苦大仇深似的，而且我过去和他搭讪，他也总是爱答不理的，匆匆应付了两句。我在想，我们以前是不是认识？是不是他对我有很大的成见？在这种情况下，我即使想给他活儿做，也是不能的了。一个带着情绪到处走的人，我信不过，于是就把活儿给了别人。

知道了事情的原委，王威一阵苦笑：自己哪里是对他爱答不理啊，自己那天心里正烦，根本没有留意有人过来和自己说话。看来，把自己的坏心情带给别人，是最愚蠢的行为啊！

人是一种奇怪的动物，喜欢看见别人的笑脸，而不喜欢看别人耷拉着一张脸，所有人都是如此。你把坏心情表露在了脸上，那么同时也就给别人传递了一种信号：消极。你见过有几个积极勤奋的人在做事的时候是黑着一张脸的？没有吧！就算别人没有联想到消极，也可能会认为你对他们不满，或是认为你就是这样一种性格的人。但无论哪一种想法，对我们来说，这不是好事。

所以，不管自己遇到了什么事，也不管心里窝着多大的火气，千万别把坏心情写在脸上，带给周围的任何人，尤其是初次见面的人。没有人会欣赏一张生气的面孔，要想赢得别人的信任，就得让别人从心里认可你，被你积极的一面吸引。记住：这一点非常重要。

为什么别人总说你“冷漠”？

意大利著名小说家阿尔贝托·莫拉维亚在小说《冷漠的人》中讲了这样一个故事：

性格懦弱的米凯莱虽然憎恨坏家伙莱奥，却眼看着莱奥破坏自己的家庭生活、引诱卡拉尔，只是在一旁冷漠地袖手旁观，不加阻止，并最终与莱奥和解。这部小说，在让人唏嘘的同时也让人感叹：人性之冷漠，莫过于此。

心理学中对冷漠的解释是这样的：对一切都不在乎，冷漠是感情的顶点。对于爱的冷漠，或许让人只记得一个真爱；对于人的冷漠，或许让人只记得一个亲人。冷漠指的是一种对他人消极的心态，主要表现为对人怀有戒心甚至敌对情绪，既不与他人交流思想感情，又对他人总是冷眼旁观，漠不关心。最典型的例子是曾经热播一时的电视剧《风云雄霸天下》中的主角步惊云。他外号“不哭死神”，对自己身外的一切事物，都漠不关心，总是板着一张脸，可以堪称“冷漠者”的典范。

生活中，有没有别人说过你“冷漠”？即便你从未做过什么冷漠的事，可还是有人会说你冷漠，而且不只一个人说？其中，有很多与你相识不深，或者仅有一面之缘，他们对你的印象也是“冷漠”。这到底为了什么？

要回答这些问题一点也不难，我们只需要了解在人际交往中，人与人之间的心理活动就可以了。在人与人交往的过程中，尤其是初次相见的时候，第一印象非常的重要，这在前面我们已经着重讲述，在这里就不再多言。抛开我们在前面了解到的诸多第一印象要素，毫无疑问，初次见面的时候，面部表情很重要。

我们可以假设一个与陌生人偶遇的场景：远远的，你看见他向你走来。你这个时候第一眼要看的，肯定是他的脸。且不说他的长相如何，单单从他的面部表情，你就可以捕捉到很多的信息。他的脸上挂着和善的笑容，你一看肯定是大感轻松，这个人看起来不错，会是你对他性格的第一评价；他的脸上毫无表情，你一看肯定会一愣，这个人看起来不怎么热情啊，我也得收敛一些，免得热脸贴个冷屁股。当然，你如果是苦着一张脸，那坏处就更多了，这点我们在前面也讲过。

第一眼的时候，你给人的是一张面无表情的脸，那么别人已经开始在心里对你这个人做一个评价了：这个人看起来不容易亲近啊，一点也不热情。这个评价说不上好，也说不上坏，但就是这么一个小小的想法，却已经拉开了别人和你之间的心理距离。既然认为你这个人不热情，那别人还会对你热情吗？很难！

我们顺着这个思路往下走：两个人见了面，在此后的一分钟或几分钟之内，肯定要做最基本的语言交流。在与人谈话的过程中，最基本的礼貌是看着对方的眼睛说话。好了，他看着你的脸与你交谈的时候，又发现问题了：你还是面无表情，一副拒人千里之外的样子，不但对他精彩的话语不大加赞赏，而且还对他的幽默熟视无睹。他会怎么想？——这个人太冷漠了，不容易接近，我还是避而远之的好。

其实，别人说你“冷漠”，一点儿也不是无的放矢，是你自己在你和别人之间，建起了一道高墙，将你们隔绝开来。这怎么能怪别人说你冷漠呢？

科拉克已经结婚很多年了，在他居住的小区里，他小有名气，被人称之为一个“冷漠的怪人”。

其实，科拉克的脾气很好，他从不对妻子发火，也不对邻居大声嚷嚷，他之所以被称之为一个“冷漠的怪人”，完全是因为他从来不喜欢笑，一张脸上总是冷冰冰的，让人以为他不喜欢和别人交往。而且，他也不喜欢去赞美别人，这个习惯使得他朋友很少，而且在公司里也不能得到升职的机会，科拉克觉得自己是百老汇里面最闷闷不乐的人。

后来，他接受了妻子的建议，去参加一个教育培训班的微笑课程。他决定从自己的周围开始，来尝试一下微笑和赞美的力量。

他坐电梯下楼的时候，微笑着对电梯管理员说：“早安，你看起来心情相当不错噢，相当的有精神！”他乘地铁的时候，对地铁的检票小姐微笑着说：“麻烦你了，谢谢，你今天看起来很漂亮！”当他在交易所里的时候，他对所有的人都报以微笑。他以一张和善的笑脸，来对待那些他见过或者没有见过的朋友，他把自己最好的心态全部展现给身边的人。

一段时间以后，科拉克惊喜地发现，再也没有人称他为一个“冷漠的怪人”了。大家都说科拉克变了，变得不再冷漠，变得愿意把自己的和善传递给身边所有的人。而且，他还发现，自己的客户渐渐地多了起来。

科拉克对这个结果非常满意，与自己办公室里的一个小伙子分享，并告诉他自己学习微笑课程的体会和收获。那个小伙子这样对他说：“当我刚进这个办公室里的时候，我认为你是一个非常冷漠的人。你不喜欢对人微笑，不喜欢让别人看到你诚挚的热情，不喜欢去赞美别人来拉近与别人的关系。所以，当初听到有人叫你“一个冷漠的怪人”时，我觉得很贴切。但是最近，我改变想法了。你不是一个冷漠的人，你是一个值得信任的人。

科拉克点点头，原来别人认为你是不是一个冷漠的人的判定方法如此简单，你只需要拿出自己最和善的笑容和最朴实的赞美去告诉别人，自己是一个可以热情帮助他的人，就够了。

和善的笑容，可以改善人与人之间的关系。笑容是一种令人感觉愉快的面部表情，它可以缩短人与人之间的心理距离，为深入沟通与交往创造温馨和谐的氛围，是人际交往的润滑剂。和陌生人的初次见面，你对他和善的笑容可以让他轻松捕捉到一些信号：这个人心情很好、这个人很自信、这个人很真诚、这个人很友善。如果是这样的话，他怎么可能不去信任你呢？

戴尔·卡耐基说过：“我每次去钓鱼的时候，不会想我所喜欢吃的东西，而是想这些鱼儿喜欢吃什么。我会在鱼钩上挂一条蚯蚓，代替草莓奶作诱饵，这样鱼儿才会上钩。”

我们都喜欢别人对我们敞开心怀，那么同理，别人也希望我们可以对他敞开心怀。要想在一分钟的时间内让别人信任我们，就要把你最和善的笑容和赞美呈现给对方。千万不要让一种错觉迷惑了别人，让别人误以为：你是一个“冷漠”的人！

小事就不当引起重视?

刘备在去世前给其子刘禅的遗诏中这样说道："勿以恶小而为之，勿以善小而不为。唯贤唯德，能服于人。"这句话的意思我们都能够理解，好事要从小事做起，积小成大，也可成就大事；坏事也要从小事开始防范，否则积少成多，也会坏了大事。

在纷繁复杂的人际交往过程中，我们总是以为，只有帮助对方做了大事，让对方感受到我们对其的重要性，才能赢得信任。对这种观念我们无法持否定态度，因为大事在人心中的分量肯定很大，相比小事而言，自然也排在更重要的位置；反之，小事情则无足轻重。若我们帮别人完成了大事，帮了他一个大忙，他焉有不感激涕零之理?

那是不是说，我们应该换种说法：在人际交往中，小事情我们可以不去重视，可以完全置之不理?

如果你在心里暗自认同这个说法，那么可以郑而重之地告诉你：这种想法，不仅不能使你赢得别人的信任，反而会使你在极短的时间之内，失去别人的信任。这绝对不是危言耸听，如果你想在一分钟之内赢得别人的信任，那么千万不要忘记了，再小的事情也要重视。或许，别人会透过这些微不足道的小事情，看到后面真正的你。

国内有家工厂，为了寻求发展，厂长和全体员工做了不懈的努力。经过多次考察，厂长决定，要从美国引进一条生产无菌输液软管的先进流水线。

为了达成这个目标，厂长不辞辛劳，带着工作团队来回奔波于中国与美国之间，忙得不亦乐乎。经过长期的艰苦努力，他终于说服了对方，使对方派出代表，来到了中国签订引进合同。

签字那天，在步入签字现场的那一刹那，厂长突然咳嗽了一声，一口痰涌了上来。出于习惯，他四处看了看，没有发现可供吐痰的痰盂，于是便走到墙角把痰吐了出来，并用鞋底蹭了蹭“毁尸灭迹”。这本来是一件无足轻重的小事，甚至在生活中随处可见。那位厂长显然也是习以为常，并不重视。可是就是这么一件小事，却坏了大事。

那位美国代表正好看到了此事。他在此之前不认识这位中国的厂长。初次见面，厂长的西装革履也给他留下了精明能干的好印象。可是这一口痰，却引起了他深深的忧虑：作为一厂之长居然会随地吐痰，想必其素质不高。一个连厂长都没什么素质的工厂，工人素质能高吗？更何况，输液软管是专供病人输液用的，必须绝对无菌才能符合标准，如果满厂的人都口水乱飞，那还怎么保证无菌呢？

于是，这位美国代表当机立断，拒绝在合同上签字，厂长将近一年的努力，也在这么一件小事情的影响下前功尽弃。

一件小事情，不仅影响了别人对他的信任，而且还影响到了对整个厂子的信任。砸了一笔生意不算大事，这个影响才是最可怕的。我们能说，这事情不值得重视吗？

某公司高薪招聘一位员工，不少人前来应聘，其中不乏各方面都比较优秀的人才。但最终却只有一人顺利过关，而且这个人各方面的综合能力却不是最高的。很多人对此感到不解。

原来，细心的经理注意到了一个细节，就是当服务员来为这些应聘者倒水的时候，只有这个人很礼貌地站了起来，用双手接过，并说了声“谢谢”。就这一件小事，顿时赢得了经理对他的信任与好感。

其实，在我们的生活中，这样的小事情数不胜数，也影响了很多人之间的关系。试想一下，过马路的时候，你顺手搀了一下同样过路的老人，你赢得了老人的信任；初次见到朋友的孩子的时候，给他抓把糖果，你赢得了孩子的信任；相亲的时候，细心地拂去了她肩上一丝断发，你赢得了女孩的信任；见到公司高层的时候，顺手递过去他需要的资料，你赢得了领导的信任……这样的小事情无处不在，但也恰恰是这样的小事，给了你赢得别人信任的机会。

在与人交往的过程中，尤其是事关重大的交际场合，你是不是也注意到了这些小事？不要因为“事小”而不为，在别人面前，只有做到了“滴水不漏”、“一丝不苟”，把最小的事情做到最完善，你才能在一分钟之内轻易俘获别人的心，赢得别人的信任。

你是一个稳重的人吗？

在进行这个话题之前，我们还是先来做一个假设。

你是某公司里一位非常优秀的员工，在这家公司里面，有一个和你职位相当，能力相若的同事。你们两个各个方面的能力都差不多，但老板却对他格外的青睐有加，有什么比较棘手重要的任务，首先就会想到他。你想过这是什么原因吗？

请注意：我们说了，你们能力相当，所以不存在能力大小的问题。好好想想，到底可能是哪些方面的原因。是因为他比你圆滑吗？可能是，因为无可置疑的是，在当今的社会，圆滑的人确实要比棱角太过的人要吃香得多。是因为他比你懂得“逢迎”吗？也可能是，恰到好处的赞赏与逢迎，确实非林涛从小的梦想就是做一名钢琴家，父母也大力支持。他们认为，只要是孩子喜欢，就一定能学得好，就得支持。虽然家庭条件一般，但林涛在父母的鼓励下却一直没有中断过钢琴的学习。他的钢琴学得好极了，每次在家弹的时候，都让父母听得如痴如醉。

然而，好日子终于没能继续下去。初三那年，父亲不幸得了急病去世，母亲伤心过度，也是一病不起。好好的一个家，就剩下林涛一个人挑起了担子。为了照顾母亲，他不得不选择了退学，跟随自己的叔叔做点小生意，一边挣钱一边照顾母亲。但是，即便如此，他也没有消弱对钢琴的热情。有空的时候，他还是会独自练上一会儿琴，既弹给母亲听也弹给自己听。

三年后，母亲过世了，而林涛也到了上大学的年龄。收拾完家里的一切，他独自踏上了求学之路，来到了北京。他早就打听好了，中央音乐学院有一名老教授，钢琴弹得非常好，曾经得过多次大奖。他决定了，一定要做那个老教授的学生。

由于条件特殊，学校给了他一次面试的机会，而主考官，就是那名老教授。当林涛充满感情的一首曲子弹罢之后，老教授惊呆了。他对林涛说："你的情况我们都知道，但我没有想到，在艰难情境中成长起来的你，不但琴艺没有扔下，而且曲子当中充满了昂扬的斗志。曲由心生，你是一个非常自信的人，孩子，你可以做我的学生。"

这个故事也许说明不了什么，我们不会弹琴，也不能把自己的自信心融入到曲子当中。但是，我们却可以把自己的自信心融入生活的点点滴滴之中。特别是在人际交往中，更要有强烈的自信，绝对不能做一个没有自信或是不敢自信的人。

第二个反思

要别人相信你时，你相信别人了吗？

信任是一种有生命的感觉，信任也是一种高尚的情感，信任更是一种连接人与人之间的纽带。在我们要求别人信任自己之前，应该想想自己是否拿出了足够的诚意，是否完全相信了对方。正所谓：将心比心。当你付出了真诚与坦率，打动了对方，那么你才有可能得到自己渴望的东西。

你是不是经常放别人鸽子？

孔子在《论语·学而》中说："与朋友交，言而有信。"这句话讲的是关于信用的问题，意为：我们说过的话，必须要脚踏实地去完成，才能得到朋友的信任。可见，老祖宗对于教导我们说话算话这点非常严格，正所谓"言必信，行必果"，做人要对自己说出的话负责。

回头想想，你对自己说过的话都负责了吗？大的方面我们姑且不说，就说简单一点的，你有没有放过别人鸽子？你和别人本来约好了，想要一起去做某件事情，后来是不是又由于一些原因无法和他们同去，于是中途变卦，让别人空做了准备。这种事发生在你身上的频率高不高？如果只是偶然为之，因为有事放了别人鸽子，事后赶紧给人家解释一番，道个歉，也无可厚非。

别人念在你“初犯”，自然也会原谅你。可是，若没过多久，你再次放了人家鸽子，甚至接二连三地放人家鸽子，那就不是单纯的“意外事件”了，人家会怎么想？

常言道“事不过三”，如果这样的事接二连三地发生，人家就该考虑你的人品问题了。虽然是小事，但人家至少看出来你这人不守信。那么，长此以往，谁还会和你交往？谁还敢相信你说的话？很可能，下次你想找个同事一块儿外出旅游，兴致勃勃地找同事商量，对方会给你来一句：“你是不是真的想去啊？别逗我了！”也可能，你打电话约朋友吃饭，本来是一番好意，可是朋友听了你的电话，先是一阵沉默，然后幽幽地问道：“你不会又像上次一样，等我都吃完了，你还没有过来吧？”……

这个时候，你肯定会很郁闷：为什么他们都不相信我？我可明明是一番好意啊！你的好意没有错，可是问题是一切已经晚了。别人已经不相信你了。至于为什么，这自然也要从你经常放别人鸽子说起。

小A、小B和小C是同事，三人家又住得比较近，平日里私交甚好。

马上就要到国庆了，三人在一块儿一嘀咕，决定要在长假的时候去野外露营，好好放松一下心情。他们这几天下班了也不闲着，一直在准备出门需要用到的东西，帐篷、食物、水……

可是在出发的这天早上，小B和小C左等右等也等不到小A的影子。等得急了，小B给小A打了个电话：“喂，小A，你跑哪里去了，什么时候过来，我们都等急了！”

“哥们儿，对不住，你们俩去吧，我去不了了，头有点疼，可能是感冒了。”

“哎呀，感冒了，要不要紧？扛不住赶紧去医院啊。你不去，我们也不去了，没意思，一会儿看你去。”旅行就此取消。

第二年国庆。

所在东西都准备好了，三人都说去年没有去野外露营，今年一定要补回来。临到出发，又出问题了。还是左等右等，不见小A人影。不过这次还好，没等小B打电话过去，小A的电话就已经来了。

“哥们儿，这次我又去不了，不好意思。”

“怎么了，又感冒了?”

“不是，我女朋友从老家过来了，非要让我陪她逛几天商场。你知道，这女人，惹不得。”

“那你带她一起去啊，咱们一块儿去露营。”

“可是她不愿意呀，我也和她说了，她就是不去。实在对不住了，哥们儿，你和小C去玩吧。下次咱们仨再一块儿去。”

小B挂了电话，扭头对身边的小C说：“什么人呀，还指望下次呢！以后再也不找他去了。咱们走!”

很显然，小B估计日后不会和小A来往了，至少再有类似的活动不会叫小A了。古人说，人无信不立，小A就是这样一种人，他在朋友面前说出了话，而却没有用信用去遵守，自然也不能赢得朋友的信任。

很多人都喜欢看金庸的武侠小说，《神雕侠侣》一书中曾有这样一章情节：杨过为了实现和小龙女“十六年后绝情谷相见”的约定，浪迹江湖，苦苦守候了十六年。他没有因为时间太久，而违背承诺，否则，那么还会有一段绝世佳话么?

将心比心，人们之间才会有信任；你不愿意别人对你不信守承诺，那么，你就要对别人信守承诺，千万别做言而无信之人。

把"戏弄人"当作乐趣？

要想弄清楚你有没有做过类似姬宫涅那样的蠢事，我们就得先了解一下姬宫涅是何方神圣。

姬宫涅，也就是历史上赫赫有名的周幽王。他在位期间，重用小人虢石父，专宠褒姒，废申后及太子，最终一手导演了西周的灭亡悲剧。在这里，这位姬兄亲奸佞远贤臣，纵情于吃喝玩乐的败家子作风与我们无关，毕竟属于他的历史已然远去，我们所要重墨描述的是他的另一大做人缺陷。

公元前781年，周宣王驾崩，姬宫涅即位。这位仁兄除了会吃会喝会玩之外，还有一个爱好，那就是喜欢美色。初一即位，便派人在全国为他搜罗美女。

这一年冬天，右谏大夫褒珦因为直言进谏而惹怒了姬宫涅，被关入了大牢。其子为了救父亲于危难，在褒城中以百金购得一女，进献于姬宫涅。他知道姬宫涅喜好女色，而这名女子却是天生丽质，能歌善舞。如果加以调教，定然能博得姬宫涅的欢心。

果不其然，此举让姬宫涅大为开心，他释放了褒珦，并重赏了褒珦之子。

这名年方十四、秋波顾盼、唇红齿白、发挽乌云、指排削玉、有如花如月之容、倾国倾城之貌的女子，自然就是褒姒。从此，姬宫涅与褒姒坐则叠腿，立则并肩，饮则交杯，食则同器。流连后宫，日渐荒废朝政。

皇后申氏看不过去，怕姬宫涅继续沉迷于美色，荒废朝政，于是派人将褒姒暴打了一顿，希望这位姬兄能幡然醒悟。可惜她错了，此举非但没有起到想要的作用，反而为她自己招来了杀身之祸——废去后位，打入冷宫。

这褒姒，美则美矣，只是天生就是个冷美人，终日不见笑容。就算被姬宫涅立为皇后，依然是冰山美人。为了能博得美人一笑，姬宫涅花费了无数的脑筋，想了无数的办法，可终不见功效。不得已，他找来了虢石父商量："你如果有办法让褒姒笑一笑，孤就赏你千金。"

虢石父是谁，他也是西周历史上出了名的奸臣，能出什么好主意？他给出的主意是："先王曾在城外，每隔五里置一烽火台。如有敌兵来犯，便点燃烽火为号，天下诸侯见烽烟起则带兵前救援，假如诸侯来了却没有敌兵，皇后必然会笑！"

计倒是好计，只是这一对愚蠢的君臣，却忘记了烽火的重要性。

原来，周王朝为了防备西部犬戎部落的进攻，在骊山一带造了二十多座烽火台。一旦犬戎部落大军来犯，把守第一道关卡的士兵就会点燃烽火，升起狼烟。第二道关卡的士兵见到狼烟，就知道是敌人来犯，也会如法炮制，告诉下一道关卡的士兵。如此一道道传下去，就会传到附近诸侯的耳朵里，派兵救援。

这就好比二战时期的无线电设备，起的是联络报讯的作用。

可惜，姬大仁兄被美色冲昏了脑袋，居然采纳了虢石父的建议，与褒姒摆驾骊山，在骊宫夜宴，妙舞笙歌，好不热闹。同时他又向褒姒讲解了烽火台的用处，随后，他带着褒姒来到烽火台上，下令点起狼烟。

虽然随从大臣极力反对，说不可无故点燃烽火戏弄诸侯，倘若如此，以后有了不测，诸侯必不来救。但奈何姬宫涅只想着博得美人一笑，根本就听不进大臣的进谏，依然下令点燃烽火。而自己则和褒姒边喝酒边观望。

果不其然，看见京城发出的救援讯号，各地诸侯以为是敌人进犯京城，唯恐有失，纷纷发兵前来救援。可是，当各路诸侯风尘仆仆地领兵到来时，却根本就不见敌人的踪迹。细问之下，才知道这是姬宫涅为博美人一笑而为。大家敢怒不敢言，只好悻悻领兵而返。

看到各路诸侯匆忙赶来又匆匆而去，大军前堵后挤的混乱模样，褒姒觉得很是有趣，不禁嫣然一笑，当真是灿如桃花，百媚横生，姬宫涅不由得看痴了。

美人笑得如此动人，还想再看，怎么办？这姬大仁兄也真不含糊，为了再看美人一笑，他居然再次下令点燃烽火，令各路诸侯匆忙赶来。看到那些诸侯带领军队再次上当，褒姒又笑了起来。姬宫涅得意地说道："美人一笑，百媚俱生，此皆虢石父之功劳！"遂以千金赏虢石父。这就是历史上有名的"千金买笑"的典出之处。就这样，姬宫涅反复点燃烽火戏弄诸侯，到后来，已经没有一位诸侯肯带兵前来了。

后来的故事我们可想而知，当犬戎部落真的发兵攻打京城的时候，姬宫涅慌忙命人点燃烽火向各路诸侯求救，可是连燃数日，诸侯却毫无动静。原来，大家被他屡次戏弄，只道这次又是一场游戏，谁也不肯再做一次傻子去为昏君博美人一笑。他们都再也不肯相信姬宫涅了。

最后，京城被破，姬宫涅带着褒姒逃至骊山脚下时，就犬戎军队追上。这位烽火戏诸侯的仁兄最终死在了他的游戏上，而他的美人褒姒则被犬戎掳去，下落不明。而西周王朝，从此也迎来了动乱的年代。

看完了这个故事，你想到了什么？在你的身上，有和姬宫涅相似之处吗？

我们抛开姬宫涅的帝王身份，假设他就是我们身边的一个平常人。这人平日里人缘不错，有一大群朋友（各路诸侯）肯为他尽心尽力地办事。可是在他心里，却根本没有去相信他的这群朋友。他把他们当作了玩物，为了自己一点点的私欲，对他们招之即来，挥之即去。他想乐一下，好吧，你们就来逗个乐子；他不耐烦了，你们一边去，哪凉快哪待着去。

别忘了，这些人可是我们的朋友啊！如果我们这么做了，待到我们需要他们时，又凭什么让他们来相信我们？做人，应该知道"分寸"，你不尊重别人，戏弄别人，反过来还想让别人尊重你、信任你，这怎么可能呢?

荀子说：“天地为大矣，不诚则不能化万物；圣人为智矣，不诚则不能化万民；父子为亲矣，不诚则疏；君上为尊矣，不诚则卑。”明人朱舜水说：“修身处世，一诚之外更无余事。故曰：‘君子诚之为贵。’自天子至于庶人，未有舍诚而能行事也；今人奈何欺世盗名矜得计哉?”我们应该尊重每一个人，不要去做姬宫涅那样随意戏弄人、辜负别人信任的蠢事，日后有求于人时才不至于寡而无助。

你是否对人意存欺骗?

有则故事是这样讲的：

从前有个人得了一种怪病，已经到了卧床不起的地步。他听说附近有座山上的神仙法术很灵验，就想去试试。于是，他让邻居把他往山上抬去。

在上山的途中，他看到一个人背着很重的袋子，在吃力地往山顶上走，很是好奇，就去问那人。那个人说：“我儿子病了，听说这山上的神仙法术很灵验，所以我来求神仙给我儿子施法治病。”

“那你为什么背着这么重的袋子上山?里面装的是什么?”

“银子啊，你还不知道吧，求这山上的神仙看病，一定要有所奉献才行。我送给神仙一千两银子，他们就会尽心替我儿子治病了。”

听了那人的话，他不禁有些着急起来：自己并不富裕，哪里有什么钱?虽然家里有五头牛，可是也不能都给了神仙啊!

思前想后，他拿定了主意，反正神仙又不能总跟着自己，先骗他们把自己的病治好了再说。于是，他来到了神仙面前，请求他们为自己治病，并答应治好后会奉献一百头牛。神仙对这一百头牛很感兴趣，就施展法术让他康复了。

身体好了，但他却又犯起愁来，去哪里找一百头牛给神仙呢？最后，他想到了一个办法，用面粉做了一百头牛献给了神仙。这下可惹恼了神仙，认为他是有意欺骗，必须受到惩罚。

结果，他被神仙变成了一头牛。虽然治好了病，但却不得不终日下田干活。

高尔基说过："诚实是人生永远最美好的品格。"从这则故事里我们看到了做人不够诚实的可悲结果。在日常生活中，对人意存欺骗的例子不胜枚举，虽然结果不尽相同，但我们仔细想一想，是不是所有的人在后来都变成了"牛"?

对的，所有的人都变成了"牛"：我们骗孩子说，这次考试成绩好了，爸爸带你去长城玩，但是孩子考了全班第一的时候，我们却食言了，原因是那个时候我们根本就没有真心想要带孩子去玩，结果我们像"牛"一样辛辛苦苦地教育孩子学习，而孩子却越来越叛逆；我们欺骗客户说，我们这个产品绝对是行货，可以放心购买，但是客户拿到手中一看才发现，原来是个水货，结果是我们像"牛"一样努力地寻找客户，而客户却越来越少………

实事求是的人大家都喜欢，而那些总是有意欺骗人的人，自然而然就成了遭人摈弃的对象。我们在人际交往中，要想取得别人的信任，千万要记得，不要对人意存欺骗。你的骗术再高明，也总会有露馅的一天，到那个时候，众叛亲离，得不到任何人的信任，那滋味可不好受。

周先生做的是房屋销售工作。有一次，有一栋比较陈旧的房子由他来销售。看房子的时候屋主曾经告诉过他：这房子的整个骨架都很好，只是房顶有些老化了，如果想要居住，必须要修理屋顶。

很快就有客户来看房子，周先生第一次带来的客户是一对年轻夫妇，看样子他们是刚结婚不久，手里的资金有限，所以很怕超支。看过房子之后，他们很是喜欢，对房子的价钱也能接受，想要立刻搬进去居住。但他们最后问了周先生一个问题，就是这房子有没有需要修理的地方，如果还得再花一笔钱来修理这房子，就会超出购房预算。

周先生心想，必须要对客户负责，不能意存欺骗，如果这样，即便是卖出了这栋房子，自己挣得了佣金，用着也不会安心。但是一旦告诉他们，这笔生意肯定是黄了。

想来想去，周先生还是决定不能有意欺骗他的客户，于是老老实实地告诉他们，这房子还需要再花一笔钱来修理屋顶。结果可想而知，这对夫妇不肯买这栋房子了，而是在别处买了一套比这个便宜的房子。

周先生的老板知道这件事后，大发雷霆，大声训斥周先生："他们问房子的情况，你就什么都告诉他们啊！这房子的屋顶又不是什么大不了的事情，他们买下之后自然就会修理了！你这样做，实在是太愚蠢了！"一气之下，老板解雇了周先生。

虽然丢掉了工作，但周先生却很坦然。他觉得，不论是做人还是做生意，不能有意去欺骗别人，而是要让别人看到自己的真诚。你有一次有意欺骗别人的经历，就会有第二次欺骗别人的欲望，长此下去，就会变成一个不诚实的人。世界上没有一个客户愿意和一个不诚实的人做生意。

后来，周先生向朋友借了一些钱，自己开了一个小小的房屋中介公司。他诚实守信的品格使得他的生意很火，越做越大，很快就超过了他原来所在的公司。人们都愿意通过他的房屋中介来买房子，因为人们从来不害怕在他那里买房子会受到欺骗。

有的时候，失之东隅，未必不能够收之桑榆。和别人交往的时候，不要觉得有些需要隐瞒而对别人意存欺骗。你诚实，不仅能收获到更多的东西，还能收获别人的信任，这才是无价之宝。

你做到一诺千金了吗？

一诺千金，就是守信用，说话算数。我们前面讲的不要经常放别人鸽子，也是守诺的一种表现。孔子说过：“人而无信，不知其可也。”这句话的意思就是说，如果一个人不讲信用，那么就不知道他能干什么了。同样的，一个人如果不能对别人讲信用，也就得不到别人的信任。

要做到一诺千金，说难不难，说容易也不是很容易。因为话容易说，但要切切实实地去兑现，可就不见得是容易的事了。俗话说“站着说话不嫌腰疼”，也是这个理儿。所以在我们与他人的交往中，常常会出现这样一种情况，聊天的时候聊着聊着，一不小心就顺口应承了别人一件事。可能在答应别人的时候我们并没有去想，这件事我到底能不能做到，待到事后自己一寻思，这事儿我还确实办不到。办不到，那怎么办？没有办法，因为我们如果不去做，就是失信于人，就难以赢得别人的信任。

如果你有信口开河的毛病，那就千万得注意。不要以为和别人聊天的时候漫不经心的一句应承无足轻重，过后也不当回事，你的朋友可记着呐！如果你总是答应别人的事而不去兑现的话，别人就会觉得你这个人没有信用。那么你失去这个朋友，也只是早晚的事了。

小赵平日里省吃俭用，存下了一笔钱，想在结婚之前买套房子。他和小刘是同事，两人私交不错，一块儿喝酒的时候就把这事对小刘说了。

说者无意，听者有心。小刘正好有意辞职下海经商，急需要一笔钱来扩充资金。于是思前想后，就找到了小赵。在小刘拍着胸脯保证小赵结婚前一定还钱的情形下，小赵痛快地把钱借给了小刘。

可是，让小赵没有想到的是，眼看婚期就要到了，女友也早早地看好了房子，并交了订金，就等着交付剩下的钱了，可是小刘借的钱却迟迟没有还过来。小赵急得如同热锅上的蚂蚁，实在没有办法，只好厚着脸皮上门去找小刘要钱。最后，钱没要来，两人弄得不欢而散，这段友谊也宣告结束。

相信这样的例子在生活中绝不鲜见，也许你身边就有，所以我们务必要引以为戒。好好想想，说话不算数会引起什么样的后果，好好想想自己应该怎么样正确对待守信这件事儿。与人交往，一定要切记认真对待每一次信约，绝不可疏忽大意，因小失大。一个人说话不算数的话，就会如同我们小时候常听到的那位大喊“狼来了”的放羊小孩，最终落得个无人帮忙的结果，损失惨重。

在交往中，谁都想要快速地赢得别人的信任，但是在这里我们也应该明白，守信用是赢得别人信任的基础。只有说到做到，才能不断提高自己的信用度，让别人一提起自己，就要伸出大拇指说：这人不错，值得信任。

东汉末年，张劭和范式一起在京城洛阳求学。由于两人志同道合，性情相若，所以结下了深厚的友谊。

很快，两人都学有所成，要开始追求各自的生活了。在分别的时候，张劭很是难过，他望着天空飞过的大雁说：“今日一别，不知何时才能再与范兄相见……”说到动情之处，竟然落下泪来。

范式也很难过，他强忍着眼泪拉着张劭的手说：“张兄莫要悲伤，愚兄是不会忘记你的。两年之后，金秋时节，我一定去拜访令堂，并与你相会。”

随后，两人洒泪作别而去。

两年时间很快过去，一晃就到了金秋时节。这天，张劭听到了天空中大雁的叫声，想起了两年未曾相见的范式。于是，他对母亲说："母亲，孩儿刚才听到雁叫，这说明秋天已经来了。我想范式很快就要到了，我们需要好好准备一番。"其母笑着说道："傻孩子，他离我们这里有一千多里路呢，怎么能赶得过来？你就别等了。"

但是张劭却不同意母亲的说法，他说道："母亲，您不了解范式的为人，此人极为重信守诺，我相信，他一定会来。"

结果还真让张劭说对了，到了约定的这天，范式果然来了。老朋友两年未曾相见，自然分外欢喜，抚掌大笑。张劭的母亲在旁边也是热泪盈眶，感叹道："张劭这孩子有这么个一诺千金的好朋友，是他的福分啊！"

看到这样一个故事，你作何感想？如果身边有一个范式般的朋友，你会不会也觉得幸运？有这样一个重信守诺的朋友，你会不会也格外珍惜？

重信守诺是一种做人的美德。既然我们都喜欢这样的朋友，同理，别人也喜欢这样的朋友。你重信守诺，就会吸引周围的人跟随你，你的朋友就会越来越多。反之，如果你总是言出不行，那么你在朋友心目中就会如同一个"骗子"，没有值得交往和留恋的必要。

我们应该牢记李嘉诚的话："无论与什么人相处，守信都是最重要的，一旦你丧失了信用，就什么事情也不能做了。"所以，当你再次要求别人相信自己时，一定要仔细想想，你是否能做到一诺千金。

你对别人真诚以待了吗?

沙翁说:“一颗好心抵得过黄金。”

泰戈尔说:“出来吧,我的心,带着你的爱去与它相会。”

爱默生说:“诚实的人必须对自己守信,他的最后靠山就是真诚。”

我们说:“要想赢得别人的信任,就必须对人真诚以待。”

生物学家们认为,人是喜欢群居的高等动物。既然喜欢群居,就免不了有人与人之间的相处。与人相处,我们总是想要赢得别人的信任。但是我们要记住,无论你能做怎样的变通,做人还是要从真诚做起。

敦厚之人,始可托大事,而真诚,则是敦厚之人的最基本要素。如果离开了真诚二字,那么情操、气节、修养、教养等等,全部都如同是转动万花筒时看到的美景,过眼即逝。只有以真诚为基础,你的“美丽”才能深入人心。

说了这么许多,那么何谓真诚?这问题似乎很简单,真诚当然指的是真实诚恳了。这个解释也很对,但就像我们在前面所讲的那样,有些话说着很容易,做起来却很难。同样,“真诚”二字,也是说来容易做来难。

1928年,26岁的沈从文被中国公学聘为讲师。在那个时代,26岁虽然已算不小,但毕竟资历尚浅,这让沈从文感到了很大的压力。

不仅如此,虽然沈从文以散文灵气飘逸名震文坛,但他的学历却只有小学文化,且闯入上海时日更短,浑身上下一股泥土气息。

种种因素,给他走上讲台带来了很大的难度。

第一次走上讲台的时候,沈从文发现来听课的除了原班学生外,还有很多从其他班慕名过来的学生。面对着很多双火热渴求的眼睛，这位大才子原先“初生牛犊不怕虎”的胆量消失殆尽，竟然在讲台上呆呆地立了有十分钟之久，却一句话也说不出来。

最后，课倒是讲出来了，但是由于太紧张，准备好的要讲一堂课的内容，十多分钟就匆匆了事。

沈从文心里很是难受，他想把自己懂得的东西教授给大家，但是却由于自己的怯场而没有做到。他觉得，必须给学生们一个合理的解释。于是他拿起粉笔，在黑板上一笔一画端端正正地写道：“今天是我第一次上课，人很多，我害怕了。”

他真诚的话，引得下面学生们一阵热烈的掌声。那些原来心怀不满，认为他有负盛名的学生，在看到这些话后，也释然了。

看到这个故事，我们又想到了什么？先让我们为沈从文的真诚而鼓掌。他的真诚没有一丝一毫的功利之心，自己做得不好，只想把自己最真实的想法告诉学生。不怕难看，不怕丢人，真真实实地袒露自己的胸怀。但也正是如此，让别人毫无阻隔地看到了那颗真诚的心，对他信任倍增。

这样真诚的人，让人不得不去信任他、爱他。

马克·吐温在年轻时喜欢上了一个温婉美丽、清秀可人的少女莉薇。随着彼此的深入了解，这个善良美丽的女孩也对马克·吐温很有好感，他们相爱了。只是，莉薇的家教很严，要想娶她，马克·吐温就必须征得少女家人的同意。

为了能尽快娶到心爱的姑娘，马克·吐温来到了女孩家里，向女孩的父亲提出了自己的请求。女孩的父亲却没有立刻同意他们的婚事，因为他并不了解马克·吐温的为人。他给马克·吐温提出了一个条件，就是让他拿出材料证明自己是个品行端正的人。

这件事对于我们来说应该不算什么难事。我们大可以找亲朋好友帮忙，写个证明签个字，就可以轻松搞定。但是，马克·吐温却不是这样办的。他明白，女孩的父亲是想了解到真实的自己才这样做，如果去找那些欣赏自己的人帮忙，他们写的肯定都是赞美之词，那对女孩的父亲来说，不是真诚的。于是，他找到了六位平时对他不屑一顾的人，并请他们分别写了一份证明材料。

可想而知，这六个人的证明材料是绝对写不出什么好话的。他们在证明材料中都对马克·吐温充满了嘲讽和批评，甚至还极力反对这桩婚姻。这六份证明材料，极有可能会影响到马克·吐温将来的幸福。即便如此，他还是把它交到了女孩父亲的手中。他觉得，与其极力去隐藏自己的缺陷，倒不如把自己最真实的一面拿给别人看，虽然得到的结果未必是好的，但至少对方会看到自己的真诚。

果不其然，女孩的父亲看完这些材料后就陷入了沉思。过了好一会儿，他才说话打破了沉默："他们都是些什么人？在这世界上难道你就没有一个朋友了吗？"

马克·吐温诚实地点了点头："这样看来，我的确是连一个好朋友都没有。"

然而，令人不可思议的事情发生了。女孩的父亲居然对马克·吐温笑了，说道："孩子，我喜欢你的真诚，决定同意你和我女儿的婚姻。你是我见过的最真诚的人，你的真诚使你的缺点和错误变得值得原谅。你很真诚地向我坦承了自己的一切缺陷，也不隐讳别人对你的看法，并且勇敢地拿出了最不利于自己的材料。可以看出，你是个可以信任的年轻人。孩子，从现在起，我将对你的真诚做出回报，以后我就是你最真诚的好朋友。"

事实证明，女孩的父亲没有看错人。婚后，马克·吐温给了莉薇最美满的生活。

多年以后，有一次一家人团聚，岳父提起了当年之事，问马克·吐温当时为什么要那样做。我们来看马克·吐温的回答：知道了我的弱点，你就不会对我期望过高；从不高的期望中发现我的优点，你就会为没有选错我而高兴和自豪。我是在用真诚求爱。”

从马克·吐温的故事中你看到了什么？真诚不是智慧，但却发出比智慧更诱人的光芒。很多时候我们只看到了智慧的力量，却没有发现，原来真诚可以让我们得到更多的东西。

施人以恩，你是否不求回报？

老祖宗留下了很多警世名言，是要让后世子孙们牢记，当受到别人恩惠时，哪怕只是小恩小惠，也一定要给予最大的报答。“滴水之恩，必当涌泉相报”、“投之以桃，报之以李”大抵都是这个意思。但这些话都是针对受恩者而言，有受恩者就会有施恩者，那么施恩者又当如何？

有一句俗话是这样讲的：施恩不图报。显然这句话是针对施恩者所说。现在我们要来考虑一下，这种说法，到底是真理吗？口说无凭，我们还是先来看看智慧的人是如何看待施恩不求回报的处世之道。

有一有钱人是个非常虔诚的佛教信徒。有一天，他用袋子装了六十两黄金，不辞劳苦地将其背到山上，送给寺院的禅师，并说明是要用于捐助讲堂。

禅师在收下金子之后就去忙别的事了，但这个有钱人却非常的不满意。他觉得，六十两金子已经是很大一笔钱了，如果送给平常人家，那就足够他们过上好几年安逸的生活。但是送给寺院，这位禅师拿到钱后只是随手一放，就去忙自己的事了，连个最起码的谢字也没有。

他觉得很不舒服，于是就紧跟在禅师后面，并出言提醒道："大师，我那袋子里装的可是整整六十两黄金啊！"

禅师漫不经心地答道："施主，你早就和我说过了，我也知道了。"嘴里说着，手里还在不停地忙着自己的事。

有钱人以为禅师没有理解自己的意思，于是提高了嗓门说道："大师，六十两黄金可不是个小数目呀！"

禅师停下了手里的活儿："那又怎样？"

"难道你连个谢字也不说吗？"

禅师笑了，这个时候他正好走到了大雄宝殿的佛像前，于是指着佛像对有钱人说："施主，你太唠叨了。你捐的钱是给了佛祖，为什么要我跟你说谢谢？"

"可是……"有钱人答不上来。

"你做善事是在为自己积功德，如果非得要将功德当作是一种买卖的话，那么我替佛祖对你说声谢谢。如此一来，你就可以把谢谢带回去，从此与佛祖银货两清了！"

故事中这个有钱人的心态，就是典型的施恩想要回报。虽然他要的仅是一个简单的"谢谢"，并不过分。可是一旦从他嘴里"要"出来，这意义就不一样了，就变成了一种交换、一种各取所需。

古人说得好："处世而欲人感恩，便为敛怨之道；与事而为人除害，即是导利之机。"无私地帮助别人才是最难能可贵的，一个施恩于人的人，只能是发自内心真心实意地帮助别人，绝对不要指望得到回报。如果非得要"施恩望报"的话，那么原本帮助人的好意，就会变得面目全非，令人不忍观之了。

我们与别人交往的时候，总是会抱怨别人不信任自己。这个时候，我们不妨好好想想，自己有没有做过施恩于人却要求别人回报的事儿？不管是有意还是无心，你一旦要求别人回报了，施恩于人的质马上就会发生变化，变成了带有目的性给人恩惠。从无私变成带有目的，其实就在我们的一念之间。能不能很快赢得朋友的信任，也在我们的一念之间。

在森林里，住着一群快乐的小动物。其中有一只小猴子和一只小松鼠，它们是好朋友，非常的要好。

一天，小猴子一不小心掉进了猎人的陷阱里，陷阱又深又滑，它怎么也出不来，这可把它急坏了。于是，它在陷阱里大声喊着："救命，救命！"

这个时候，正好小松鼠来找小猴子玩，发现它掉进了陷阱里，于是赶紧回到家里，取了一条绳子，把小猴子救了出来。

小猴子非常感激，抱着小松鼠说："谢谢你救了我，有什么需要尽管说，我一定会报答你的。"

小松鼠刚想说"不用谢"，忽然想起，它很喜欢小猴子家里的那个玩具，向小猴子要了很多次，但小猴子也很喜欢，说什么也不肯给。那何不……于是它对小猴子说："小猴，你要想谢我的话，就把你的那个玩具送给我好吗？"

小猴子愣了一下，然后很痛快地把玩具送给了小松鼠。小松鼠很开心，可是没过多久它就发现，小猴子不再喜欢和它在一起玩，也不想和它做朋友了。

你有没有做过小松鼠这样的事？或许你在做的时候，根本就没有想太多，只是觉得，这是很顺理成章的一件事。但也就是你的这种心态，会使得你和朋友间的距离越来越远。

我们都是普通人，谁都不能脱俗。在这个礼尚往来的社会里，我们总想着，我们给了别人多少，就要从别人那里拿回多少，这样内心才能得到平衡。可是，这样真的能够平衡吗？或许我们可以找回心理上的平衡，但我们却会失去别人的信任，会让别人认为我们的帮助本来就是带有目的性的。真的这样了，你又能怪谁呢？

施恩不求回报，这也是赢得信任的一条铁律。

第三个反思

你嘴上说的和实际做的一样吗?

我们喜欢用“说一套做一套”来形容一个人表里不一。在很多人心目中，说和做是两码事，说的时候大义凛然，只顾一时说着痛快，但究竟能不能做到、如何去做，却没有考虑。总觉得那是以后才发生的事，多想无益。殊不知，这个看似“微不足道”的举动，却直接影响到一个人的信任度。

精心打扮想给人好印象，为什么一说话就失败了?

出门前，你很细心，仔细检查看看头发是不是很整齐？衣服是不是很整洁？鞋子是不是擦过了？确认这些都无误后，想了想还是觉得不放心，于是你又拿过了镜子，仔细地照了照，看看还有没有什么遗漏的地方！再次确认无误后，你放心地走出了家门。你在心里默默地念着：我这么精心地打扮，一定可以给人留下个好的印象。于是，你信心十足！

可是，你还是失败了，还是没有能给别人留下好的印象。这是为什么？我们来看一个小故事，也许能从中找到问题的根源。

周小姐今年已经28岁了，依然是单身，这可急坏了父母。她自己也着急，但不知怎么的，相了很多次亲，每次都是无果而终。

照理说，周小姐人长得不丑，往细了看还很漂亮。可是为什么每次相亲都得不到男方的青睐？周小姐自己也糊涂了。

这次，家人又给她安排了一次相亲，听说那个男孩比周小姐大上几岁，不但长相不俗，而且还事业有成。周小姐下定了决心，这次一定要钓得这个“金龟婿”，为自己的后半生购得一张长期饭票。为了保险起见，她找来了好友苏小姐做参谋。

苏小姐告诉她，相亲最重要的就是给人留下最好的第一印象。只有第一印象好了，两个人才有继续发展下去的可能。而要想给对方留下良好的第一印象，就一定要把自己打扮得漂漂亮亮，风情万种。周小姐深以为然，决心在打扮上下足功夫，把自己的美充分展示出来。

周小姐人本来就长得不差，这一精心打扮下来，当真是女人味十足。这不，打扮过后自己也有信心了，早早地赶到了约会的地点。

可是她左等右等，等了好一会儿，对方还没有到。周小姐实在忍不住了，破口骂道：“什么混账男人啊，竟然让老娘等这么久……”在咒骂声中，对方终于出现了。

男人的肤色有些黑，由于心里有气，她忍不住出言讥讽说：“你的这副抱歉样子，像被太阳烤蔫了似的……”那男人本来正想给她解释迟到的原因，听她这么一抢白，就忍住不说话了。

周小姐见他不说话，以为他是理亏不好意思说，就更得理不饶人。接着说：“长得抱歉本来也没有什么关系，不过，连个解释也不会的人，这人品可就差劲儿了。”

男人一听，对周小姐无奈地耸了耸肩，沉声说：“我本来是想道歉的，可是现在却又不想说了。给你个忠告，以后说话的时候，先多动一下脑筋再说。”说完转身离开了。

事后，当周小姐知道那个男人是市里最成功的青年企业家时，已然追悔莫及。

周小姐约会时，虽然精心打扮得很漂亮，可是她一开口，就给人极差的印象。因为她没有口德，没有素质，说出来的话总让人吃不消，让人一听之下，就无法对其产生信任感。试想一下，又有谁喜欢第一次见面就被别人讽刺呢！

在这个复杂的社会上生活，天天要与人见面，天天要说话。在我们与人会面的时候，总是会尽量把自己的形象保持到最好，所以要精心打扮。可是除了精心装扮外表之外，我们还要想一想，是否还得精心“装扮说话”呢？显然，这是必需的！

因为把话说好，把自己想说的话说好，是我们成功交际的前提。不能在说话上“精心打扮”的人，轻者能让人一眼看出其修养差劲，缺少内涵；重者能让对方心生厌恶，记恨终生。

这不是危言耸听，“温言一句三春暖，恶语伤人六月寒”的道理不是前人的臆想，而是他们总结出来的沟通智慧。遵循这个智慧，我们就能得到别人的信任；悖逆这个智慧，我们将失去别人的信任。

生活中还有一些人，不懂得“打扮自己语言”，他们说话不过脑子，所说和所做的完全不搭调，给人以心口不一的感觉。打个比方，你打扮得喜气洋洋地去给一位九十九岁的老人祝寿。酒宴上宾来客往，你对老人祝福说：“祝您老人家福如东海，寿比南山，长命百岁。”好了，这个时候，你已经犯错了。你一开口说话，已经完全打翻了你精心打扮的好形象，让别人开始反感。请问，你又怎么去赢得别人的信任？

还有一则脍炙人口的故事：

古时有个人宴请宾客，把家里收拾的干干净净，把自己收拾的利利落落，端上了菜，只等客人的到来。等了半天，可是客人还有一半没有来，他心里一着急，就信口说道："怎么搞的，该来的客人还没有来?"

在座的一些客人一听，心里不是味了，心想：这意思是说，我们不该来了吗？于是悄悄起身走了。他一看到这种情况心里更急，脱口说道："哎呀，怎么这些不该走的客人，反倒走了呢?"尚未走的几个客人一听这话，都在想：这是在说我们该走吧，还是走吧！于是这些人也走了。这个人的请客最终不欢而散。

中国有句老话儿，叫作"说者无心，听者有意"，还有一句老话叫作"祸从口出"，说的都是一个道理。有可能不经意之间的一句话，就会让别人误以为我们是心口不一，从而丧失别人对我们的信任。

形象打扮没有做好，没关系，你可以在行动中向别人表明你的诚意，可是话没有说好怎么办？怕是会覆水难收了！所以，你在说话之前也一定要多多留心，多站在别人的立场上考虑一下。不要让没有"精心打扮"的说话，影响了别人对你的信任。

说话除了用嘴，还要用什么?

这个标题看起来似乎有些特别。

你肯定在想：平常与人交流，说话的时候自然用的是嘴。不用嘴，难不成用的是金庸小说中的"腹语"吗？那可是一门高深并且难练的绝技。

恭喜你，答对了！不错，我们在与人交流的时候，除了要用嘴来说话，有时也得用上"腹语"，不过这个"腹语"，是从心里说出来的。也就是说，我们平常与人说话，不只要用嘴，还得要用真心实意去和对方交流。

然而，很多时候，人的嘴里说的和心里想的是不能协调和同步合作的。这类人嘴里说的好像抹了蜜，甜得让人发腻，但在内心却不肯付出一丁点真情实意。正因为有了这样的情形，所在很多时候，他们得不到别人的信任。举个例子：

某礼仪公司训练迎宾小姐，花了半天工夫只训练一句话，但还是达不到理想的效果。

这句话其实不难，就两个字——“你好”。

这些接受训练的小姑娘们都是刚刚从学校毕业，她们嘻嘻哈哈，不厌其烦地说着两个字——“你好”。她们的嗓音很甜，普通话很标准，说话的时候做出的动作也很规范，可是说出来的“你好”，还是让教练不停地皱眉头。

教练问：“这两个字很难说吗？为什么你们说这句话的时候，我只能看到机械的嘴巴运动，听到假惺惺的说话声音？我如果是客人，从你们的这句‘你好’之中，找不到一点可以信任的感觉。”

小姑娘们很是惊讶，有人不禁问：“通过这一句话，就能让客人信任我们？这也太神奇了吧！”

教练说：“只要你们把客人当作是自己的朋友，用心来说这句话，客人就会从这句话里听到亲切，感觉到温暖，体会到诚恳，自然就会信任你们。”

小姑娘们恍然大悟，于是照此种方法用心练习，果然取得了满意的效果。

这个故事很有意思，透过这个故事，我们不难发现，用真心说话能取得别人的信任，是多么重要的事情。我们只有用真心去说话了，别人才能从我们的话里看到我们的心在闪闪发光，才会真正地信任我们。

爱迪生小的时候，因为老师的一句话，而对老师失去了信任。面对这个看起来很笨的孩子，老师曾经无奈地对他说："你太笨了！"没有了对老师的信任，爱迪生的学习成绩只能是越来越糟。但是他的妈妈却改变了他这一状况，妈妈只是爱怜地看着爱迪生，对他说："孩子，你是最棒的！"奇迹发生了，这个老师眼中最笨的孩子，成为了世界上最聪明的一个人。

妈妈是在用真心对他说话，他能从妈妈的这句话中感觉得到，能从妈妈的眼神之中看得到，所以他得到了最真挚的信任。是这个信任，给了他最强大的力量。

很多时候，我们会给人虚伪的感觉，那其实是因为我们没有在用真心说话。如果是用真心实意说话，就断然不会出现这种情形。比方说，你和同事们一起去吃饭，到了结账的时候，你嘴里说着："今天这顿饭我请啊，都别和我争！"然而却总不动地方。于是同事们看出了，你这人特虚伪，根本就不是真心想请客。自然，他们对你的信任感也就大打折扣，既然不愿意掏钱，还充什么大方啊！

同事们为什么会看得出来？那是因为你没有真心想着要请客，这使得你的实际行动和你的话相悖，别人又不是傻子，当然能看得出来。

用真心说出来的话，似春风拂来，能在别人的心上吹开遍地的鲜花；又似一杯热茶，能在别人的心上升腾起一股浓郁的茶香。用真心说话其实很简单，那就是把你内心最真实的想法，告诉别人，然后付诸实际行动。如果这样，你就可以做到心口如一，轻松赢得别人的信任。

但你可能又会问了："那如果我心里想的，并不适合老实告诉别人，还要让我用真心说话吗？我不想掏钱请客，难道真的要如此告诉同事吗？"

如果你真的是这样想的，那我只能告诉你：你还没有真正理解用心说话的含义。用心说话的真正含义，就是用你的真诚，去对待你的朋友。如果事事都要如此留个心眼，那怎么说话都没有意义了，因为你首先就失去了坦诚的品质，如此又凭什么让人信任呢？

不确定可以办到的事情，你还敢拍着胸脯答应？

医学上有这么一种说法，说的是人在吃饭的时候不能吃得太过，六七分饱才有助于健康；喝酒的时候也不能太过，微醺才能体会到饮酒的乐趣。这种说法到底有多高的可信性我们不能确定，但我们可以肯定的一个事实是：过犹不及。这就像我们和人相处，说话的时候不要说得太满，多少要给自己留下一点空隙，才会有回旋的余地。

人际交往中的事常常是复杂多变的，任何人都难以预料以后会发生什么大事。就像听了天气预报，也不能确定明天到底下不下雨一样，我们怎么可能把一件事情向别人保证得像铁板钉钉一样确凿不移？要知道，世事浮沉不定，难以预料。

不要误会，我们并不是叫大家不要去帮助别人，也不是让大家对于朋友的请求推三阻四，不肯尽力。我们只是想告诉大家，在说话的时候一定要多加注意，多想一想自己是否力所能及，这样才能够量力而行。否则的话，答应别人的事情实在是做不到，别人会怎么看你？又怎么去信任你？

有一项难度很大的工作，老板把它交给了小杜来做。考虑到工作有一定的难度，在交代任务的时候老板特意问小杜："怎么样，有没有问题？"

为了显示自己能干，小杜当即拍着胸脯说："没有问题，放心吧，保证完成！"

五天后，还没有什么动静，老板就去问小杜："怎么样，工作进度如何？"

小杜不断喏喏应道："老实说，没有想象中的那么简单，还需要您再给我一些时间。"

我们来想一想，这个时候老板对小杜会有什么看法？他当然会认为，小杜是一个喜欢说大话的人。其实老板是知道的，这项工作不太好做，需要多花费一些时日。但问题是，小杜根本就没有考虑工作能完成与否，他只想在老板面前留下一个能干的好印象，但却弄巧成拙，得到了相左的结果，老板会对他有些反感。

这就是把话说得太满，给自己造成窘迫的典型例子。我们看了，也应该多想一想，慎思、慎行！很简单的一个道理，我们要想得到别人的信任，就必须要给别人留下这样一种印象：我们说出来的话，和实际的行动是完全一样的，表里如一。只有如此，别人才会对我们放心，才会将信任交付于我们。

还以这个故事为例。

如果老板在交代工作任务的时候，小杜可以动脑筋去想一想，这个工作自己能在规定的时间内完成吗？有把握吗？如此在心里一盘算，发现在规定的时间内完成难度太大，那么他就可以直接对老板说："这个工作我可以完成，只是工作本身有些难度，我需要多一些时间。"而老板是知道工作有难度的，所以他会同意小杜的提议。几天之后，当老板还没有过来问小杜时，小杜自己跑来向老板汇报："老板，幸不辱命，这项任务我完成了。"老板一听，比预计的提前了一天完成，看来他做事的时候是用心了，值得提拔！

两种不同的处事态度，虽然一样努力，但得到的结果却迥然不同，如果是你，你选择哪一种？不用说，当然是后者了。

不过，也有一些把话说得很满，而最后也完成得相当出色的人。这种人的做事方法我们不要效仿。即使是你对这件事很有把握，也要给自己留下一个小小的空隙，否则，如果最后由于意想不到的“小意外”而没有兑现你的保证的话，那就有些不值得了。请记住，别人只会记住你说的话，而不会记住你的“小意外”。

有些人会认为，说话的时候总是给自己留有余地，答应别人请求的时候不够干脆，就不是真心帮助别人。这种说法我们不认同，说话留有余地，并非我们不肯尽力，而是谨慎，不是对别人的事谨慎，而是对我们自己的一言一行谨慎。我们要想得到别人的信任，就必须做到言行如一，也就必须要小心行事。

如果你细心一些，就会发现，有许多名人在接受记者的采访时，话都会说得非常谨慎。他们不说“一定”、“保证”、“肯定”之类的词，而说诸如“可能”、“尽量”、“或许”等词。难道他们也是对自己将要做的事情没有把握吗？不，他们当然有，他们也只是在给自己留下一点空隙，好容纳“意外”。因为，这关乎他们在大众面前的形象。

有科学研究表明，用不确定的词可以降低人们的期望值。而期望值降低了，一旦发生了“意外”不能顺利完成任务，人们也会因为期望值不高而用谅解代替不满，甚至于他们还会因看到你在努力而更加的信任你。当然，如果能顺利完成任务更好，完成了预期的任务，就已经说明你是一个可以信任的人了。

如此说来，你一定明白了，若再遇到那些不太确定自己能办得到的事情时该如何做了，你还敢拍着胸脯给别人保证吗？相信你不会了。事情你一定要尽心尽力地帮助别人去做，但是过满的话就不要说了。否则，一旦让别人认为我们嘴里说的和实际行动不一样，那可就有些得不偿失了。事情没有做好，你可以接着去做，但是别人的信任跑了，你能到哪里去找？

问问自己，是不是心口不一？

《醒世姻缘传》第八十二回："我是这们个直性子，稀罕就说稀罕，不是这们心口不一的。"这话可能是"心口不一"最早的出处。从这句话里我们也不难读出心口不一的含义：心里想的和嘴上说的不一样，是谓心口不一。这样的人，我们认为他们虚伪，觉得他们诡诈。

在生活中口是心非的人很多。比如，我们的某个朋友，也许对我们说过，有困难的时候要为我们两肋插刀，在所不辞，但当有一天我们真的遇到困难的时候，他却避而不见；还有一些人，见到领导时满嘴的恭维话，见到同事时满面春风，可是一转身，领导和同事却都成了天底下最恶的人。这样的人，就是口是心非之人。

口是心非之人最大特点就是，说出的话和心里所想的完全是两回事，让人无从辨别。当然，他们说出的话虽是好话，既好听又光鲜，让人听了舒服，但说到真实的想法，怕是只有他们自己知道了。

现在，我们来看看苏东坡口是心非的故事。

相传有一天，苏东坡自认为在参禅上有所领悟，诗兴大发，便作一诗："稽首天中天，毫光照大千。八风吹不动，端坐紫金莲。"自夸禅定的境界。诗作完后，越看越是得意，于是便派书童把诗送去给金山寺的佛印看。他想自己与佛印是多年好友，佛印见到自己参得如此境界，定会好好赞美自己一番。

岂料佛印回信，只有"放屁"二字，竟然再无其他只言片语。苏东坡看后大怒，亲自去了金山寺，要找佛印理论。

佛印似乎早就料到他要来，早早地迎在岸边。苏东坡一见佛印，火气更盛，质问佛印道："我领悟了一些禅道，有心要与你分享，你为何却要骂我？"

佛印微微一笑，说："我并非是在骂你，我所骂的，乃是你的心口不一。你嘴上说'八风吹不动，端坐紫金莲'，怎么仅仅'放屁'两个字就把你吹过江来了呢？"

苏东坡哑然。

在这个故事里，苏东坡显然是扮演了一个虚伪的心口不一的角色。当然，他这样的心口不一，只不过想证明自己参悟了禅道，可以用此向佛印吹嘘而已，这只能算是心口不一这类人中的小儿科。事实上，现实生活中有很多的心口不一的人，用心要比苏东坡深沉得多，当然危害也大得多。

老李是办公室里的老员工了，平时很会做人，能力也不差。更难得的是他为人圆滑，见人说人话，见鬼说鬼话，和上司同事打得火热。可怪就怪在，他至今居然还没有升职。

新来的员工小胡不解，他觉得以老李的资历和能力，做经理都没问题，怎么可能还是一个小小的员工？他决定细细观察。很快就发现了端倪。

上午上班的时候，老李想要去冲咖啡，正好经理也要去。老李手快，一把抢过经理的杯子，大方地对经理说："经理，这事儿您叫我一声就行了，不用自己跑腿儿。"

经理笑着说："那怎么成，你也挺辛苦的，怎么还能让你为我冲咖啡，我自己来就行。"

老李乐呵呵地说："我辛苦是应该的，都是为了公司能更快发展。您是领导，多忙活公司里的大事吧，这种小事，我乐意做。"

经理一听，跟老李道了声谢，就自顾自地做事去了。这当儿，小胡也去冲咖啡，正好听到老李一边给经理冲咖啡，一边还在抱怨："真倒霉，正好让我碰上，我就那么让一让，他就当真了？也不知道谦虚！这可真是官大一级压死人啊！"

下午公司开会，要讨论一个经理自己提出来的策划方案。经理的意思是，让大家各抒己见，都发表点意见。当问到老李的时候，老李显得很高兴："这个策划方案不错，我举双手赞成，比我想的那个高明得多了。"经理一听，脸上堆满了笑容。

散会的时候，小胡走在老李旁边，听到老李嘟囔了一句："设计的什么狗屁方案啊！还敢拿出来！"

小胡忽然明白了，为什么老李工作了这么多年，一直都得不到领导的重用。

你明白了，老李是一个心口不一的人，对于领导，他嘴上说的漂亮，心里想的却和嘴上说的不一样。领导之所以不重用他，怕是跟这有很大的关系。想想看，他的心口不一，领导一次看不出来，难道总也看不出来？事实上，这种人的可怕之处就在于，你永远不知道他心里的真实想法，或许在他的"口蜜"之后，就有一把"腹剑"。这样的人，怎么能够得到别人的信任？

和人交往，千万不要把别人当作傻子，以为说点好听的，不用去做也可以蒙混过关。如果你真的这样做了，那么最傻的人其实是你，你的心口不一别人总会识破，等到那时候，你将很难再得到别人的信任。

在别人面前，你是不是将自己说得无所不能？

曾经风靡一时的国产动画片《我为歌狂》的主题曲里有这么几句歌词：你想听音乐，我就是CD；你想看电视，我就是遥控器；你想摘星星，我就是楼梯；你想去南极，我就是直升机；你想要风度，我就是风衣；你想找朋友，我就是传呼机；你想要鲜花，我就是快递；你还不满意，我可以当007……

这歌词确实非常有意思，用在恋爱的人身上再合适不过。恋爱的时候，人们总是喜欢许下诺言，把自己说得无所不能，尤其是男士。似乎把自己说得无所不能，就能更好地表明心迹，也更容易获得别人的爱情。这种方法也可行，只要是女孩子，哪个不希望自己找到一个无所不能的男朋友呢？但是，这只是爱情里的一种浪漫方式，如果不管面对什么人，都把自己说成是无所不能，就显得有些浮夸不切实际了。

在现实生活中，恰恰有很多人，喜欢在别人面前把自己说得无所不能。他们在与别人交流的时候，天南地北地胡侃，把自己说成是上天入地无所不能的孙悟空，法力无边，以此来过嘴瘾。但事实上自己到底有几斤几两，怕是说到最后，连自己也忘记了。

他们不知道，很多时候都是说者无意，听者有心。自己在说，别人在听，总有一天，别人要用那些说过的大话来请他们帮忙，到那个时候，这忙是帮还是不帮？不帮吧，说不过去；帮吧，自己又确实做不到。无形当中，就把自己置于了一种非常尴尬的境地，最后的结果也就显而易见了，那只会是别人对他们失去了信任。

来看一个小故事：

小猴子爱吹牛，总是喜欢在朋友面前把自己夸得无所不能。

有一天，它跟朋友们吹牛说：“我们猴子天生就是做大事的料。想当年，我们的祖宗齐天大圣孙悟空，那是多么厉害，他可以上天入地、遁海钻山，什么本领全都占全了。当然，作为他的子孙，我也遗传到了不少本领。”

小鹿好奇地问：“那你都有什么本领，和我们说说啊！”

小猴子笑着说：“我虽然不是鸟，但是奔跑的速度快过天空的飞鸟；我虽然不是鱼，但是游泳的本领一点也不比鱼差；我虽然个子看起来小，但是力气不比老虎小。我……”

小猴子正想接着往下吹牛，一只过路的小兔子走了上来，恭敬地对小猴子说：“尊敬的小猴先生，我刚好正要寻找一位勇士，来拯救我们兔子一族。听到你的说话，我知道我已经找到了。”

小猴子和它的朋友都很惊讶，就问兔子，到底是怎么回事。兔子说：“前几天，来了一条凶恶的大蟒蛇占据了我们的家，它每天要吃掉一只兔子。眼看着我们兔子一族就要灭亡，族长特意嘱咐我出来找一位无所不能的勇士来拯救我们兔族。”

朋友们听了都很气愤，七嘴八舌地说道：“这蟒蛇太可恶了，一定要给它点教训！”“小猴子，你这么厉害，就帮帮它们吧！”“是啊，你就帮帮它们吧！”……

听着朋友们的议论，小猴子着急了，嗫嚅地说：“我打不过大蟒蛇。”

小鹿笑着说：“那怎么可能！你跑得快、会游泳、又会爬树，而且力气很大，那条大蟒蛇一定不是你的对手，你就放心地去吧！我们给你加油！”

小猴子再也忍不住了，对朋友们大声喊道：“那是吹牛的，我不是一个无所不能的勇士！”

朋友们一愣，然后悄悄散去。从此以后，小猴子说话，再也没有人相信了。

人都会有一种奇怪的心理，如果你本身能力有限，就老老实实地告诉别人，对别人说“我不行”。那么，将来别人有事请你帮忙，就算你没有做好，他们也不会多说什么，因为毕竟知道了你的能力所在。可是，如果你一开始就把自己说得是无所不能，到最后事情又办不好，就会给人一种极坏的影响。他们的想法会有两种：一种是你这个人太肤浅，爱吹牛；一种是你这个人对人言而无信，答应过的事也不愿意做到。无论是哪一种想法，都会影响别人对我们的信任度。这一点，是我们最不愿意看到的。

在人际交往中，与别人说话的时候，千万不要把自己说成无所不能。聪明人的做法是，专挑那些自己可以做，又能做得好的事儿放话给别人。这样做的好处是，就算别人要找我们帮忙，他们也会掂量一下，看看我们可以做什么。如此一来，我们就总能游刃有余地完成别人托付我们的事儿了。

在指责别人时，你做得又怎样？

有位哲人说过：“没有别人指责的人生，太过无味。”这位哲人真是好大的气魄。他把别人的指责看作是生活的调味品，并以此来让自己的生活更加有滋有味。我们在感慨这位哲人胸襟广阔的同时，也该好好思考一个问题：别人的指责，真如他所形容的那样吗？

当然不是！事实上，我们都喜欢获得别人的表扬和赞美，别人的赞美会让我们心中欢喜，很有成就感，会让我们产生某些方面的优越感。古时历朝历代的皇帝们，十之八九都是听惯了别人的赞美之词，进而听不得别人的指责。因为指责的话总是刺耳不太好听。

虽然有心理学研究指出，人活在这个世界上，上至帝王将相，下至平民百姓，每个人都会受到别人的批评和指责。但是，却不是每个人都愿意听到别人的指责。古人说“忠言逆耳”，但说到底，“忠言”还仅是一句正确的话，就已经惹得别人老大不高兴了。而指责，则是一种怀疑与否定，在程度上比“忠言”更甚，更让人难以接受。所以大多数人在面对别人的指责时，会气愤、会生气，甚至会怨恨指责他的人。这我们能理解，这也是人之常情。

不过，说到底，指责并不是一件坏事儿。所谓指责，就是指出别人的错误并责备。在一般情况下，指责别人的人都会站在正确的位置（只有少数除外）。这就造成了一种情形：虽然指责总是让人不高兴，可是在生活中却不可避免。我们犯错了，总会有人指责我们，亲人、朋友、领导都可以；而我们身边的人犯错了，我们也会给予指责。客观地指出别人的过失，其实是一种帮助。

可是，在指责别人的时候，有很多人却往往会犯一个毛病：只记得去指责别人了，却忘记了自己该怎么做。

有一位禅师非常喜欢种兰花，在平日弘法讲经的空闲之余，便静下心来伺弄兰花。在他眼里，兰花和经书一样重要。

一天，这位禅师要出外讲经，于是就交代两个徒弟，在自己外出期间一定要照顾好那些兰花。

大徒弟性子比较懒惰，想趁师父外出的时候好好偷偷懒，于是就对小徒弟说：“师弟，这兰花是师父的宝贝，你表现的时候到了，好好伺弄这些兰花，师父回来后一定会夸奖你。”

小徒弟一听，还真是这个理，于是便一个人承担起了照顾兰花的责任，小心翼翼，尽职尽责。

但是有一天，他在浇花的时候不小心脚下一滑摔了一跤，不小心把花架撞倒了，所有的花盆都掉到了地上摔个粉碎。禅师最喜欢的兰花也无一幸免，全部毁坏。

两个徒弟惊呆了，不知如何是好。正好这个时候，禅师回来了，把这一幕看得一清二楚。

大徒弟为了让自己撇清关系，免受师父的责罚，于是指责小徒弟："师弟，你这也太不小心了，干活的时候毛手毛脚跌跌撞撞的，看看，把师父的花都弄坏了吧，这该当如何是好。这都是你干活的时候不尽心尽力的结果。"

小徒弟不敢应声，低头默受指责。

这个时候禅师对大徒弟说："师弟有错，错在粗心。但你的错更甚，错在指责别人没有尽心的时候，却从没有想过自己是怎么做的。对于师父的兰花，你尽心了吗？"

大徒弟一句话也说不出来。

大徒弟的错就在于：指责别人做得不好，却没有想到，自己做得其实更差。在现实生活中，这样的例子也比比皆是。你指责别人工作不努力时，有想过自己在努力吗？你指责别人对朋友不够真诚时，有想过自己对朋友够真诚吗？……

这样的例子还有很多，但都告诉我们一个很简单的道理：你只记得去指责别人，却忘记了最重要的东西，那就是在指责别人的时候，自己也要做到。古人说"己身不正，何以正人"也是这个道理。其实总结起来，这也是自己嘴里说的和实际行动不一致的表现。我们都不喜欢这样口是心非、言行不一的人，这样的人，就算是好心地指出别人的错误，别人也无法去感激和信任他们。因为言行不一，口是心非的人，从根本上就不值得别人信任。

第四个反思

说话之前，你揣摩过别人的心思吗？

有些人特别被上级赏识，可能是因为他说话的语气；有些人特别被下属喜爱，可能是因为他说话的方式；有些业务员的业绩特佳，可能是因为他说话的技巧；有些夫妻从来不吵吵闹闹，可能是因为他们都懂得说话的艺术。说话实在是一门艺术。会说话的人，懂得揣摩别人的心思，一语中的，说到对方心坎里去，用充满魅力的语言赢得对方的信任。

自我介绍洋洋洒洒，为什么没人记得你是谁？

与一个还不认识的人相见，第一重要环节，就是在握手的同时，给对方做一个自我介绍。这个步骤可是必不可少的，简短的自我介绍，可以让对方在第一时间对你有一个初步的了解和认识。要知道，这个初步的了解和认识，是关乎你们能否交往的重要因素，不可轻视。

正是因为重视，所以问题出现了。在初次见面做自我介绍的时候，你唯恐别人记不住你，就把自我介绍“重点培养”。于是，一段饱含你“生平简介”和个人情感的自我介绍在你口中隆重诞生了，洋洋洒洒一大篇，听得别人晕头转向、云山雾罩。可是亲爱的，你有没有想过，说过之后，别人是真的记住你了吗?

很多朋友肯定都会有这样的体会，自己绞尽脑汁一番自我介绍，讲得唇干舌燥，气喘吁吁，可是他的话根本就没有入别人的耳。自然，也就无法让人记住。

其实，出现这种情形的症结不在于你的话不够动听，也不在于你的事迹不够显亮。因为别人根本就没有听进去，你说什么其实与他无关。真正的原因是：你根本就没有把握住别人的内心想法，别人喜欢什么，想听什么，你都知道了吗？打个比方，别人正在心情烦躁想听一些舒缓的轻音乐时，你给他来了一段动感十足的摇滚乐，就算他平时很喜欢听摇滚，这个时候是不是听不进去？非但听不进去，而且还有可能暴跳如雷。用暴跳如雷来形容有些夸张，但显而易见的是，如果你用这种方式来做自我介绍，别人肯定记不住你。

我们来总结一下，当你给别人做自己介绍之前，不妨先揣摩一下别人的心思，留意一下他想知道你的什么信息。譬如，当别人对你的职业感兴趣的时候，你做自我介绍的时候就要侧重于职业，其他的简而化之。如果这个时候你再洋洋洒洒地介绍你的家族史，让别人听得索然无味，那么他就很难记住你是谁了。

这只是其中的一个方面，就算你揣摩到了别人的心思，明白了他想知道什么，自我介绍的时候也不可马马虎虎，随随便便。如果你只是简简单单地对别人说：“你好，我叫小沈阳，唱二人转的，很高兴认识你。”这虽然介绍清楚了自己的职业，可是却显得太平淡了。如若这样，可以肯定，别人还是不会记住你。

我们要学会“察言观色”，揣摩对方的心思，然后顺着他的思路，用简洁有力、新奇有趣的方式给他来个富有个性的自我介绍。如此一来，别人还能不记住你吗?

张先生是一名在国内小有名气的画家，目前正在美术馆工作。我们来看看他讲的故事：

在一次书画协会举办的聚会中，我遇到了两个刚刚走出大学校门的大学毕业生。

可能是听说过我吧，知道我在美术这个圈子里的人脉关系不错，他们两个刻意来和我套近乎。有意思的是，他们不同的自我介绍方法给我留下了不同的印象。

男孩是这样介绍自己的："张先生，您好，我叫小李，今年刚从某某学校毕业，现在正在找工作。我的专业是油画，曾经在市里的美术展会上得过一等奖……"他洋洋洒洒地对我做了有将近五分钟的自我介绍，但说老实话，我一句也没有听清楚，只是随口敷衍了他几句。我知道他想让我在找工作这件事上帮帮他，但是很遗憾，我无能为力。因为我对他的性格和特长一无所知，知道他再多的辉煌也没有用。

相比之下，和他一起来的女孩的自我介绍就相当的有个性。女孩子是这样说的："张先生，您好。听说您是一位作家……"我一听就来精神了，很多人都知道我是画家，但知道我出过两本书的人却不多，这个女孩子一看就是下了功夫的，只用了一句话，就抓住了我的心理。老实说，业余时间出过两本书，才是我最自豪的事情。

女孩接着说："我看过您的书，写得非常好。我有时候也会写点东西，但我更喜欢画画，今年刚从某某学校毕业。"她很自然地和我谈起了写作和画画，并边谈边虚心地向我请教有关写作和画画上的问题。等到聊过几分钟后，我对她的一些资料已经相当明了，主动提出了帮她找工作的事。

分析一下张先生遇到的这件事，两个年轻人，同样对一个人做自我介绍，得到了不同的效果。我们不能不说，说话真是一门高深的艺术。

不要认为洋洋洒洒的大篇自我介绍就能打动别人的心，有时候，说的多了，虽然不见得是坏事，但也不见得是好事。重要的是，你要学会把握别人的内心，把你的自我介绍，说到别人心坎里去。时间用不了太长，只需要一分钟，他就能记住你。

记住：别人没有记住你，不是因为人家“贵人多忘事”，而是因为你的自我介绍，走错了路子。

同样的话，为什么别人说出来特别中听，你说了没人理？

看到那些在别人面前侃侃而谈，妙语生花的人，你羡慕了吗？你肯定是羡慕了，你在想，别人能做得到，自己为什么做不到？于是，你走过去也和别人侃侃而谈，但奇怪的是，虽然说着同样的话，但是效果却不尽相同。那些人的话大家都爱听，而你的话却没有人理会。

这是为什么？

我们来看一个小故事：

在巴黎一处繁华的街头，站着一位衣衫褴褛、双目失明的老人。老人神情委顿，身边立着一小块木牌，上面写着：我什么也看不见。很显然，这位双目失明的老人是一个乞丐。在巴黎街头这样的乞丐比比皆是，路人的同情心似乎都已经被消磨殆尽，匆匆忙忙地走过，对这位可怜的老人视而不见。

一天，法国大诗人让·彼浩勒经过这里，看到了这位失明的老乞丐。他很同情老人，仔细问了老人最近的收入情况。老人苦着脸叹息道：“我什么也没有得到，已经好几天没有吃饭了。”让·彼浩勒给了老人两法郎，然后在老人木牌的那行字前写了几个字。于是，那块木牌上的话变成了：春天到了，可是我什么也看不见。

第二天，让·彼浩勒又来到了老人这里，询问他收入的情况。老人笑了：“先生，昨天您走了之后，不知道是什么原因，给钱的人多极了。”

从这个小故事当中，你能明白什么？我们可以轻轻地把这句话读出来，前一句：我什么也看不见。这是老人在告诉他身的陌生人，自己是一个双眼瞎了的乞丐。语句平淡无奇，没有什么力量。也无怪乎路人匆匆而过却熟视无睹。我们再来读改过之后的话：春天到了，可是我什么也看不见。是不是变了？原本平淡无奇的一句话，马上充满了感情色彩，让那些能够看见春天的路人不由得心生同情，于是纷纷解囊。这就是语言的魅力。

加入智慧的语言就如同甘醇的老酒，香气四溢，让人回味无穷。这个智慧，就是用“技巧”捕捉到对方的心理。别人赞同什么、反感什么，你都要在心里暗自揣摩。在说话之前，细心地梳理思路，让你讲出来的话，和对方的心理契合。如此一来，我们就可以轻易操纵对方的情感。也就不会出现，同样的话，别人说出来特别中听，而你说出来没有人理会的情形了。

当然，同样的话，说出来的表达方式不同，效果亦会千差万别。

常言说得好“会说话的让人笑，不会说话的使人跳”，说的就是话语的表达方式。在生活中，因为说话表达方式不同，而得到不同效果的例子比比皆是。小人物的故事也许说服力不够强，那么，我们就以一个大人物的故事为例，来说说这个问题：

明太祖朱元璋出身贫寒，小的时候给人放过牛，打过短工，甚至一度为了混口饭吃而要过饭、出过家。不过，朱元璋胸有大志，小时候的苦难把他的性格磨砺的越来越坚强。他发愤图强，出生入死，终于在乱世之中，成就了一番伟业，建立了大明王朝。

皇帝在过去可是被称之为“天子”的人物，也就是说，在普天之下，朱元璋爬到了事业的顶峰，成为站在社会最高处的人物。这人吧，一旦有了权势，就会被别人强拉硬扯地拉上关系，所谓“一人得道，鸡犬升天”，大家没有理由不来沾这个光吧！

于是有一天，他的一位“发小”前来求见。朱元璋这哥们儿此时还是很念旧情的，但是却又怕这位发小口不择言，把自己小时候的“糗事”给说了出来，那可就太有损皇帝的神圣形象了。但又不能不见，如果不见的话，传了出去，别人就会说自己富贵了就不念旧情，遗人口实，还是有损皇帝的神圣形象。

思量再三，他还是把那位发小传了进来。

岂料那人一进大殿，倒头就拜，口中高呼万岁，说：“我主万岁！当年微臣随驾扫荡庐州府，打破罐州城。汤元帅在逃，拿住豆将军，红孩子当道，多亏菜将军。”

一席话说得朱元璋感慨万千，脑海中尽是对儿时的回忆。更何况这人说得极为含蓄动听，既叙了旧,又一点不伤及自己的面子，不禁龙颜大悦，给了这个发小重重的赏赐。

很快，这消息就传到了乡下，朱元璋的另一“发小”听说此事后，不由得大为开心：如此就可以大富大贵，我还努力耕什么田啊！遂也收拾包袱，进京来见朱元璋来了。

在金殿上，这人高呼万岁之后，只怕朱元璋记不起自己来了，于是也搬出了陈年往事：“我主万岁！不知您还记不记得咱们当年一起放牛的情形。我记有一次在芦苇荡里，咱们用瓦罐煮偷来的豆子，还没有煮熟呢，大家就开始抢了。结果一不小心，却把罐子打破了，豆子撒了一地。你只顾从地上抓豆子吃，一不小心，被草根卡在了嗓子里，最后还是我想出了个主意，叫你吞下一把青菜，才把那草根带进肚子里，救了你一命。”

朱元璋听罢，脸黑了下来：这不是成心揭我的短吗？于是高呼侍卫：“这是哪里来的疯子，快拉出去砍了！”

看完这个故事，你作何感想？同样的一句话，别人说了爱听，你说了不但没有人听，有可能还会招来别人的反感，这其中的智慧，值得我们认真推敲。

古拉得·力伊帕在《进入别人的内心世界》一书中说：“把别人的感觉和观念与自己的感觉和观念置于相同的位置，并把它表现出来，这样，谈话的气氛就会融洽起来。当你在听别人谈话时，要根据对方的意思来准备自己将要说的话，那样，由于你已理解和认同了他的观点，他也会理解和认同你的观点。”

在你与别人的交往中，如果能做到此，相信你说出的话大家一定爱听，你也可以很快赢得别人的信任。

轮到自己发言，为什么大家不是没反应就是快睡着了？

对于演讲者来说，最糟糕的情况莫过于你在台上讲的天花乱坠、滔滔不绝，而下面的听众却是眼神迷离，昏昏欲睡。这样的情形在演讲者看来，就好像在很多人面前，被人当众打了一耳刮子，既丢人，又羞人。因为这种现象只说明了一个问题，那就是演讲者的话不能打动他的听众。

演讲者的目的就是为了打动听众，如果不能达到这个目的，那无异于一个在大众面前搞笑的小丑，觉得羞愧的反应属于正常。

我们不是演讲者，我们只是在一个人或者几个人面前多讲了几句话，多介绍了一下自己，多问了几个问题。这几个人有可能是我们面试时的考官、有可能是我们的客户、有可能是我们的下属，当然，也有可能是我们的上司。我们对他们有可能不熟悉，也有可能是刚刚认识。按照常理，就这么几个人，他们应该对我们的话倍感兴趣，听的不亦说乎才对。

可是恰恰相反，我们看到是，自己面前的那些听众，个个不是没有反应，就是快睡着了？好，这时候我们应该打住，好好想想，为什么大家是这种反应。是我们面目可憎，语言乏味吗？抑或是我们的话没有讲到大家的兴奋点上，没有讲到他们的心里？

我们认为后者的可能性较大。

一位外交官在初涉外交领域时带自己的太太去应酬，参加一个私人派对。

他的太太从小到大一直都生活在乡村里，突然走出来，看到满屋子口才奇佳，见多识广的人，觉得很是别扭。为了打破这种不自然，她拼命地找话题和他们聊天，而不愿意只做一个听众。于是，派对上出现了这样一种奇怪的现象：她挤在一大群人中间，不停地和别人说话。而她的听众们，虽然出于礼貌无法离开，但是在听她说话的过程中，却没有人有一点反应，甚至还有两个人，在柔软的沙发中昏昏欲睡起来。很显然，大家都不喜欢和她交流。

外交官太太心里很不是滋味。后来有一天，她向一位非常睿智的老外交家吐露了自己的困扰。她问老外交官，自己真的是一个不受欢迎的人吗？

老外交官笑着对她说：“不，你很高贵，也很讨人喜欢。但是，在和别人交流的时候，你必须学会约束自己的嘴巴。你应该用自己的心，去探察别人的喜好，讲一些他们爱听的话题。如果硬是讲一些别人不感兴趣的话，只能是适得其反。当然，真的没有什么可讲的时候，就不要勉强讲了。去听听别人讲话，不也是很好的吗？你还可以从中捕捉到别人的喜好。”

很多时候，你不顾一切滔滔不绝地讲下去，可能你与听众之间的距离就会越来越远。因为你根本就不知道他们内心真正想听什么。就好像你学习的是英文专业，但是在课堂上忽然来了一名法语老师，向你教授法语，你会怎么样？

可能在最初的三十秒内，你会饶有兴趣地听两耳朵，但是之后，你将不会再听。你肯定会抱怨，这讲的是什么鸟语啊，一点也听不懂。是了，对于听不懂的东西，你还要认认真真听下去吗？当然不！

所以对于你来讲，你是讲师，而你的听众，就是你专业课上的学生。如果你不能给他们讲他们能“听得懂的专业课”时，你趁早打住不要再讲。因为，讲了也是白讲。

本想讨好异性跟人混熟一点，为什么结果却总被人厌恶？

“人生处世应如雪，柔和淡然花散地”，这句话用来形容人际交往最为妥帖。意思就是，要想赢得别人的信任，就不要太刻意让别人感觉到自己是在表现，而是要以平静恬淡的心态去与人相处，去赢得别人的信任。特别是对于异性之间的交往，这一点，尤为适用。

不知你是否有过这样一种经历：基于各方面的原因，你想去讨好一个异性，想要通过与其多多相处来达到“混熟”的目的。可是当你挖空心思得到和异性相处机会的时候，话还没有说上几句，却被人家横眉冷对，不耐烦之情溢于言表。你傻眼了吗？愣住了吗？你在心里问自己：这是怎么回事，我哪里做得不好吗？

如果你真有这样的疑问，那么我们说，你哪里都做得不好。因为你不懂得与异性交往要遵循“自然”和“适度”两个原则；你还不懂得，与异性交往更要揣摩其心理。一个百胜将军，之所以可以“攻无不克，战无不胜”，是因为他善于揣摩敌人的心理，攻守有度。在与异性交往的时候，你也是在打仗，需要付出真心和谋略的同时，更应该“攻守有度”。

来看看你做到了吗？

你是不是很拘谨？如果是，那么首先，你没有做好“防守”。与异性交往，消除交往中的不自然是建立正常异性关系的前提。你过分拘谨，就会举止僵硬，极不自然，这不但影响你的风度，更会使异性心里产生一种想法：这个人不大方。就这一条，你的形象就在对方心目中大打折扣了。正常的交往方法是，你别把对方当作异性来看，而应该把其当作同性对待。这样你就会很自然地拿出平日里对待哥们儿或者对待姐妹们的习惯，使双方顺理成章地交流下去。

你是不是太过亲昵？这是异性之间交往的大忌。虽然异性之间过分拘谨会使人不自然，可是过分亲昵就有些过了。毕竟男女有别，那些嬉笑打闹、你推我拉之类的亲昵举动，在异性交往之间能免则免，不然的话，就极有可能引起别人的反感。还要注意，有些话题只能在同性之间交谈，那些异性之间不能开的玩笑，还是免了吧！

你是不是太过严肃？太过严肃，别人就会觉得你这人很冷淡。虽然理智从事、恰当把握自己的情感是必要的，但你既然表明了想和别人交往，之后又冷淡对待。别人除了会觉得你没有礼貌之外，还会觉得你故作姿态，也会对你心生厌恶。

你有时候是不是在卖弄？在与异性交往中，如果想卖弄自己的见多识广而讲个不停，丝毫不给别人以说话的机会，那么你就又做错了。要知道，路遥知马力，你的学识，在相处久了之后别人自然会看得出来，不要急于一时。一味地卖弄，只会让人心生反感。还有一点就是，不要觉得自己口才很好而与异性争个不停，有理不让人，无理辩三分，这些都会让人心生反感。

你常要求与异性单独相处吗？这个习惯如果你有，强烈建议你赶快改正。因为很多异性都认为，经常独处是超出了友谊的范围。你不怕影响，别人也不怕吗？

以上列出的这几点，你在自己身上都能找到吗？如果可以找到一点或者几点，那么好了，你本来想讨好异性，却总是被人厌恶的原因我们已经替你找到。至于要如何改进，就得看你自己了。无论如何，揣摩异性的心思是根本。如果你实在揣摩不透，没关系，做个换位思考不就得了。看看自己，为什么会厌恶身边的某些异性，自然就能一目了然。

小A是一个当红的歌星。

有一天，她的汽车坏在路上，不得已，她只好把车开到一家路边的维修站进行修理。一个年轻俊朗的男修理工接待了她。

这名男修理工不仅人长得干净阳光，落落大方，而且一手好技术。修车的时候就好像在为自己的孩子瞧病，满脸都是专注。

自从成名以来，在小A的记忆里，自己无论出现在哪里，都会引起无数歌迷的狂热追逐。尤其是自己的青春靓丽，对男歌迷更是有着致命的吸引力。可是现在站在这个英俊的男修理工面前，她有种感觉，男修理工的眼神平静得没有起任何波澜。就好像自己和一个普通人没有什么两样，从别的歌迷眼中经常可以看到的惊喜和兴奋，在这个男修理工眼中看不到一点儿。

她问：“你喜欢听歌吗?”

他回答：“很喜欢，我是一个地道的歌迷!”

她又问：“你喜欢听小A的歌吗?”

他回答：“非常喜欢，她的每首曲子我都听过!”接着又说道，“可是，这跟修车有什么关系吗?”

她笑了：“没有关系，我只是随便问问。”

车子修好了，修理工笑着对她说：“女士，您的车修好了，付过钱，您就可以把车开走了。”

这个时候，小A却有些舍不得走了，她承认，自己有些喜欢上这个修理工了。于是她对他说：“你给我修好了车子，是不是也得负责检查一下，看修得怎么样? 我想请你坐我的车兜兜风，检查一下车况。可以吗?”

修理工点点头，上了她的车子。

车子在路上缓慢行驶一段路程之后，修理工说：“女士，您的车子没有什么问题，车况良好，我要回去了。”

这个时候小A实在是忍不住了，她对修理工说：“我不相信你真的是个歌迷?”

修理工说：“我确实是个歌迷，不折不扣。”

小A说：“那么，你没有认出我来吗?”

修理工笑着说：“我当然认出你来了。从你一进我们修理站，我就认出你是非常有名气的歌手小A。”

小A说：“可是，你为什么会对我这么冷淡? 你不是我的歌迷吗?”

修理工回答：“女士，纠正一点，我没有对您冷淡，而是对您礼貌。您是出名的歌手，那是您的职业，而修车则是我的职业。你来我们这里修车，就是我们的客人，无论您是谁，我们都会礼貌地对待。虽然我很愿意和你做朋友，但也很清楚自己应该怎么做。”

小 A 恍悟。但她知道，这个朋友是交定了。

看到这里，有什么感悟吗？学会好好和异性相处，是你赢得异性信任最重要的一课。不可以逃课的哦！

要想说话，先得会听——你做到了吗？

很多时候，与人沟通的最好方式，并不在于你表达了多少，而在于你聆听了多少。真正的沟通高手，总能够先去专心地听对方说话，关注对方的内心感受。然后，才有条不紊地说出自己想要说的话。

这其实是一个很简单的道理，我们来看：你说话是为了什么？当然是为了有人能够听。如果你只是想让别人听你说话，只是想让别人认同你的各种观点的话，那你就走错了路。因为别人是你的听众，同时你也是别人的听众，你想让别人听你说话，别人也想让你听自己说话。将心比心，那么别人在说话的时候，最喜欢的，就是你能够认认真真地听他把话说完。

如果别人说话正在兴头上的时候，却发现你眼神迷离，神游物外，把自己的金玉良言当成了耳旁之风，那他该会有多么的失望！他会觉得，你一点也不尊重他。于是乎，对你开始不满起来。更于是乎，在你讲话的时候，他会用同样的方式来回报你。那么好，你讲话的目的，是不是已经在这个时候开始悄然溜走了呢？

当然是！而你，正是造成你说话没有人听的始作俑者。

学会听别人说话是一门很实际的学问。除了尊重别人，让别人意兴盎然讲自己想要讲的话之外。从别人的话中，我们还能够细心地捕捉到很多有用

的信息。别人喜欢什么，现在心情如何，最爱看谁的书，最爱吃什么食物等等。这些信息如同电子邮件一样从对方的口中飞到了我们的脑海中，我们稍做处理，在接下来和别人的谈话中，就可以发挥作用了。

卡尔是约翰见到的最受欢迎的男士之一。卡尔人长得不算很英俊，但是很精神。经常会有人邀请他参加各种聚会、共进晚餐或者是参加一些娱乐活动。

约翰很纳闷：自己各方面的才能不比卡尔差，长相也比卡尔英俊，可是为什么却没有卡尔那么受人欢迎呢？他决定留心观察。

一天晚上，约翰和卡尔都受邀参加一次小型社交活动。活动开始没有多久，约翰就发现卡尔和一个漂亮的女孩子坐在一个角落里。约翰细心观察着，想找出一些蛛丝马迹。

他发现那个女孩子一直在说话，而卡尔却好像一句话也没有说，只是时而微笑，时而点头，时而顺手为女孩子拿来酒饮。就这样，两个人在角落里交流了几个小时，直到活动结束，他们才起身离开。

第二天一大早，约翰就迫不及待地问卡尔："昨天晚上，我在聚会上看见你和一个很漂亮的女孩子在一起。她好像很喜欢你，完全被你迷住了。哥们儿，教教我，怎么得到她的信任的？"

"这很容易"，卡尔说道，"当我一见到这个女孩子的时候，就被她吸引住了，上去和她搭讪。"

卡尔继续说道："我对她说，你的皮肤晒得真漂亮，在冬季也这么漂亮，是怎么做到的？是阿卡普尔科的阳光还是夏威夷的阳光？"

"那女孩怎么说？"约翰问道。

"女孩说，她去夏威夷度了一段时间的假期。夏威夷永远都是风景如画。"

"然后呢？"

“然后，我就问她，能不能把这一切都讲给我听。女孩子当即就同意了。于是，我们找了个角落坐下来，她谈夏威夷，我听，一直到活动结束我们分开。不过今天早上那女孩打过电话来了，她告诉我很想再见到我，因为我是个有意思的谈伴。但是说老实话，昨天晚上，那几个小时内，我几乎没有说过几句话。”

约翰没有再问下去，因为他看到了，整个晚上，卡尔确实只是在听。同时，他也明白了卡尔为什么受人欢迎。

你看出卡尔受欢迎的秘诀了吗？很简单，他把对自己的精彩介绍放到了最后面。在说话之前，他抓住了女孩的心理，找到了她最想谈的话。然后，卡尔只做了一件事，就是认真地倾听。他非常认真，不厌其烦地听女孩讲自己在夏威夷的经历讲了几个小时，让女孩讲话的兴致得到了尽情的发挥。

当然，从女孩子的谈话当中，卡尔也了解到了她的最基本的信息。相信在以后的相处中，卡尔一定也能做到游刃有余。

你做到了吗？在你说话前，先好好听听对方的话，认真地听、静静地听，不要去打断他。在对方的话说完之后，不用讲话，其实，你就已经赢得了对方的一大半信任。还有什么能比一个可以倾听自己讲话的朋友更值得信任的呢？

开口之前，你有没有听清对方的真实意图？

永远说正确的话是一种自我保护方式。人人都希望自己说出来的话，能够一语中的、一针见血，都希望能够正确得无懈可击。可是，却没有人能够做到永远都说正确的话。所以，几乎所有的人，都犯过表述失当的错误。这种错误，我们有过，你也有过。

其实，你之所以没能说出正确的、合乎别人心意的话，不是因为你不会说话。虽然说话技巧也是一种因素，但求根溯源，最根本的原因还是在于你没有弄清楚对方的真实意图。他的意思是想告诉你天是蓝的，你偏偏理解成为地是绿的，那么就算你再懂得说话的技巧，怕是也说不到他的心里去。驴唇根本不对马嘴嘛！

那么，要怎么样做才能彻底听清楚对方的真实意图？那就需要你在聆听的时候多加留意了。在上一节里，我们讲了听人讲话的艺术，而在这里，我们还是要用重墨来介绍听。只不过，这次我们听别人讲话的时候要注意了：听清楚，他的真实意图是什么？

五岁的小山姆这天第一次跟妈妈进幼儿园。

刚一进门，他就看见墙上贴着许多儿童画。很显然，这是幼儿园其他小朋友们画的。小山姆仔细看了看这些画，然后大声问道："这些画是谁画的啊？怎么这么难看？"妈妈的脸马上红了，小山姆平常在家一直都是很有礼貌啊，这次是怎么了？

为了避免尴尬，她就对儿子说："你看这些画画得多好啊！你怎么能说难看？这多没礼貌！"

小山姆没有说话，他忽闪着大眼睛，还是在认认真真地看那些画。

老师却笑了，她听明白了小山姆的意图，于是说道："在我们这里，不一定要画得多么好，事实上是你喜欢怎么画就怎么画，可以随便画自己想画的东西。"

小山姆这才满意地笑了，因为老师帮他解决了问题。他知道即使以后自己画了难看的画也没有关系，老师不会生气，小朋友们也不会嘲笑，可以安心地待在这里了。

我们来看，小山姆的妈妈，就是一个典型的说话前没有听懂别人话里意思的人。她从小山姆的话里，只是听到了他没有礼貌地胡乱批评别人的画不好，却没有更深一层揣摩他话里的意思。而老师却听出了小山姆的话外之意，原来他不是说别人的画不好，而是担心以后自己画得不好被老师批评，所以来了个“投石问路”。很显然，在这件小事情上，老师得到了小山姆的信任。

有一位生意非常兴隆的房地产经纪人认为，要想明白顾客的真正意图，必须认真听顾客说的每一句话。因为顾客内心的真实想法虽然没有直接说出来，但一定会在字里行间有所表露。当他讲出一套房的价格时，顾客说：“这没什么，哪怕是皇宫也没什么了不起。”可是语调里有点犹豫，笑得有些勉强。于是他就知道，这套房子的价格和顾客心里想买的房子的价格显然还有一定的差距。

于是，他就会对顾客说：“这房子不错，但也许还有更合您意的呢，在决定买之前，不妨多看几套房子。”自然，顾客就会很乐意地跟着他多看几套房子，找到适合自己购买的房子，皆大欢喜。

可以说，即使是自己最亲近的人说的话，其真实意图也不一定就是你所听到的那样。你不能只是根据表面的意思，而忽略了他话中真正的含意。有时候，他之所以没有直接告诉你，可能是因为种种原因而不太好意思表达出来。但如果你听出来了，他也不会反对。

有的人之所以被人认为是善解人意，就是他们善于认真聆听别人的说话，在自己开口说话之前，准确地听清楚了对方的真实意图，给出了对方想要的答案。如果你想很快赢得别人的信任，那么就要懂得，弄清楚别人的真实意图是关键。

谁不爱听好话，你能赞到别人心里去吗？

曾经听到过这样一种说法，非常的有意思：赞美的话是一种最低成本、最高回报的人际交往法宝。想想也是，一句真诚的、有力的、充满关怀的赞美，虽然成本极低（只需要你张口，用心说出来就成），但却是一份最好的礼物。得到它的人，无不满心欢喜，乐上眉梢。

谁都爱听好话，这是人的天性使然。但要切记，赞美不是拍马屁，不是弯腰谄媚、阿谀奉承，而是一种良好的人际关系的营造渠道。我们要想得到别人的信任，适当的赞美必不可少。赞美就如同春日里正在盛开的鲜花，美艳不可方物，让人一闻身心俱香。

你知道适当的赞美能俘获人心，你也知道适当的赞美是一碗心灵的鸡汤。你甚至还知道，给他人一个适当的赞美，你就可以赢得他的信任得到那份心仪已久的工作；给他人一个适当的赞美，你就能赢得她的信任找到那份渴望已久的爱情……

但是你的赞美给了，却没有得到想要的结果，为什么？你想过了吗？

因为你赞虽赞了，却没有赞到别人心里去。所以，要赞，就得赞到别人的心里去，这是赢得别人信任的最高境界。

那问题又来了，怎么样才能赞到别人心里去呢？我们把其总结为三点，你只要能把它融会贯通，想要赞到别人心里，就不是什么难事。

第一点：真心实意。这是学会赞别人的先决条件。在赞美别人的时候，你要发自内心地去赞美，别人才能感受得到。通过和别人接触，你用心地发现别人的优点，用心地去认可对方，那么真诚的赞美就会自然而然地倾泻而出。不牵强、不附会，恬淡而又宁静。但是切记，真心实意的赞美，必须是真实的，而不能无中生有。试想一下，如果你去赞美一个胖子，说他“很苗条”，会是什么效果？这样的赞美，不仅不能得到你想要的结果，甚至还会招来别人的反感，他们会觉得你是在嘲弄他们。一来二去，想要赢得别人的信任，只怕是不可能了。

第二点：恰到好处。这个就是时机的把握了。当然，这个时机的把握，需要我们去揣摩对方的心思。当你和别人交往的时候，你要善于把握住时机，在他最需要人赞美的时候，恰到好处地给以赞美，那还能不赞得他心花怒放？举个例子：同事升了职，你恰到好处地赞一句，那不让他喜悦的心情更上一层，心情大畅吗？最后自然对你的信任大增。

第三点：恰如其分。关于这一点，我们在前面提过，就是不能过分地赞美。任何事情都是过犹不及，赞美如果过了，没有点到为止，而是用华丽的辞藻对别人进行过度的恭维、空洞的吹捧，那就变成了“拍马屁”。虽然“千穿万穿，马屁不穿”，但在对方听来，不舒服、不自在的感觉还是有的。更重要的是，他会觉得你不真诚。对于一个不真诚的人，他会“慷慨解囊”，给你最大的信任吗？难！

如何，觉得简单吧？其实想要赞到别人心里去，就是如此的简单。关键是你得用心，用心去揣摩别人的心思，并把握住尺度，那么动听的赞美对你来说，不过是举手之劳而已。

等到你恰如其分地赞美过别人之后，别人心情大好，那么你再说话，是不是可以轻而易举地达到你想要的效果？

有一个小故事非常有意思：

有一个富翁非常喜欢吃烤火鸡，达到每餐必吃的地步。

为了能天天吃上美味的烤火鸡，于是此富翁花重金聘请了一位手艺一流的厨师为其做烤火鸡。这个厨师的手艺很好，富翁每天都能吃上香喷喷的烤火鸡，他觉得自己的生活太幸福了。

整只火鸡，他最喜欢吃的是鸡腿。每次厨师把鸡端上来，他就会先把两只鸡腿扯下来，放到自己的盘子里，吃得津津有味。

但是，最近这几天他发现了一件怪事：他的烤火鸡只有一只鸡腿。于是勃然大怒，叫来了厨师："你说，我的鸡腿都到哪里去了？是不是你给偷吃了？"

厨师说："先生，我们的鸡只有一条腿啊，并非我偷吃的。"

富翁怎么也不相信自己的鸡只有一条腿，于是，就跟厨师一起来到了后院的鸡舍。

厨师指着一群鸡说："先生，您看，我们的火鸡都是只有一条腿吧，我没有骗您！"原来这个时候，火鸡都在蜷着一条腿睡午觉。

富翁大手一举，"啪啪啪"地拍起了巴掌，火鸡受惊，四处乱跑起来。富翁很是得意："你看，我的火鸡还是两条腿的。"

厨师笑了："先生，您都给火鸡掌声，去赞美它们。但是我为您服务快两年了，您却从来没有给过我掌声和赞美，我做起来很没有意思啊！"

有的时候，给人以赞美其实很容易，真的只是举手之劳而已。但也就是举手之劳，却能使你用一分钟，轻松赢得别人的信任与好感。

第五个反思

你给别人制造过开口的机会吗?

在社会生活中，一个人不管地位有多高、权力有多大，如果要想赢得别人的尊重和信任，就应该学会去尊重和信任别人。那么，我们应该怎样尊重和信任别人呢？不要把你的想法变成别人的想法，不要剥夺了别人说话的机会。毛泽东同志有一句名言是这样说的：让别人说话，天不会塌下来。得不到信任的时候好好想一想，你给别人制造过开口的机会吗?

想要处理好关系，你让对方开口说话了吗?

有的时候，我们极想和对方处理好关系，却不得其法。于是，急得焦头烂额，上蹿下跳地找原因，找解决的方法。可是找来找去，却还是没能和别人处理好关系。

好了，那么现在不用再找了，其实原因就在你自己身上，解决的方法也在你自己身上。临渊羡鱼不如退而结网，你为什么不退回去，从最根本的做起呢？我们所说的最根本，是你没能处理好和别人关系的根本，就是，你根本就没有让对方说话。想想看，或许对方早就憋了一肚子的话，想一吐为快，而你总是卡在那里，让人家有话说不出，如此一来，能处理好关系才怪呢。

供应商又一次延期交货。作为采购经理，老周的火气相当大。他已经多次打电话给供应商，也措辞激烈地与其交锋了好几次，但都没有什么结果。老周的脾气一向火爆，一忍再忍之后，这次终于爆发了，在电话里对供应商吼了起来。

岂料这次供应商的态度也很恶劣，口口声声称这次得提高加工费，要不然，产品没办法做。公司的部分产品包料外发，由几个供应商共同承担加工任务。由于是小零件，所以往往外包给供应商的量都很大，往往都在几十万之巨，单是这一次就有四十多万。如此平均下来，加工费的价格自然就很低。所以要涨也不容易，往往按几厘涨下来，涨一次也得让厂里喘息好一阵子了。不过，这次开发出的新产品，无论是从材料、大小、加工工艺上看，还是从技术要求上看，都和上一款老产品基本相同，所以公司给的价格和那款老产品是一样的。而且，当初承包给供应商的时候，他们也都没有意见。

“现在赶不出货来，就说难做了！”老周对此很是反感。每次供应商打电话过来，想要说明货难做，需要加钱的时候，老周总是啪一下挂了电话。其实老周也知道，老产品他们做起来轻车熟路，已经有了一套程序，工人做起来比较顺手，而新产品则需要有一段时间的磨合期。供应商想要涨加工费，就是想在磨合期不至于亏钱。

“可是算来算去，他们还是赚了不少。难不成因为他们一次做得慢就涨加工费？那我们公司也不用做了！”老周暗自嘀咕。

于是，面对几家供应商要涨加工费的要求，老周撂下了狠话：就是这个价格，如果新产品你们不做，我就找别人来做，同时老产品也转给别人做。

重压之下，果然没有人再提涨加工费的事情。不过，工期一拖再拖，让老周心里还是很不痛快。

这天，老周刚和供应商打完电话，催货未果而气得摔了电话。这时，一个小伙子走进了办公室的大门。这是一个相貌极其普通的年轻人，经过自我介绍，老周想起他正是那些供应商之一。前几天那几个供应商找老周谈涨加工费的时候，好像唯独这个小伙子没有要求涨价。不过这次来，可就不好说了。

一想到他来的目的，老周的气就不打一处来，根本就不想给他说话的机会。他沉着脸对小伙子说：“你有什么事，来我这里也是为了涨价吧？是的话你请回，这个价格我们早已定好了的，无法再涨，再说，我也没有权利左右公司的决定。”说完，老周转身就走。

小伙子在后面叫住了他：“周先生，请您稍等，我还没有开口，你怎么知道我要谈的是涨加工费的事？您总得给我一个说话的机会吧！另外，我想告诉您的是，我并不是来和您谈涨加工费的事情的。”

听到这话，老周火气稍息，他意识到了自己的失态，请小伙子落座，然后倒了一杯水给他。“不是谈涨加工费，那你的意思是……”

小伙子笑了：“周先生，我想请教您一个问题，咱们这个新产品和上次的那个老产品有什么不同？是不是其他部位都相同，仅有一个地方不一样？”老周点了点头，这个问题他当然知道，只是，从来没有留意过。小伙子接着说：“我研究了一下，其实咱们这款零件价格争议的焦点，就在这一个点上，也就是这个不同。既然你们无法涨加工费，而我们加工的时候，也因为这个部位多花费了一些工夫，那么我们可不可以把这个部位在设计上给予简单化呢？如果能把它简化到和上次的产品一样省事，那么我想涨不涨价钱，对你们对我们来说，根本就不是问题了。”

老周皱起了眉头：“你们加工这个部位很困难，很费工夫吗？”

小伙子笑了：“关于这个问题，我这次把加工新老产品的东西都带了过来，可以现场演示给您看。相信你看过之后就能明白，我们所有问题的焦点，就在这个部位加工上。”

经过小伙子的现场演示，老周终于弄明白了加工这个产品，虽然和老产品只有一点儿的不同，但确实要多花费很多工夫。老周在心里一盘算：按照现在的加工方法，供应商确实是在亏本，他们之所以还硬着头皮做下去，是不想失去这个大客户。

小伙子又对老周说："我说了，今天来不是为了涨加工费，是想找出解决这个问题的方法。我想要了解的是，这个部位的功能是什么？能不能改进一下？如果可以的话，我们加工起来方便，成本也低，赶起工来速度也快，能早点把货交到你们手上。"

老周没有犹豫，马上拨通了技术部的电话。在技术部工作人员的配合下，他们终于找到了解决的方法，简化了那个部位的设计，做出了更为理想、更为完美的设计图。仅这一项，就为公司每年节约了上十万块钱。

事后老周问那小伙子："既然你早知道问题所在，为什么不早点告诉我呢？"小伙子笑着说："我是想告诉你的，但是每次打电话给你的时候，你都是劈头盖脸地一顿吼，我话还没来得及说出来，你又挂了电话。不得已，只好带着东西到你们公司找你来了。不过，差一点你也没有听我把话说完。"

老周哑然失笑，看来不是关系处理不好，是没有给别人说话的机会啊！

这个故事其实给我们折射出一个很简单的道理：无论你有多么充足的理由，你看到的只是你看到的，你想到的只是你想到的，并不能代表别人的想法。当关系无法处理好的时候，不妨停下来，给别人一分钟时间，听听他怎么说。或许他的话里，就有解决问题的方法。

你像木头一样不知回应，对方还怎么说话？

《约翰福音》里说：神的呼召，人的回应，人遵守了他的命令，神的应许才能兑现。看起来，神在传递福音的时候，也需要人的回应，否则的话他就满足不了人的心愿。神是如此，那么人呢？

很显然，人在与人交流的时候，也需要对方的回应。

当你在与别人交流，对方在说话的时候，你是怎么做的？是边倾听对方说话、边适时地做出回应，还是像木头一样，只知道愣愣地听着对方说话，却不知回应？如果你不会回应对方，那么你就危险了，对方得不到你的回应，意兴盎然的谈话可能会生生就此打住。那么，你们的交流目的也会就此化为乌有。

这个道理再简单不过。一个人讲话，他的话里会有很多的内容，有精彩绝伦之处，也有平淡无奇的地方。打个比方，这话的内容就如同是一处风景秀丽的旅游景点，而你的回应，则是这旅游景点中的景点指示牌。虽然和这里的景色无关，但却绝不可少。讲话的人虽是导游，带着你在这旅游景点里四处赏景，但却需要指示牌的引导，否则的话，他就也不知道下一步该往哪里走了。

如果是这样，那么讲话者会有什么想法？

首先当然会想：太不尊重人了，像木头一样不知回应，肯定是没有认真听我讲话。人家讲得口沫横飞，结果却遇上“对牛弹琴，声不入耳”，心里能舒服才怪呢！接下来又会想：他是对我的话不感兴趣，还是对我这个人不感兴趣？是不想和我做朋友了吧！好家伙，如此一来，问题就严重了。牵扯到交往问题了，当然要慎重考虑。最后，讲话者干脆闭口不语。好好的一次交

流不欢而散，且在别人心里留下了阴影，影响到了他对你的信任。

由此看来，回应是小事，但带来的结果，绝对不容小觑。

对于这一点，汽车推销之王乔·吉拉德深有体会。

有一次，有一位名人来向他买汽车。这对他来说是驾轻就熟，很快就向那人推销出去了一款最好的车型。那个人对这款车赞不绝口，边对他说话，边从手提包里掏出了一万美元现钞。眼看就要成交，却方却突然变了卦，满脸不悦地扬长而去。

乔·吉拉德百思不得其解，但却无计可施。为此，他甚至懊恼了整整一个下午，这在他的推销史上可是绝无仅有的啊！到了晚上十一点多的时候，他实在是忍不住了，就拨通了那人的电话："您好，约翰先生，我是乔·吉拉德。我今天曾向您介绍过一部新车，您也非常地喜欢，眼看着就要买下，可是您却突然变卦离去。我想了解一下。"

那人嗓门很高："你知道现在是什么时候吗？你这样已经影响到了我的休息！"

乔·吉拉德说："非常抱歉，先生，我知道现在已经是晚上十一点多了。可是我检讨了一下午，却还是想不出自己错在什么地方。因此只能向您请教，请您多多见谅。"

那人的口气缓和下来："你真的检讨了一下午吗？"

"的确如此，所以我非常想知道原因。"

"很好，那么，你现在是在用心听我讲话吗？"

"非常用心。"

"可是，今天下午的时候，你根本就没有用心听我说话。在我们就要签约之前，我讲到我的儿子将进入密执安大学念医科。我还向你讲起他的学科成绩、运动天赋以及他将来的理想。我的儿子，他是我的骄傲，我以他为荣。

可是你呢，汽车的事谈妥之后，你就再也没有给我回应，你根本就没有用心在听我说话。”

乔·吉拉德想起来了，他根本就没有留心听这些事情。对方在说那些事情的时候，他觉得购车已经十拿九稳，所以思想开了小差，跑到同事的笑话上去了。

看看回应别人有多重要。你只需要顺着别人的话题，在别人讲话中给予一个简单的回应，就会得到截然不同的效果。

布朗和安吉是大学校友，两人关系一向很好。

有一天，布朗突然发现，他对安吉问候的时候安吉不再对他回应。这样过了一个星期，布朗非常难过，他认为，安吉是不想和自己做朋友了。这天，布朗决定问个明白，他对安吉说：“安吉，这五天来我一直冲你微笑，和你打招呼，但是你却没有回应。是不是我做了什么事惹你不开心了？或者是，你不想和我做朋友了？”安吉回答说：“没有这回事，布朗，你没有做错什么。只是我最近为了完成博士论文忙得焦头烂额，没有顾及到别的事情。”

类似的事情有没有发生在你的身上？如果有，而且你还想得到别人的信任，那就赶快改正。轻轻回应一下别人的话，表示你在认真倾听，让他继续讲下去，他快乐，你也开心。

为什么你老是打断别人的话?

无论你是在与刚认识的朋友互做介绍，还是与别人闲话家常，当你正说到兴头上，别人突然插话进来，打断了你讲话的兴致，你会怎么样？这就如同一条水流湍急的小河突然被人硬生生从中间截断，不泛滥成灾，那才是怪事。

在别人讲话时认真地倾听，是对别人的尊重。因为你一直在认真听，然认真思考，所以就有可能会对别人的话产生不同的见解。那么这个时候，问题来了，很多人是听着听着就按捺不住，跳出来打断别人的话，罗列出自认为正确的观点。这种毛病虽然不好，但还情有可原，因为你在认真听对方讲话。

还有一种情况就比较可恶了：有些人喜欢抬杠，搭上话就针锋相对。无论别人说什么，他都要打断别人的话，加以反驳。别人说是，他一定要说否；别人说否，他却又说是了。这种人其实就是自以为是，爱说风头而已，自己没有观点，就来反驳别人的观点，压别人一头，以显示出自己的高明。

不论是以上两种情况中的哪一种，只要别人说话时，不停地打断对方，就不是一个好的习惯。耐心倾听是对一个人最起码的尊重。就算是别人讲话的时候语言组织零散混乱，观点也不是那么突出，逻辑性也不是太强，但你还是要让对方把话说完。你有意见，可以，但要等到别人说完了话，再发表自己的高见。

古时候有一个国王，想考考他的大臣，于是就命令工匠打造了三个一模一样的小金人，让所有的大臣分辨哪个金人最有价值。

面对这个难题，群臣束手无策，最后还是一个老大臣想出了辨别的办法。他把一根稻草依次插进小金人的耳朵，第一个小金人是稻草从另一边的耳朵出来，第二个小金人是稻草从嘴巴里出来，而第三个小金人，稻草从耳朵里插进去之后，直接伸进了它的肚子里，一点也没有露出来。于是，老大臣认为第三个小金人最有价值。

为什么三个小金人价值不同？老大臣说了，第一个小金人，听不进去别人讲话，左耳进右耳出；第二个小金人，听了别人的话后，喜欢打断别人的话，喋喋不休地在人前表现自己；而第三个小金人，则善于倾听别人说话，并把听到的话暂时先放在肚子里，好坏不论，等别人说完话了，再倒出自己的观点。

第三个小金人最有价值，是因为它总是静静地听别人说话，从不刻意去打断。我们可以来想一想，在社会交往中，是不是第三个小金人这类人最容易得到别人的信任？

让别人把话说完，不要总是打断别人，是赢得别人好感和信任的基本要求。现实生活中有很多这样的例子，因为总是喜欢打断别人的话，插入自己的或对或错的意见，反而让人觉得他不尊重别人，并对其敬而远之。

罗斯最近非常的倒霉，同事们买的股票都是一路暴涨，而他买的却跌的惨不忍睹。更让他感到气愤的是，相恋了四年的女友看到他倾家荡产变成了穷光蛋，居然和他提出了分手。

这天晚上，越想越难受的他约了最近新结识的朋友卡特出来喝酒。

在酒馆里，罗斯向卡特诉苦：“这是什么世道！我看中的那只股票明明是一匹黑马，可是到头来，却成了一只死骆驼。我……”

电话铃响了，是卡特的电话。于是卡特对罗斯说：“等一下，我出去接个电话。”

十分钟后，卡特回来了，罗斯一个人已经喝完了两大杯酒。

罗斯边喝酒边继续和卡特聊天：“你知道吗，那天我已经有点感觉我手中的这只股票靠不住了，想早点出手，可是露丝那女人不让，她想让我们多挣点……

卡特说：“海，哥们儿，那边那个姑娘可真漂亮，要是能和她约会多好！对了，你刚才说什么来着？”

罗斯说：“我是说，如果不是我那个该死的女朋友，我现在也不会倾家荡产。我……”

卡特兴奋起来，拍了拍罗斯说：“快看，那姑娘在冲我笑呢，她肯定是看上我了。我要让她做我的女朋友。你说什么？”

没有人回答。卡特一回头，发现罗斯已经走了。

在交谈过程中，不要总是打断别人的话。你打断别人的话，不能说明你很能干，也不能说明你很有才华，但是却可以说明一点，那就是你没有认真对待你和尊重别人。

要想赢得别人的尊重和信任，就从这一点做起。

冷场之时，你是否会主动寻找话题？

所谓冷场，是指演员或者主持人因为突然忘词、误场等原因，造成舞台演出突然停止或者节目进行中无法接词。这是舞台演出中最忌讳的现象之一。引申到社会生活当中，冷场就是会场以及其他一些聚会场合，因为一些突发事件或者无人发言而出现的沉默场面。

突然的冷场，会使人们尴尬，气氛紧张。尤其是在一些社交场合，大家正聊得热火朝天之时，忽然一个突发事件抛了进来，一下子把大家给镇住了。于是谁都不再说话，气氛由沸点直降到冰点，现场出现了令人窒息的沉默。其他人还好，但是事件的“当事人”可就不妙了。他们或许正在说话，是现场的焦点；或许正在做事，是事情的中心。但无论如何，冷场的时候，大家的目光会齐刷刷地都望向了他们。

他们这个时候是尴尬、难堪、无趣的，急需一个人来打破这种场面。这个时候，你会“挺身而出”吗？如果你可以，那么我们可以说，恭喜你，你又寻到了一条赢得别人信任的妙招。

这天，张小姐和几位同事一起去市里参加业务考试。由于进场的时候很是匆忙，她并没有发现自己的桌子边上有一颗大钉子，而且钉尖冒出很高。

很快试考完了，监考老师过来收了卷子，张小姐也开始收拾东西，打算出考场。可是一个不小心，她裙子的一角挂在了钉子上，“嘶啦”一声，破开一个大口子，露出半截雪白的大腿。所有的考生都停止了动作，向张小姐望过来，连监考老师也不例外。

一时间气氛很是尴尬，张小姐一脸的不自然，忙不迭地用手拉扯着破裙子，遮盖“暴露”出来的地方。看着周围一双双望过来的眼睛，张小姐红着脸，快要哭出来了。

这个时候一个同事出来打圆场。他随手拿过张小姐的外套，替她系在腰间遮住裙子破损的地方。然后笑着对张小姐说：“恭喜你了，这次考试一定过关。”

张小姐不解地问道：“为什么啊？因为我出糗了吗？”

同事说：“你想啊，你遇到了钉子，这说明了什么呀？说明你这次考试是‘铁板上钉钉’，稳定过关啊！”

张小姐脸上有了笑容："那我的裙子破了，这个也需要恭喜吗？"

同事说："这个更好了。第一，这叫作'破而后立'，说明你不但要考试过关，而且还会名列前茅。第二，旧的不去，新的不来啊，你再换条别样的裙子，就显得更漂亮啦！"

张小姐脸上的笑意更浓了："借你吉言，今天我这科要是过了，请你吃饭。"

其他考生见此，也都是一脸和善的笑意，不一会儿便各自去忙了，监考老师也在继续收着卷子。

瞧，这位同事多会打破僵局！在张小姐面对突发事件手足无措的时候，他用最婉转的方式，化解了张小姐的尴尬，挽回了张小姐在其他考生前的面子。自然，他也赢得了张小姐的信任。倘若你有这么一位善解人意的好朋友，你会不会也很开心呀？那一定是！

人与人之间进行思想交流和感情交流，最直接、最方便的方式就是语言。可是在进行交流的时候，却常常会因为意见不统一而出现僵持的局面。这个时候，就该我们去主动寻找话题了，因为一旦找对了方法，你就可以轻轻松松地打开冷场的局面。

打开冷场的局面，别人就可以把话题继续下去，而我们，也可以轻松得到别人的信任。

刘复才曾为江夏县的知事，他为人极为机敏，是一个善于打破冷场的人际关系高手。

都督张之洞和抚军谭继洵平时意见常常不太一致。这天，刘复才设宴，邀请了二公以及其他客人。没想到，酒还没过三巡，这两个人就开始争论起来了。原来，席间，一位客人偶然谈到了武汉江面有多宽的问题。张之洞说有七里三分宽，而谭继洵则说只有五里三分宽。二公各执己见，谁也不肯让步，争执到后来已都是面红耳赤。

在座宾客苦劝无果，也只得由着他们了。但待到一会儿之后，两个人忽然谁也不说话了，都是自顾喝着闷酒，其他宾客见状也都不好意思再说话，一时间宴会现场气氛极为尴尬。

刘复才见状，哈哈一笑，举杯说道："江面水涨，则宽七里三分；水落，则五里三分宽。张公说的是水涨之时，谭公说的是水落之时，两位说得都没有错。是这杯中之酒错了，再不喝酒，这酒可要生气了。"

张之洞和谭继洵听到这里，哈哈大笑，冷场的气氛一扫而光，这两个人也继续聊天喝酒去了。

我们都想赢得别人的信任，也都以能得到别人的信任为傲。可是朋友们，要想得到别人的信任不是只靠嘴巴说说，心里想想就可以了。而是要学会认认真真地为他们排忧解难。你要学会去揣摩他们的心理，当他们遭遇冷场的时候，要给他们制造继续说话的机会。

当然，上面讲的都是一些别人遭遇冷场我们要给予的帮助。那么当我们在和别人交流的时候，遭遇冷场了呢？不要着急，解决的方法其实还是和上面一样。

那就是，我们还是要给对方制造开口说话的机会。我们可以找些别人感兴趣的话题、共同的爱好等可以打开对方话匣子的切入点，让对方更深入地讲话。但要记住，我们一定要多从对方的角度来考虑，不然有可能就会弄巧成拙。只要可以挑起对方继续讲话的兴趣，那么我们的目的就已然达到，可以继续静听对方说话，来做一个出色的聆听者了。

打破冷场，就是靠近信任。

三人行，你是否会冷落其中一个？

《论语·述而》中有一句家喻户晓的名言是这样说的："三人行，必有我师焉。择其善者而从之，其不善者而改之。"意思是说，三个人同行，其中必定会有我的老师。我要选择他好的方面去向他学习，看到他不好的方面，就对照自己改正缺点。

很显然，这句话是教我们自觉修养，虚心好学。对于孔子的这句至理名言，我们也应当谨记于心。但是现在，我们要从另外一个角度来看待这句"三人行，必有我师"。

假设你和另外几个人一起相处，那几个人当中有你特别喜欢的人，也有你不是很喜欢的人，当然，他们的才华和能力也有高下之分。那么问题来了，你择优而师，和你喜欢的人聊得热火朝天，而如何对待那些你不是很喜欢的人呢？难道你就要把他们冷落在侧吗？

如果你有过这种情形，或许你是无意的，但还是很遗憾，你已经在不知不觉中失去了朋友的信任。可以设身处地地想一想，你和别人侃侃而谈，说得是口若悬河，而身边的另外一人却丝毫插不上话，不是他不想说，而是你根本就没有给他说话的机会。很明显，他受到了你的冷落，如此一来，你还怎么要求得到他的信任？

在生活中，这种现象也很常见。其实大多的时候，我们都是并非有意，只是和一个人聊得比较投机，所有的话题和焦点都围绕在了这个谈得比较投机的人身上，而在不知不觉中忽略了其他的人。这是我们的疏忽，但这种疏忽，却也恰恰是得不到别人信任的问题所在。

京京是个可爱的小男孩，今天是他过六岁生日的日子。

今天正好是周日，爸爸妈妈休息在家。他们一商量，决定给小京京过个特别隆重的生日。上午吃过早餐之后，他们就带着京京出门逛街去了。蛋糕店、儿童服装店、玩具店，每个地方都转了一大圈，买回了一大堆京京喜欢的东西，乐得京京的小嘴都合不拢。

还不止于此，爸爸又神秘兮兮地告诉京京，晚上才是他生日的重要节目。

到了晚上，京京才知道这生日"隆重"在哪里了，原来爸爸邀请了几个最好的朋友一起来给京京庆祝生日。看到那些叔叔伯伯们带来的漂亮的生日礼物，京京开心极了，他觉得自己是世上最幸福的小孩。

不过，很快京京就高兴不起来了。那些叔叔伯伯们来了之后，都会亲热地抱着京京，和他说上几句话，可是没一会儿就都不再理会京京，只是和爸爸在一起喝茶聊天。爸爸也是一样，和老朋友们聊得热火朝天，把京京给抛在了脑后。

京京一个人在客厅里呆坐着觉得很无聊，就跑到厨房里找妈妈。"妈妈，为什么爸爸和叔叔们都不理我了呀?"

"乖，他们在聊天呢！你不要去烦他们了，自己玩吧!"

"可是妈妈，我才是今天的主角啊，他们也可以和我聊天啊!"

"乖，妈妈忙着呢，你一边玩去啊!"

京京委屈极了，一个人躲在屋子里生闷气。他觉得这个生日过得没意思极了，因为自己受到了大人们的冷落。他在心里暗自对自己说：以后再也不相信爸爸了。

亲爱的朋友，看到这个故事，你想到了什么？就算是一个小孩子，在受到别人冷落的时候，也会大感不快，更何况是你身边的那些朋友？他们比小孩子更敏感，更容易从你的行动中看出你对他们的不重视。一旦他们有了这

种感觉，那么他们对你的信任就会在不知不觉中降低。

那么我们要怎么做才能不冷落任何一个人呢？正确的做法是，即便你和别人聊得很投机，也不要忘记了身边还有别人，要时不时地和别人聊上几句，寻找一个大家都有兴趣的话题，让别人也有说话的机会。如此一来，他就不会有被冷落的感觉了。

是不是很简单？

你知道别人对什么话题感兴趣吗？

很多人都有这样的体验，在走进一个陌生的环境，或者与一个不熟悉的人碰面时，往往几句简简单单的开场白和几句习惯性的问候之后，就没了下文。于是乎，两方都陷入了沉默的尴尬氛围之中。这个时候，你就需要来打破沉默了，而打破沉默最好的办法，就是找到对方感兴趣的话题。

和人打交道，要善听对方的弦外之音，多揣摩对方的言外之意，从只言片语之中捕捉对方的兴趣所在，这才是最高明的人际关系操纵术。就算不是很熟，我们也应该学会“察言观色”，从对方的一举一动中寻找突破口，找到对方对什么话题感兴趣。

一旦找到别人对什么话题感兴趣，你就已经找到了成功打破沉默的办法。这时你只需要用这个话题开个头，就可以轻而易举地引起对方的兴趣，从而打开他的话匣子。世上所有的人都是如此，没有人会对自己感兴趣的话题继续保持沉默。

有学者指出，一个人是否能受到别人的欢迎，与这个人的说话方式有很密切的关系。懂得细心寻找别人感兴趣的话题的人，和别人谈话的时候往往能引发出一种特别活跃的气氛。说者滔滔不绝，听者如沐春风。说话的人说的是自己感兴趣的话题，越说越开心；而听者适时引导，总能使说话的人话题不断。这是一个良性的循环，最后给人的感觉是，大家很谈得来。

想想看，在这样的情形下，如果说你还不能得到别人的信任的话，那可真叫怪事了。

有个故事非常有意思，说的是从前有个国王宴请群臣，酒足饭饱之后，国王问大臣："你们说，世界上什么事最难?"大臣们面面相觑，答："世界上说话最难。"这是句实话，和人说话虽然不难，但想要和人圆转如意地沟通，却是很难了，尤其是那些大臣和国王说话的时候。想想看，一个不小心，没有揣摩到国王感兴趣的话题，逆了龙鳞，那可就是掉脑袋的大事了。

由此可见，说话找到别人兴趣所在的重要性。

推销精英弗兰克·罗塞尔有一天去拜访他的客户杰克先生。

在知道对方的身份之后，杰克的脸沉了下来，他告诉弗兰克·罗塞尔，自己很不喜欢有推销员上门来推销产品，如果没有什么事的话，请他赶紧离开。一时间，气氛很是尴尬。

不过，弗兰克·罗塞尔很快便打破了沉默："杰克先生，首先请原谅我冒昧地来打扰你。"

"没关系，你快些离开就好。"

"先生，如果现在就离开，我会很遗憾的!"

"因为没有做成我这笔生意?"

"不，先生，在来之前，我研究过您。对于您白手起家，创下这么大的产业，我很是钦佩。所以来之前我告诉自己，无论如何也要多向您讨教一些创业的经验。"

杰克脸上露出了笑容：“那个时候，创业真的是很难啊！”

“那么先生，对我讲讲你创业的故事可以吗？我想一定非常的精彩。”

杰克先生闭上眼睛，回忆了好一阵子，讲起了他创业的故事。

两个小时之后，弗兰克·罗塞尔成交了一大笔生意。临走的时候，杰克拉着他的手说：“孩子，我很久没有和人讲起过这些陈年旧事了，你是一个值得信任的年轻人。”

奥地利著名心理学家亚佛·亚德勒在其著作《人生对你的意识》中有这样一句话：“对别人不感兴趣的人，他一生中的困难最多，对别人的伤害也最大。所有人类的失败，都出自这类人。”这就如同我们和别人说话，你找不出对方感兴趣的话题，就只能使交流陷入僵局，对他对你，都有不小的伤害。

会说话的人，常常都是最善于说出对方感兴趣话题的人；最会办事的人，也常常是做了让对方感激或感动的事的人。

我们想要让自己说出的话有价值，能引起对方的共鸣，或者为自己带来价值，那么就必须记住一条黄金法则：要从对方的角度上对待交流，主动出击，寻找到对方感兴趣的话题。

只有让对方畅所欲言，他才会认为你是一个值得信任的人。

你会不会将别人驳得哑口无言？

话说得好，小则可以安乐，大则可以兴国；话说得不好，小则可以招怨，大则可以丧身辱国。在我们与人的交往中，你有没有遇到过这种情况：一句话把人噎得个半死？如果有，那么你就得注意了，这显然是个极为不好的习惯，与人交流不全是开辩论会，如果总是将别人驳得哑口无言，极易伤害两人之间的感情。

其实生活中很多不愉快的事儿，大多起于口无遮拦上。和人说话的时候，我们可以持反对意见，但要学会委婉地表达。一个聪明人在与人交往的过程中，是不会凭着自己的口舌之利，把人驳得哑口无言，让人下不来台的。

其实这种情形我们都可以看得到。在生活中，许多夫妻不睦、兄弟失和、同事交恶，都是由于一方喜欢用咄咄逼人的反驳说话方式所致。当然，如果是遇到辩论场合，那就另当别论了。

我们来想一想，和别人交谈的时候，如果你觉得对方意见不对，可以立刻提出来，但提出异议的方式多种多样，又何必一定将别人驳得哑口无言呢？这样的做法等于是向对方的精神上狠狠地打了一拳，别人谈兴正浓，你一拳下去，一下子就将他打得鼻青脸肿，说不出话来。这样一来，别人会怎么想？可想而知的是，被驳的人往往会不知所措，自尊心受到了大大的打击。如果不巧，对方正好是个脾气不好的人，那么纵然是哑口无言，他也必定是恼羞成怒，把这种伤害牢牢记在心里。

说到底，我们在与别人交流的时候，切记不要总把别人驳得哑口无言，这是一种尊重别人的方式。为了自逞口舌之利，一下子把对方难住，不但不尊重别人，而且于人于己都没有什么好处，我们何苦要如此呢？还是那句话，我们可以向对方提出异议，但不要用反驳的方式，可以用真诚大方的态度去向对方请教，使对方既知道自己的观点不正确，也会对你心悦诚服，心生信任。这样你的目的达到了，他也没有失了面子，岂不是皆大欢喜。

然而在现实生活中，到底还有不少人，以把别人驳得哑口无言当作自己才华的展露。他们看什么都不顺眼，什么都喜欢驳，完全不顾及别人的感受。这种人其实不是真正的有本事，他们虽然像一把锋利的刀子，但一刀刀切下去，只是切在了别人的心里，但切跑了别人的信任。这种人，其实是十分可悲的。

在一次聚会中，来了许多陌生的朋友。大家在一起喝酒聊天，相处得很是融洽。此时来了一个迟到的人，他特别喜欢反驳别人的话。

某人讲起投资，他听了几句便开始说话，可一开口就是："你落伍了，要再多进修。"那人的讲话戛然而止，众人面面相觑。

某人讲起澳洲的红酒好喝，他马上接口道："这是你品位有问题，我喝红酒很多年了。澳洲红酒，我早就不喝了，那根本是难登大雅之堂的。"讲话的人满面通红，一声不吭地端着红酒猛喝。

聚会中有一位非常有名气的女士，一些人很喜欢她，围成一圈和她聊天。大家交口称赞，说她漂亮，她也喜滋滋地回应大家："哪里哪里，都老啦!"

他挤了进来："你年轻的时候漂亮吗?"

女士笑着的脸陡然拉了下来，一声不吭地走出了人群。

把别人驳得哑口无言，他似乎很了不起，无所不懂、无所不精。但转过身去，别人都会私下告诫自己："此人不宜深交。"

我们来看，这个人是个聪明人吗？显然不是，他只顾自己说话说得高兴，却浑然不知他每次将别人驳得哑口无言的时候，都悄悄失去了一份别人对他的信任。

我们生活在这个社会中，交往的圈子就这么大一丁点儿，认识的人也就这么些。请问，我们有多少次失去别人信任的机会？一次失去一个朋友的信任，我们又有多少朋友够我们失去信任？怕是没有几次，我们就会变得形单影只，成为孤家寡人一个吧！

有的人把别人驳得哑口无言，是因为他喜欢显示自己与别人的意见不同，以表现自己的高明；有些人把别人驳得哑口无言，是因为他不懂讲话的方式，虽然有不同意见，但却不知如何处理。但是不论是那一种情形，都不是我们正确的待人处事方式。

舌头是柔软的刀子，要想不伤害人，必须把好两关。第一关：必须反驳别人吗？第二关：必须把别人驳得哑口无言吗？

要记得，一定不要！我们应该想到，别人被你驳得哑口无言，要么回击，让你知道自己的厉害；要么超越，对你说的话置若罔闻。但无论是哪一种情况，你都会失去别人的信任。

下 篇

实践篇

——赢得信任的秘诀

◆ 信任是什么?

◆ 信任是一瞬间，信任是日积月累，信任是任何时间、任何地点、任何情境，可以发生在任何人身上的事。

◆ 但是在很多时候，我们都会忽略了身边一些小的细节。我们会以为，这些鸡毛蒜皮的小事，对于赢得他人的信任无关痛痒。所以我们从这些小事面前走过的时候习惯了昂首挺胸但却视若无睹。于是，我们也错过了，错过了赢得他人信任的最佳时机。

◆ 信任其实是冬日的一缕阳光，当没有用真心去拥抱它的时候，我们会发现这个冬天真的很冷。可是，当我们敞开胸怀去感受的时候，却发现它存在于世界的每一个角落。

◆ 只要用心去做人做事，任何时候我们都能赢得别人的信任。

第一种情境

面试：如何赢得考官的信任

我们生活在一个略显浮躁的时代，身边有一群略显浮躁的人。即便如此，我们还是得在这个浮躁的社会上四处奔波，希望能找到一份好的工作，挣得一份差强人意的薪水。所以我们要求职、要面试，要和那一批略显浮躁的人竞争，要告诉考官：我是你合适的人选。可是，那些被称之为“职场门神”的考官会选择我们吗？会的，只要我们能够在短时间内快速赢得他们的信任。

用心打造第一眼

在开篇的时候，我们谈了第一印象对于人际交往的重要性。在这里，我们故题重谈，还是再来说说第一印象。不是我们啰嗦，而是第一印象太重要，它散布于生活中的层层面面，随处可见。就拿我们在职场中的朋友来说吧，你想找到一份合适的工作，就得参加面试，就得想方设法地取得考官的信任。只有考官点头，我们才能得到那份自己想要的工作。

那么，面试的时候，自然还是第一印象打头阵。

有一点一定要牢牢记得：你永远没有第二次机会树立第一印象。从你踏

进招聘现场的那一刻起，你就已经落入了考官的眼球。他们会在最初的几秒钟之内，根据你的外表和言谈举止，对你迅速地做出一个判断。有调查显示，考官对求职者的第一印象往往成为影响其决策的主要因素。

马上就要参加第一场求职面试了，赵小姐既兴奋又紧张。对于这家公司，赵小姐是心仪已久，中国前百强呢。能进入这家公司工作，是赵小姐在大学时就有的梦想。

为了能够让自己在众多面试者中脱颖而出，赵小姐可谓是煞费苦心。她知道第一印象的重要性，此时最让她头疼的就是着装了，衣服的款式、颜色、搭配都让她发愁。应该怎么穿呢？赵小姐拿不定主意了。

最后，为了保险起见，她决定从好友那里借一身名牌服装来穿。用好友的话来说就是：要有一身唬人的噱头，这样才能把其他应聘者比下去。

面试的这天终于来了，看着在外面等候应聘的竞争者们那驳杂的便装，赵小姐觉得是稳操胜券了。她在那些竞争者们羡慕的目光下，昂首阔步地走进了招聘会现场，如同一只骄傲的孔雀。

出人意料的是，赵小姐最后并没有入选。她百思不得其解：自己对这次面试极为重视，而且，论学历论能力，自己也不输于任何人。为什么最后还是落选了呢？她忍不住在招聘会结束后找到了对自己面试的考官，想要问出个所以然来。

考官给出的解释是这样的：在众多面试者当中，你的能力还算不错，学历也不错。但是，你给我的第一印象不好。光看你的穿着，我就感觉你这个人肯定特别爱慕虚荣和浮躁。衣服干净利落、大方得体就好，没必要弄得一身上下全是名牌。另外，从你的脸上，我看到的是你对其他应聘者的嘲讽，你觉得他们的衣服没有你的好，面试肯定比不过你。还有一点就是，你做开场白进行自我叙述的时候，说得太快，我根本听不清你在说些什么。所以，就算你的整体素质不错，我们也决定不录用你。

赵小姐恍然大悟：自己千注意万注意，想要注意好第一印象，没有想到，还是在第一印象上败下阵来。

其实从心理学的角度上来看，人们通常是把那些外表吸引力强的人看作是友善、聪明且可以信任的人。不可否认，外表吸引力的强弱有一部分成分依赖于天生，有些人天生就有很强的外表吸引力。但是，人们更多的可以通过一些方法使自己的外表吸引力变大。例如穿着打扮。

不过，值得注意的是，你是去应聘职员而不是电影明星，你的穿着打扮可以给人一种清新舒畅的感觉就好，极端的求新求异大可不必。如果一味地标新立异，可能还会适得其反，给考官极差的第一印象，如同赵小姐一样。你去面试的时候，最好的着装是可以让考官辨析衣服与你申请职位的吻合度。比如，应聘公关职位，你在着装上可以适当体现自己对时尚元素的敏感度；应聘金融行业的职位，你可以穿深色的套装，这样能体现出你的严谨。

但是，切记，不要过于奢华。

我们再来看看周先生的面试经历：

周先生的性格虽然有些腼腆，但是他毕业于名校，简历上出色的学业描述使他获得了一次面试机会。

和赵小姐的经历类似，周先生去参加面试的公司也是他心仪的公司。他对公司里面优厚的待遇早有耳闻，也很向往公司里的发展机会。所以，在面试之前，周先生和赵小姐一样，都是怀着兴奋和惶恐的心情在做准备。

所不同的是，周先生这个人出身于农村，对于着装上没有什么概念，只是觉得衣服干净整洁就行。他着重准备的是将要用到的资料，他觉得，只有让考官觉得自己做了充分的准备工作，才有通过面试的机会。

他的想法是没有错，只是在面试的时候也出现了一些问题。

当迈进招聘会场的时候，一见到考官，周先生的腼腆性格就充分发挥了“积极”的作用。他开始紧张起来，很紧张地垂下了眼帘。更糟糕的是，他把事先准备好的开场白全部忘记了。他迷迷糊糊地不知道自己在说什么，而且声音发颤，手心冒汗，还不停地用手拉扯自己的衣角。说话时眼神游离不定，始终不敢面对考官。进门时早早就酝酿好的那个笑容，就那么干巴巴地贴在脸上，变成了苦笑。

当然周先生也没有能够通过面试，他也给了考官一个极差的第一印象，没有能赢得考官的信任。

我们来看，其实语言、肢体语言在形成第一印象的诸多因素中，仅仅次于外表的吸引力。有研究表明，在面试的过程中，你的言谈举止，也是你得到考官较好的第一印象的有力武器。我们来看肢体语言，在现实中，大多数人是以直观迅速的方式，去理解别人的肢体语言的。比如说，考官就要快速地理解你的肢体语言，这个时候他发现你的肢体语言中有消极的信号，坐立不安、六神无主。那么他就明白了，这个人根本连一点自信都没有，怎么可以委以重任?

如果再加上你语言的空洞和乏味，语气上的不招人喜欢，语速上的让人听不太明白，那么可以肯定的是，你在考官心目中的第一印象，已经差得不能再差了。

说了这么多，那么，究竟应该怎么做，才能让你在第一眼内得到考官的青睐，赢得考官的信任?

我们从上面的故事中可以很清晰地看到：你的穿着打扮要合适，要适合你应聘者的身份；你的语言要鲜活，要有说服力；你的肢体活动要自然灵动，要充满自信；你的眼神，要显示出你的真诚，并用眼神告诉考官，我能行，我就是你们要找的人。

也许我们讲述的内容还不是很全面，但是至少，你照着做了，可以在很短的时间内，给考官一个与众不同的第一印象。或许，他们对你的信任，就是从这第一眼开始。

用有力的握手给信任加分

握手是一种礼仪，也是一门艺术。

在人际交往的过程中，握手是一种礼仪，但人与人之间、团体之间、国家之间的交往都赋予了这个动作丰富却又不尽相同的内涵。

一般说来，彼此握手，是一种友好的表示，也是一种无言的交流。虽然这只是一个极其普通的动作，但作用却不可小视。握手可以沟通原本隔膜的情感，可以加深双方的理解和信任，可以表示出一方的尊敬和鼓励。当然，也可以传达出一些消极信息，例如，淡漠、敷衍、虚假、奉迎等情感，也会在握手的瞬间游走于两人之间。

握手中的学问多多，在这里我们不去一一讨论，现在我们需要弄明白的是，面试的时候，通过怎样的握手方式，可以为我们赢得考官的信任加分。

请看这个小故事：

小李终于得到了去这家公司的面试机会，他开心得不行。这家公司，他可是瞄了很久了，光是简历就发去了十几份，并打过好几次电话咨询。大公司，待遇好，能不心动吗？这次有机会去面试，他自然是开心异常了。

面试的时间是在下午三点，时间还早，小李决定去商场逛逛买些生活用品。

他这一逛就逛到了下午两点，看看时间差不多了，就匆匆忙忙赶回家，换了身衣服赶到了这家公司。由于走得急促，再加之天气也热，到这家公司的时候，小李已经热得满身是汗。

看看表，正好是下午二点四十，他长吁了一口气，还好没有迟到。

面试开始了，进行得很快，不大一会儿，就轮到了小李。对小李面试的是一位中年女士，看起来精明干练。看到他进来，那女考官微笑着向他伸出了右手，小李也非常有礼貌地和她握了握手，但在握手的时候，他看到女考官眉头一皱。

小李心道：坏了！

面试很快进行完毕。果不其然，小李被淘汰了。

小李很纳闷，他一直想不明白问题出在哪里，自己各方面的综合素质挺好的，怎么还是被淘汰出局了呢！直到回到家里，在网上看到一篇文章，他才恍然大悟：原来问题出在握手上面啊。

那篇文章是写如何和考官握手的：和考官握手，忌握手无力。中国人见面问候的方式是握手，面试时与考官应该恰如其分地轻轻一握，不要有气无力地被动握手，给考官一种精力不足，身体虚弱之感。与考官握手的时候，不能与考官靠得太近，而应分开一小段距离，但是距离又不能过大，否则就会给人以生疏感。握手的时候，更要注意不能满手大汗，让考官以为你太过于紧张，心理素质较差。握手前要把所有东西拿在左手上，以便于用右手与考官握手。要让考官的手覆盖在你的手掌上方，表示尊重考官的地位。

小李想到自己与考官握手的时候，不正是这个样子吗？匆匆忙忙赶过来，满手是汗就与考官握手；而且握手的时候因为有汗而只是轻轻握了一下，没有用力。一个无力的握手，破坏掉了一次去心仪公司工作的机会，小李有些哭笑不得了。

你理解了吗？握手虽然是一个小动作，可是你的考官，却有可能就善于从这个握手的动作上捕捉信息。想想也是，一个满手大汗，连握手都有气无力的应聘者，怎么可能会是一个精力旺盛的挑战者？有人曾经说过，握手的力度往往能表达出一个人的精神状态与个性，给人留下不同的印象，从而赢得交往的主动权。看来，这话不无道理。

美国著名盲聋女作家海伦·凯勒曾写道：手能拒人千里之外；也可充满阳光，让你感到很温暖……

既然，握手是如此一种美妙温暖的阳光，那么你为什么不让你的考官也享受到这束阳光的温暖呢？相信他们如果可以感受到你手中传来的力度和温暖，定然会回报给你最真诚的信任。

用令人难忘的简洁语言，设计属于自己的“10秒广告”

在面试的时候，面对考官，很多应聘者都会想到一个问题：我要怎么样做一个个性鲜明的自我介绍，把自己在短时间内，用强有力的方式推销给考官。

这个问题确实值得我们好好去思考。因为面试是公选的一个重要环节，目的就是为了检测考生的综合分析能力、组织协调能力、应变创新能力和语言表达能力等等。而你那个10秒钟的自我介绍，往往就能把这些所有的点囊括其中。考官也往往能从你的自我介绍之中，捕捉到一些他们需要的信息，然后在心里给你评定一个得分。

可以说，这一小段自我介绍，正是面对考官这个“大主顾”，你打出的“广告”。你的广告词别出心裁，令考官听后耳目为之一新，难以忘记，那么恭喜你，你精彩的“广告”已经使得考官给你加了分。当然，如果你的“广告词”啰里啰嗦，让考官听得不明就里，直皱眉头，那么你就很危险了。因为从你的这个“广告”之中，他已经寻找到一些不利于你的信息。

我们来看两个求职者的小故事。

故事一：

小吴是一名刚毕业的大学生，这几天正在忙着应聘。在一家大型公司的招聘会上，她凭着名校的文凭和出色的表达能力，过五关斩六将，一路杀到了最后的复试。

她原以为最后的复试会非常的难，岂料却简单得有点离谱，那位看起来极为亲切的主考官只让她用短时间做一个自我介绍，对自己做一个全面的阐述就可以了。

这对小吴来说，太小儿科了。上大学的时候，她就以较好的口才而在学校里小有名气。接下来，她很流利地说起自己的姓名、年龄、院校、专业等等，还说了一些在大学时做兼职的经历以及得过的奖项。虽然她的语言表达能力很强，但是主考官却还是听得直摇头。末了，主考官嘀咕了一句：自我介绍不是背诵简历，而是要让我们知道你怎样看待自己。

很自然，小吴落选了，主考官选择的是和小吴一起来面试的小齐。

故事二：

小齐是和小吴一起来面试的应聘者，小吴从面试室出来的时候，正好轮到小齐进去。这次的面试极为残酷，五个参加面试的人当中，只能留下来一个。在等候面试的时候，小齐曾和小吴聊过，她知道小吴很优秀，是个劲敌。“一定要成功！”小齐暗自给自己打气。

面试的题目也出乎小齐的意料，同样是在短时间内做一个自我介绍。小齐快速在脑海中组织了一下语言，做起了自我介绍：我是某某大学的应届毕业生小齐，下面，我将用三个关键词来介绍自己。听了小齐的这话，主考官很快抬起头来，坐正了身子认真听起来。小齐的三个关键词是“社团”、“比赛”、“实习”，她分别列举了几个简短的例子，使自己在这几个关键词之中凸现出来。

主考官一边听一边点头：这孩子条件不错，三个关键词证明了她的领导力、沟通力、团队合作能力都很强，而且她的反应迅速，能在短时间内知道我们要的是什么并给出正确的答案，还有语言组织能力也不错，值得培养。

不用说，小齐入选了。

这就是10秒钟“广告词”的魅力。当然，在职场中我们会遇到形形色色的考官，这些考官们的性格会不尽相同。所以，我们还得学会“察言观色”，针对不同性格的考官，快速地设计出属于自己的“10秒钟广告词”。就像孙子兵法中说的，知己知彼，方能百战不殆。

如果你发现你的考官性格外向，充满活力且又善谈，那么正好，你就把你的自我介绍打造成一种活泼的风格，把对自己的评价用充满动感的方式传达给他，稍加一点俏皮话也无妨，他一定会喜欢。

如果你发现你的考官性格内向，不喜形于色，不善言谈，那么你就得注意了，你的自我介绍一定要简洁干练，严肃中肯，多加进一些分析型的东西，迎合他的思路。但也要注意，你得别出心裁，不能让他听了觉得毫无新意。

如果你发现你的考官谈话高深莫测，喜用修辞和成语，那么，你就尽情发挥你的文学水平吧，把你的自我介绍组织成一篇极短的美文，当然，美文当中还是不能缺少了你的自我评价，这才是主心骨。

如果你发现你的考官友好温和，且又好奇心强，那么你就要投其所好，用新奇的话题引出你的自我介绍，让他一听之下好奇心大增，不由自主地顺着你的思路，了解到了你对自己的评价。

如果……

还有很多，我们在这里也就无须一一列举了。相信朋友们都看得明白，如果你能做到这些，做到可以很快判断出考官的性格，做到可以根据考官的性格很快整理出一篇适合自己的“10秒钟广告词”，那么，你将可以如天马行空一般驰骋于各种职场之中，轻轻松松地在一分钟之内，得到考官的信任。

当然，我们并不反对你把自己的“小缺陷”也在“广告词”中向考官透露，向考官坦诚。但是，一定要记得，这个“小缺陷”绝对不能影响你的工作和心态，否则，就有些得不偿失了。

不要无聊地搔首弄姿

很多求职者在面对考官的时候，都会出现一种情况：在考官炯炯的目光注视下，或者在其咄咄逼人的“追问”下，会感到浑身上下都不自在。就好像考官的目光能透视到他内心的胆怯，追问能暴露出他所有的缺陷一样。在这样一种情形下，他开始紧张了。

当然，紧张也是人之常情。面对着考官，面对着自己喜欢的这份工作，或许自己一个不慎，就会在考官面前败下阵来。而败下阵来的后果，就是与这份工作说拜拜。所以无论是谁，在面试的时候，多多少少都会有紧张的情绪存在，差别只在程度深浅而已。

特别是经历过几次面试失败的人，在面对考官的时候就会更为紧张，因为前面几次面试失败的经历，会在他的心中留下阴影，会让他觉得，自己无论怎么做，都得不到考官的青睐。越是有这种想法，他就越无法摆脱紧张的情绪，这是一种恶性循环，情况会越来越糟。可是，他却偏偏不想让考官看出自己的紧张情绪，于是做出些习惯性的小动作来加以掩饰。岂不知“欲盖弥彰”，有些考官偏偏就喜欢从他的这些小动作当中，来寻找突破口，对他“发难”。

孙小凡是一名刚毕业的大学生，平常总是嘻嘻哈哈、吊儿郎当的，不过，这几天他也严肃起来了，因为他将面临着找工作的难题。

时下大学生找工作很难，这一点孙小凡很是清楚，他这几天四处跑着找工作，几乎全都遇到了闭门羹，这让他很是气馁。“今天这次面试，一定要成功”，他给自己打气。

面试的时候，他感觉非常的好，面试考官提出的一些问题，这几天他大抵都遇到过，所以做足了准备。虽然心情还是略微有些紧张，可是他相信，自己在这次面试中的成绩将不会输给任何一个竞争者。

只是在面试的最后，考官问了一个相当冷门的问题，让他有些措手不及。前几次面试失败的经历使他刚有些兴奋的心情一下子又冷了下来。他又有些紧张了，习惯性地抓了抓头，抓了足有半分钟，然后做了回答。

面试的结果是，他没有通过。

在离开的时候，他有些不服气地问考官：“我不明白为什么没有通过，我一直做得很好啊。就算是最后的一个问题回答得不是很好，可是那个问题与我的专业关系不大，您也不能就凭那个问题就把我给淘汰了呀！”

考官微笑着对他说：“年轻人，其实，最后的那个问题你的回答已经相当不错了，我很满意！”

“可是您最后还是没有录取我！”

“我之所以没有录取你，不是因为你在面试中的表现。实际上，从面试中我看得出来，你的专业知识很出色，应变能力也很强。可是你应聘的职位是一项很细心的工作，你不太适合。”

……

“在回答最后的那个问题时，你抓了足有半分钟的头发。这本来也没有什么，可是我却发现，从你的头发上，飘飘洒洒落下的都是头皮屑。你知道今天要来面试，可是仍然没有细心地收拾自己，所以我认为你不够细心，也不能胜任这份工作。”

孙小凡恍然大悟，原来如此。

其实，在面试的过程中，很多小动作只是应聘者平常的习惯。或许我们平常也有这个习惯，或许我们也对这样的小动作不以为然。然而恰恰就是这些不安分的搔首弄姿，使得我们在考官面前露出了小小的马脚，使得到手的工作鸡飞蛋打。

这样无聊的搔首弄姿有很多种，各有各的坏处，我们来一一找出。

一、抓头。这个小动作是很多面试者常有的习惯。想想也是，我们自己在平时有事没事的时候，不也是喜欢抓头吗？面试者在遇到难题时，会不由自主地抓抓头，觉得抓一下头，有可能会找出最好的答案。但却不知道，抓头不但影响了形象，还会让考官以为你黔驴技穷。

二、东张西望。一个人的心理是看不见摸不着的东西，但却千万不要以为考官也看不见。他们会通过你的整体外部行为来推断你的心理。你东张西望，会给他们一种感觉：你对这次面试一点也不重视，心神不宁的。如此一来，你还能被录取吗？

三、总看手表。这也是面试时候的一个大忌。面试考察还没有开始两分钟呢，你就不停地看手表，考官会怎么想？他们肯定以为，你的心思早飞到别处了，巴不得面试快些结束。再者，你总看表，还能聚精会神地回答考官的问题吗？

四、总咬嘴唇。有这种情形的面试者不太多，但总是有的。也许，你就是其中之一。你总咬嘴唇，就会给考官一种感觉：这个人太不自信，连回答这么一个简单的问题都要大费周章。

五、不要玩笔。有很多人喜欢玩笔，特别是年轻人，看着笔在自己手中转来转去，会觉得很酷。但是想过没有，你平常玩玩倒也罢了，一旦把这个习惯带到考官面前，考官会怎么想？肯定会以为你思想不集中，态度不认真。

六、双腿乱动。有些面试者会有这样的习惯，上身端端正正地坐着，认认真真地回答考官的问题，而两条腿却在椅子下面不停地晃动。但是千万不要以为考官看不见，一旦他们看见，会觉得你这个人吊儿郎当，没个正形，很难给你高的面试分数。

七、摆弄衣角。有些面试者在紧张的时候会不由自主地拉着衣服的一角，用手指来回不停地摆弄，以掩饰自己紧张的心情。但是，这个动作被考官看见了他会怎么想？会想你是在掩饰，一点也不成熟。

也许我们列举的还不够全面，还有一些面试者常做的小动作我们没有列出来。但是我们不妨仔细回想一下，在面对考官的时候，你也这样无聊地搔首弄姿了吗？如果有，那么你在考官心目中的得分会大大减少。

所以，要想赢得考官的信任，要切记，千万不要无聊地搔首弄姿，你的一切小动作，考官全都看在眼里。

充分的准备是赢得考官信任的试金石

一个好的工作后面，总有成百上千个竞争者。当你与一个向往已久的公司或职位擦肩而过的时候，有没有静下心来，认真想想：自己的问题出在哪里？如果说前面我们讲的那几点你都做得很好，而且也不是技不如人，只是因为一些枝节问题上的失误而落选的话，那么，你该为自己敲响警钟了。

对于面试前要做的准备工作，我们把它总结为三大利器。如果这三大利器你都能使用得炉火纯青，那么，在面试的过程中，你想要在短时间内取得考官的信任，也不是什么难事了。

第一大利器：材料百宝箱。在参加面试前，你必须要把面试过程中有可能需要用到的东西，纳入你的“材料百宝箱”中。这些材料，有你根据自己的优点缺点和长处精心设计的简历。这份简历一定要有助于考官更客观地认识你，言简意赅，可以使得考官在一看之下，就对你有了大概的认识。但是要记住，这个认识一定要在好的方面。即便是你把缺点在简历上表露出来，也一定要设计出“瑕不掩瑜”的风格。

“材料”中还要有一定的“广告语”，无论是技术层面还是生活层面的经历，都要尽可能准备充分一些。当然，这些“材料”的随机性很强，我们在前面讲到过，要会随机应变才行。但是，无论如何，一定要准备。这样你才不会在考官问到你的时候不知所措。这些材料不需要做成书面形式的，你大可以早早地准备好，放在心里。

第二大利器：武器百宝囊。这个就简单得多了，是一些能证明你能力的文凭和各种证书。即便是你去面试的那家公司没有要求，你也要随身带着，以备不时之需。例如：文凭、各种证书、钢笔或圆珠笔、纸张以及照片等等。反正你能想到的，用得着的东西，就要把它们收归囊中。考官看到你有如此充分的准备，自然会对你重视起来。

第三大利器：千里镜。在你去这家公司之前，就要用到“千里镜”了。你要在面试之前，尽可能地多了解一下你去面试的这家公司。你可以通过打电话或者上网去查这家公司的一切资料。包括公司的规模、性质、开办年月、做什么产品项目、人事制度、企业文化等等。如果可以的话，你还要了解一下这家公司的面试方式。这样一来，在面对考官的时候，你就不会一问三不知，出现冷场的局面了。而且还很有可能，考官会因你在这么短时间内对公司有如此多了解，而认为你是个有心人。那么这时候，他们在信任的天平上，已经在向你悄悄倾斜了。

有了这三大利器的帮助，你在面对考官的时候，自然是智珠在握，信心百倍。

小陈是东北大学软件学院计算机系的毕业生，他和好友小刘一起参加了今年的公务员考试。

在经过充分的复习后，小陈和小刘都通过了第一轮的笔试考核。所不同的是，小刘是第一名，而小陈则比小刘低了二十多分。小陈是个有心人，他知道，自己只有在面试的时候，通过那短暂的面试时间来弥补和小刘的分数差距了。

在接到面试通知后，小陈及时地调整了心态，不但对自身的外观进行了精心的包装，还特意从网上找了许多有关公务员面试的材料来看。并把公务员面试中要考查的几个方面的能力和题型都做了认真的答对和记忆。他认为，只有多多地准备材料，面面俱到，才能做到万无一失。

不仅如此，小陈并没有因为要多看的材料熬夜背书，而是保持了正常的饮食和起居规律。在他看来，面试时的精气神，也是需要好好做足准备的。

在面试的当天，小陈一身整洁的西装，洁白的衬衫和蓝色的领带相得益彰，再加上饱满的精神、满脸善意的笑容和自信的眼神，一上来就赢得了考官的信任。

面试过程中，面对考官们各种各样“刁钻”的问题，小陈从容应对，对答如流。就连考官问到以前的案例时，小陈也能如数家珍，娓娓道来。考官们大为惊奇，很自然地给了他高分。等到结果下来，小陈居然摇身一变，成了第一名。

那小刘呢？我们来看。

小刘因为在学校的时候进行了大量的知识储备，所以在第一轮的笔试当中，超过了好友小陈二十多分，成为了笔试第一名。因为事先没有经过什么准备，在仓促应战还得第一名的意外下，小刘有些飘飘然了。他觉得，公务员考试的知识全在平时的积累，不能临阵磨枪。所以在笔试第一名的情形下，他认为面试已经不是问题，自己胜券在握。

所以他不理会好友小陈的面试准备工作，而是和女友一起飞到了老家大摆庆功宴。

在面试之前，他和女友一起匆匆赶回。几天的舟车劳顿使他略显疲惫，因而也没有仔细揣摩考官们会考察他哪一方面的素质。因此，在面试现场，考官们问题的没有针对性让他一下子慌了手脚，这些根本就和他平时积累的专业知识无关啊。为了能表达得更清楚，他的回答拖沓冗长，文不对题。考官们不耐烦的神情更是让他慌乱，到后面，他回答的根本就是驴唇不对马嘴了。

结果，自然可想而知。

古人也说：台下十年功，台上一分钟。为了能在那短短的一分钟之内赢得考官的信任，我们在面试之前多花些时间做些准备又有何妨？

让考官看到你眼里的真诚

美国心理学家兼作家艾琳·卡瑟拉曾说：要让新结识的人喜欢你，愿意多了解你，诚恳真实是最可靠的办法，是你能够使出的“最大力量”。这句金玉良言一语道破了职场上的又一定律，那就是：要想让别人喜欢你、信任你，你需要让他们看到你的真诚。

真诚一词最早出自《汉武帝内传》：“至念道臻，寂感真诚。”意为真实诚恳，真心实意。真诚的人与人相处往往坦诚以待，从而易获得他人的信任。我们都知道真诚是一种好的品质，自己也愿意尽最大的努力去做一个真诚的人。

所以，我们对待朋友真诚，对待同学真诚，对待战友真诚，对待身边所有自己熟悉的人真诚。可是，我们却忽略了对我们身边另外一类人真诚。他们或许还不是我们的朋友，或许和他们只是刚刚相识，所以我们就想当然地以为：既然还不是朋友，那还有必要对他们真诚吗？

当然有必要！好好想想艾琳·卡瑟拉的话我们就会明白，如果你不能对待一个新结识的人真诚，那么我们将很难赢得他们的信任，得到他们的友谊。

在你面试的时候，你所见到的考官，恰恰就是这样一类人。你刚刚和他们见面，刚刚和他们认识，他们对你还一点也不了解，不知道你是一个什么样的人。可是，你和他们见面的目的，就是为了让他们来了解你，了解你的一切，包括你的品性。因为只有他们了解了你，才会认可你，才会给你那份你想要的工作。

所以在面试的时候，你要想尽办法让考官来了解你，并喜欢你。关于面试时让考官了解你的方法有很多方式，也有很多种技巧。但是，只有真诚才能够让你使出最大力量。在和考官正面“交锋”的时候，面对着考官“咄咄逼人”的目光，你为什么不敢直视着他的眼睛，把你的真诚从眼睛里传递给他们，并告诉他们：我是一个真诚的人，可以值得你们信任？

东东没有考上大学，大老远从乡下赶到城里投奔表哥。因为没有文凭、没有技术，他只得到一家装饰材料店里做了不要工钱的学徒工。

他很要强，心想既然不拿工钱，就得多学些东西，不然不就是白给人家干了，于是格外地勤奋。很快，他就学会了鉴别各种装饰材料的优劣，同时自己又买了一些有关家居装饰的书，工作之余，自学装饰设计方案。

一段时间以后，这家装饰材料店已经满足不了东东的求知欲了，因为他还想多学一些东西，而在这家店里，能学的他都已经学完，没有东西可学了。于是，他想要跳槽，到一家更大的公司去发展。正好，这个时候全市最大的一家装饰公司正在招兵买马，在表哥的鼓动之下，东东也报了名。

可是看看招聘要求，东东还是忍不住想打退堂鼓，参加应聘者最低的学历要求是大专，而且还得有一年以上的工作经验。自己什么都没有，这能成吗？思前想后，东东还是硬着头皮走进了招聘现场，他在心里给自己打气：大不了就是被淘汰出局，有什么好害怕的。

虽然这样想，可是东东还是把自己排在了一大群应聘者的最后。他想到了最后，人也少了，把自己最真实的想法往那里一放，能不能被录用也没有太大的遗憾，毕竟自己努力了。

到中午，人都散得差不多的时候，终于轮到了东东。一进门和考官们握手问好之后，东东就给考官们来了个“语不惊人死不休”的自我介绍，他干脆利落地把自己没有学历、没有经验的底子全给抖了出来，然后认真地盯着主考官的眼睛，真诚地对他们说：“这是我最真实的自我介绍，没有掺加一丁点虚假的成分，可是我想告诉你们的是，我绝对能胜任这项工作，如果你们不因为我的学历过低而直接把我拒之门外的话，我可以现在就证明给你们看，我能行。”

几个考官来了兴致，示意他现场证明。东东随手指着办公室的地板砖说出了它的优劣；又嗅了嗅门上包的板材，查出了板材不符合国家环保标准；随手一敲办公桌，就认定是实木而非压制材料。东东眼睛里露出了真诚的光芒，在考官的啧啧声中，他又随手从考官手中拿过了一套样板房的平面图，只用了十几分钟就做出了设计方案。

没有什么学历和经验的东东被录取了。最后主考官对他说：其实我们最终之所以录取了你，是因为我们看到了你的真诚。你一直在向我们展示你的能力，你的眼睛也一直在闪烁着真诚的光芒，透过你眼睛里的真诚，我们认定你是一个可以信任的人。年轻人，有没有学历不重要，你的能力现在也是其次，但是，我们欣赏你的真诚。

尽管真诚有时候被人们认为是实在、老实的近义词，尽管在现代的生活中，很多人对真诚的为人处世态度不以为然。但是，谁也不能否认的是，真诚可以使你得到更多的朋友，得到更多人生最宝贵的财富。

面对考官，你尽管真实起来，不要隐晦，也不要藏拙。透过你的眼睛，考官会在一分钟之内看到你是一个值得信任的人。

要记住：细微小事定乾坤

就应聘者而言，面试是一件大事，因为面试事关你今后的工作和前程，尤其是一份好的工作，面试的重要性就更为突出。

如果我们是应聘者，那么对于我们而言，考官也是大人物，我们把他们看得很高，甚至满脑满眼都是考官，一直对他们察言观色，期望能得到他们的信任，进而赢得这份心仪的工作。但是，我们常常会忽略掉那些看起来似乎与考官无关的小事，但恰恰是因为这些小事，往往能够决定我们的命运。

不信？那么请看：

一家大公司要招聘办公室副主任，在几个热门的求职网站上以及报纸的招聘版块上都打出了招聘信息，工资高，福利好，一时间应聘者云集而来，其中不乏学历高、能力强以及经验丰富的优秀人才。

公司这次选拔人才也格外仔细，在初试之后，又经过了两轮面试，最后确定了三个人来进行最后的面试。这三个人分别是一个硕士毕业生、一个有三年工作经验的本科生和一个应届毕业生。这三个人虽然条件有点距离，但在前两轮的面试中表现都相当的出色。

最后的这轮面试，是由总经理亲自把关。过程很简单，就是分别和这三名入选者逐个交谈，择优而选。由于面试的办公室在前一天刚刚做了一次大扫除，所以整个房间里空荡荡的，除了一张办公桌和一把椅子之外，空无一物。

这也就是说，这间办公室里少了一把可供面试者坐下来和总经理交谈的椅子。人事经理想要到外面去搬一把椅子，总经理却伸手制止了他：“就这样吧，不用搬了，你去安排他们一个接一个地进来。”

第一位进来的是硕士毕业生。一番寒暄之后，总经理请他入座，想要两人坐下来谈。可是，他看了一眼办公室，发现整个办公室里空荡荡的，并没有发现有一张把空余的椅子，于是他满是笑容的脸上多了一些尴尬和不知所措。在总经理又一次请他入座的时候，他笑着对总经理说：“没有关系，我站着就行，不用客气。”总经理遂不再请他入座，和他聊了起来。

几分钟后，那位有三年工作经验的本科生走了进来。总经理依然是请他入座，他环顾左右之后，自然也没有发现能供自己坐的椅子，于是也满脸谦卑地对总经理笑着说：“不用了，我站着说吧！”总经理似乎没有发现他的尴尬，还是再次请他入座。本科生很是茫然，连忙又四处看了看，怕椅子放在哪个角落自己没有发现。可是没有！于是，他满脸不解地对总经理说：“可是，我没有发现椅子？”

总经理似乎才发现这个问题，做恍然大悟状：“啊，真不好意思，是我们工作上的疏忽，请你原谅，那我们就站着谈吧！”说着，总经理也从座位上站了起来，和他聊了起来。

最后进来的是那名应届毕业生。他一进来，总经理还是请他入座。他看了看四周，发现并没有椅子，愣了一下，然后微笑着对总经理说：“请问，我可以把外面的椅子搬进来坐吗?”总经理满脸都堆起了笑容，开心地对他说：“当然可以啊，为什么不可以呢?”

这名应届毕业生把椅子搬进来后，和总经理一起坐着谈了很长时间，其中就有总经理对他工作上的安排。很显然，总经理录用了这位应届毕业生。

总经理为什么会录用这位应届毕业生？我们也可以考虑考虑，因为办公室的副主任，是一个领导者，不但要有常识、有能力，还得要有思想、有主见，这样才可以独当一面。而这位总经理，正是通过搬椅子这一件微不足道的小事，认定了应届毕业生具有这方面的能力，并录用了他。

其实我们转过头来仔细想想就会发现，在我们的生活中，在我们的求职过程中，这样的一些小事随处可见：面试的时候，刚进门就发现脚边有一团废纸，你弯腰随手捡起来了吗？面试的时候，你发现椅子背上有一颗小钉，你随即找到工具给砸下去了吗？你也许没有这样做，因为你觉得，这种微不足道的小事和你无关，和专业无关，也和考官无关，做与不做都无关紧要。

但是，我们一定要明白，这样的小事虽然和你无关，也和考官无关，但通过这样的小事，却能让考官在一分钟之内看清楚你的为人和性格。也许就是这一件小事，可以定乾坤。

须切记、谨记！

第二种情境

销售：如何赢得客户的信任

在我们的生活中，销售无处不在。或者这样说，我们生活中的一切都与销售息息相关。不是吗？我们的吃穿住行玩，哪一样不是和销售息息相关？可以说，销售是一门相当深奥的学问。身为一名销售人员，我们站在了销售这门学问的最前端，那么，我们又该怎么样去掌握这门大的学问，去赢得客户的信任呢？

你的业务水准，是赢得客户信任的基础

一个销售人员的首要任务是销售，如果没有销售，产品没有希望，企业也没有希望。所以从某个角度来讲，销售人员是一个产品，是一个企业的基础。再精确一点来说就是，有好的销售人员，企业生存；没有好的销售人员，那么企业只有死路一条，销售人员可谓就是企业的根。

既然销售人员是企业的基础，那么，什么又是销售人员的基础呢？或者说，什么是销售人员赢得客户信任的基础？

我们以为，一个销售人员的专业水准，是赢得客户信任的基础。

这个道理很简单，就如同是装修工人要懂得自己手中的材料，画家要清楚自己手中的画笔颜料一样，销售人员必须要对自己的产品相当的了解才行，

也就是要懂得自己的产品。没有客户愿意和不懂产品的业务员打交道，因为你自己都不清楚，还怎么去给别人介绍产品的用途与性能。有一个比喻很有意思，说销售人员是战士，而业务水平是他手中的枪，而客户则是敌人。他对枪了解多少，就有多好的枪法，也就会有多高的命中率。那些百发百中的神枪手，无一不是对自己手中的枪的了解达到了一个惊人的地步。虽然这个比喻不是很恰当，但确是很形象，它一针见血地道出了业务水平对于一个销售人员的重要性。

你公司的核心业务是什么？客户是谁？客户所需要的服务是什么？满足客户的方法是什么？你公司的产品质量如何？价格如何？售后服务又能做到怎么样？产品扩展能力怎么样？诸如此类的公司基本情况，产品基本信息，你都掌握了吗？都了解了吗？如果没有，那就要多加留心了，这些可都属于你的业务范围。你的业务水平没能达到一定的高度，如何去向客户推销这些产品？客户问起来相关的内容，你又该如何去解说？

如果这些你都做不到，在客户问起来的时候顾左右而言他，那么客户心里肯定会想：他把这个产品说得天花乱坠，好得不得了，但是这点小问题都回答不上来，看来这个产品没有他说的那么好，这个人也不可信。

一旦客户有了这种心理，那等着你的，就只能是白费了半天的唇舌，而一无所获了。这对于销售人员来说，是最不愿意看到的事情。

作为一名销售人员，你一定要做专业的销售人员而非职业的销售人员。职业的销售人员可以卖产品，但永远不会是成功的销售人员。你要做的，是把销售当作是一门艺术的专业销售人员。你的专业水准就像神枪手腰间的枪，一旦用到，必定是攻无不克，战无不胜，稳稳当当地赢得客户的信任。

沙漠中有一窝小狐狸，当小狐狸们长到能独自捕食的时候，狐狸妈妈把它们统统赶出了家门。这窝小狐狸总共有三只，它们还太小，舍不得离家，就又跑了回来。狐狸妈妈对它们又咬又追，毫不留情，并且告诉它们："你们已经到了该独立的时候了，现在必须要离开家，等到有成就的那一天才能回来！"

三只小狐狸都很害怕，它们从来没有离开过家门，现在该怎么样去生活呢？最后小狐狸们决定，它们要一块儿觅食，一块儿学习生存的本领。

在这三只小狐狸之中，有一只小狐狸瞎了一只眼，它的个头也是最小的，为了不给自己的哥哥们添加负担，它总是独自在背地里悄悄练习捕食的本领。

有一天，它的一个哥哥发现它在独自练习，很是好奇，问道："老三，你在做什么呢？这么下功夫？"

"哥哥，我在熟悉自己的爪子，我要练习捕食的技巧啊！"

"哈哈，你呀，真是笨！我们自己的爪子难道自己不熟悉吗？至于捕食技巧，我们多捕捉几次猎物不就会了吗？"

"哥哥，我不那样认为，我觉得我们都对自己的爪子运用不到位。爪子是我们最有力的武器，我们必须要把对它的认识达到一个很高的水平，才能轻松捕捉到猎物。我刚才说的捕食技巧，也是建立在对爪子的运用上的，爪子是我们的基础。"

"嗯，好像有点道理，那你就慢慢练习吧！"

很快，那只瞎眼小狐狸对自己的爪子的掌握和运用越来越熟练。最后，它凭借着娴熟的技巧，成为了狐狸一族新的王者。

朋友们，你明白小狐狸成功的关键了吗？那是因为它掌握了捕食最基础的东西：对爪子的运用。而对于销售人员来说，业务水准就是你的"爪子"。你的水准越高，就越容易捕捉到"猎物"。

作为销售人员，我们一定要懂得业务水准的重要性。

你的真诚，会让客户心生温暖

著名翻译家傅雷先生说过：“一个人只要真诚，总能打动人的，即使人家一时不了解，日后也会了解的。”傅雷先生一生的做人准则是，第一坦白，第二坦白，第三还是坦白。他认为，一味地躲闪，只会叫人心生怀疑，真诚地面对，才能赢得别人的信任。

只可惜傅雷先生做的是翻译工作，如果他去做销售，相信他也一定能够取得像乔·吉拉德那样的成就，成为一个最伟大的销售人员，而原因就是因为他够真诚。

如果你是一名销售人员，那么你知道自己最需要的是什么吗？你最需要的就是让客户看到你的真诚。道理其实很简单，你的真诚能让客户心生温暖，产生信任感。

要想得到客户的认同，首先就要学会真诚地去对待客户。你越是真诚，客户就越愿意和你合作，越愿意购买你的产品。人与人之间的情感因素很奇妙，当客户看到你是在真心实意在对待他时，也会回馈给你最大支持，把诸如产品的价格、质量、公司实力等其他条件暂时抛之脑后，心甘情愿地购买你的产品。

想想看，一个销售人员能够得到客户如此对待，那天下还有做不成的买卖吗？

那么，怎样对待客户，才能让客户看到真诚，才能让客户心生温暖呢？

最重要的一点，你要让客户看到你的耐心。在与客户相处的时候，你绝对不要因急着赶时间而表现出不耐烦的表情。因为客户一方面在听你介绍产品，另一方面也在仔细地观察着你，他们希望能从你的话里话外、一举一动中找到一些蛛丝马迹，从而对产品做出正确的判断。如果看到你不耐烦的表情，客户肯定会在心里想：这个人不是真心想把好东西介绍给我，他不够真诚，那我又何必去买他的东西呢？于是问题严重了，你的产品再好，也不能激起客户的购买欲，因为他心里根本就对你不认可了。

正确的做法是，你要时刻向客户表明，自己愿意花足够多的时间去帮助他做出正确的购买决定。就单凭这份真诚的耐心，也会让客户心里暖洋洋的，而愿意购买你的产品了。

当然，在做销售工作的时候，你的耐心还应表现在其他方面。例如，拜访新客户的时候，也需要足够的耐心。你有没有出现过这样的情形：第一次拜访，被客户拒绝；第二次拜访这个人，又被拒绝；第三次，你心生烦躁，这是什么客户，我不去了。你不去了没关系，但却白白放走了一个客户。或许这个客户正在考虑是否购买，或许他正在考察着你，一看你如此的没有耐心，那么他那刚有一丝松动的心也会再次闭合。

客户很有意思，他们会从你是否有耐心上看你够不够真诚，会从你够不够真诚上看你的产品和你的公司。如果第一关都过不去，那么剩下的就不用想了。

苏小姐刚进入销售行业不久，她第一次拜访的客户是一位精明干练的女职业经理人。初出茅庐的她心想：“销售不难，大家都是女性，应该很好说话。”但让她没有想到的是，自己一上来就碰上了个硬钉子。那位女职业经理人不但一口回绝了她，还下了逐客令。

苏小姐很是气馁，但她不服输的性格却上来了。她想：我真诚地去对待你，就不信你不动心！很快，她又第二次登门拜访。岂料这次更惨，她刚一进门，人家就下了逐客令，还十分不耐烦地对她说：“以后你不要再过来了，耽误大家的时间都不好。”出门的时候苏小姐流泪了，她感觉很是委屈。自己可是抱着一份真心实意啊，为什么还谈不成呢？

委屈过后，苏小姐安慰自己道：或许她没有看到我的真诚，我一定还要再试一次。于是，她第三次来到了女职业经理人的办公室。女职业经理人一看到她进门，很是惊讶，但很快脸上就有了笑容。她对苏小姐说："小姑娘，我真是服了你了，你是个既有耐心，又很真诚的人。以前有很多人在吃了我的闭门羹之后，就不愿意再来，但是你继续来了。就冲着你这份真诚，我愿意试一下你的产品。"

苏小姐成功地做成了自己的第一单生意。

大家学到了吗？从你的耐心里，客户能够看出你的真诚。正所谓：精诚所至，金石为开，说得正是这个道理。

当然，要让客户看到你的真诚，单有耐心也是不够的，还应该从细微之处入手。要让客户从一些细枝末节上看到，你是在真心实意地关怀他。不要觉得事情小不关紧要，其实在很多的时候，小事情方能显出你的真诚。

再来看个小故事：

苏小姐这天又去拜访另外一个女客户。进门的时候，这个女客户正好在厨房里忙着，而她的儿子却坐在地板上哇哇大哭。这个女客户苏小姐已经拜访过一次了，彼此都认识。上次，这位女客户以还要考虑一下为借口拒绝了苏小姐。

看到孩子在哭，苏小姐赶忙走过去柔声相劝："小朋友，不要哭啊，看阿姨给你变个魔术。"说着，她从口袋里像变魔术似的拿出一根棒棒糖来。看到棒棒糖，小孩破涕为笑，接过了糖一边玩去了。而这一切，都被那名女客户看在了眼里。

可想而知，她这单生意又是十拿九稳了。

亲爱的朋友，如果是你，遇到这么一件微不足道的小事情，而且又与你的目的无关，你会去做吗？如果你不去做，那么极有可能你就会失去这个客户。因为就是从这件小事情上，这名女客户看到了苏小姐的真诚，看到了她是在真心实意地为自己的客户着想。在这样的情形下，她能不心动吗？

请记住：你的真诚会让客户心生温暖。千万不要失去任何让客户看到真诚的机会，只有看到了你的真诚，客户才会对你心生信任，才会与你合作。

对于销售人员来说，这是重中之重。

面对客户，你微笑了吗？

我们相信，生活中再也没有什么东西能比一个灿烂的微笑更能提高一个人的个人魅力了。

微笑是人类最基本的动作，是令人愉快的表情。一个灿烂的笑脸，似蓓蕾初绽，能够使人领略到感人肺腑的芳香，能在瞬间缩短人与人之间心灵的距离。

戴尔·卡耐基说：“一个人脸上的表情比他身上穿的更重要。”美国金融巨头查尔斯·斯瓦博说：“微笑是没有国界的语言，我的笑容价值百万美金。”从成功人士的话中，我们可以看出他们对微笑的看重。其实我们自己想想也是，生活中还有什么能比微笑更重要、更有价值呢？

试想一下，在面对不同的场合、不同的情况时，如果我们总能以微笑来面对他人，是不是就会在别人心目中留下待人真诚的好印象，就会非常容易被别人接受呢？答案是毋庸置疑的。微笑是一种包容、一种接纳、一种摆在脸上的真心实意。可以毫不夸张地说，喜欢微笑着面对别人的人，更容易敲开别人的心扉，得到别人的信任。

销售是生活中的聚焦点，微笑在销售中的作用同样不可忽视。尤其是在面对客户的时候，你醉人的微笑能够使客户如沐春风，心情愉悦，也能够使你的个人魅力迅速提升，使交流变得顺畅。因为看到你的笑脸，即便你什么也不说，客户也会觉得你给他传递了一种信息：他见到我很开心。相信没有谁不愿意别人见到自己开心，那么自然而然，客户也就会心情大悦。如此一来，和客户谈合作也就变得容易多了。

一名销售人员到一家小公司里去联系业务，刚进门就看到了办公室里的简陋，他以为这家公司实力太弱，生意谈成的可能性很小。于是他顿时满面愁容，提不出精神来。公司经理一看他这样，心里非常不舒服，谈了没几句就下了逐客令。而同行的另一名销售人员则不同，从进门脸上就满带着笑容。这家小公司刚成立不久，经理正在为拓展公司业务的事犯愁，看到这名销售人员满脸善意的笑容，心情大好，就对他打开了话匣子。

两月之后，当这家小公司的业绩一路上升之时，这家公司的经理打电话直接找到了那名销售人员，并告诉他：你的微笑很有力量，使我们公司在困难的时候看到了希望。为了回报你的微笑，我决定公司将与你们长期合作。

拿破仑·希尔说："真诚的微笑，其效用如同神奇的按钮，能立即接通他人友善的感情，因为它在告诉对方：我喜欢你，我愿意做你的朋友。同时也在说：我认为你也会喜欢我的。"从这个小故事当中我们也看出，的确是如此。在面对客户的时候，不要因为你的心情而忘记了微笑。说得狠点，即使你不善于微笑，也要强迫自己微笑，因为你的微笑，客户都看在眼里，记在心里。如果你不能带着微笑去敲客户的门，那么又怎么敢妄想去征服客户？

我们来看一个小故事：

威廉是美国推销界家喻户晓的人物，他的年收入达到了百万美元。他成功的秘诀非常简单，那就是拥有一张令客户无法拒绝的笑脸。他的这张笑脸虽然值钱，但得来却并不容易。

在做推销员之前，威廉是美国非常有名气的职业棒球明星，一直到四十岁退役，他才去了一家保险公司应聘推销员。在去应聘之前，他根本就没有考虑能否被录用的问题。因为他的名气大，球迷多，在他看来，自己做推销员的条件得天独厚，这家公司非录用自己不可。然而有意思的是，一说明来意，他就被这家公司的经理给拒绝了。原因很简单，经理告诉他：保险公司的推销员必须要有一张迷人的笑脸，遗憾的是你却没有。

经理的话如同是一桶冷水当头淋下，淋灭了威廉做推销员赚钱的美梦，但这也激起了他强烈的斗志。为了可以做一名优秀的推销员，他决定从经理的话入手，先练习"笑"。他搜集了许多公众人物迷人的笑脸照片贴满了自己的屋子，以便自己随时模仿。为了能够更清楚地看清楚自己"练"笑的效果，他还特意买了一面大镜子放在洗手间里，一有时间就对着镜子自我练习。虽然他狠下功夫苦练笑脸，但效果却不甚明显。当他再一次去面试的时候，那位经理告诉他：比上次好了一点，不过还是不够吸引人。

经理的话虽然让他有些沮丧，不过也让他对自己"练"笑充满了信心。"不是比上次好一些了吗？那证明我已经在慢慢学会笑了，再努把力一定可以。"他在心里这样鼓励自己。于是回到家里，他又开始继续自己的练习。

一段时间以后，威廉的笑脸已经"练"到收放自如的境界。一天，他散步时遇到了小区的管理员，便自然而然地对他堆满了笑容。没想到那名管理员吃惊地说："先生，您看起来跟过去不太一样了，让人感觉很舒服！"管理员的话让他信心大增，觉得自己已经练习得很不错了。于是，他又约见了那家公司的经理。

出乎他意料之外的是，那位经理还是没有录用他，并且对他说：“你比上次又好了一些，但是很显然，你的笑不是发自内心的笑。”这下可把他难住了，什么样的笑才算是发自内心的笑呢？

回到家后，他一面继续苦练，一面苦苦思索，终于想明白了这个道理：发自内心的笑，就是从内心最深处笑出来的，如同婴儿般天真无邪的笑容。当他第三次又去见那位经理的时候，刚一展示出那迷人的笑容，经理立刻站起来，拉住他的手说：“就是这样的笑容，我们公司终于又多了一名优秀的推销人员，你一定会获得最大的成功！”

那位经理说得没有错，带着那迷人的笑容走上推销这条道路之后，威廉如鱼得水，屡战屡胜，终于成为了销售界有名的推销员。而他的收入，也达到了同行之最。

从威廉“练”笑的故事中，不知大家能否受到一些启示？一个简简单单的微笑，不仅能使你的销售变得容易，也能够使你的生活变得更加轻松。学会用微笑面对客户，你会发现，原来销售也可以这样来做：轻松一笑，得到信任，搞定交易。

不要总是一味地奉迎客户

有很多从事销售的工作人士常常喜欢说“能”、“绝对可以”、“没问题”。从某种程度上来说，这是为了奉迎客户，达到自己推广业务、拓展市场的目的。这样的做法本来也无可厚非，而销售的目的，就是最大限度地满足客户的需要。但是市场常常是公正的，需要按照客观规律运作，发展条件也有其客观限制，这样的做法太过华而不实，属于透支“预期”的鼓动。

我们可以想象得到透支“预期”鼓动的害处，这是一种急于求成的冒进，虽然会挑起部分客户的购买欲望，但时间一长，就会因为客户的需求没有真正被满足而被他们所质疑，甚至带来负面的影响。这对于一个想在销售行业大展拳脚的销售人员来说，后果是相当严重的。

也正因为如此，作为一名销售人员，你应该学会在适当的时候，用适当的方式委婉地拒绝一些你根本就达不到的客户要求，不要总是一味地奉迎客户。要知道，在销售行业，有的时候，“能”也会变成“不能”，反之亦然。适当地拒绝客户那些不切实际的要求，也许并不是最坏的选择。虽然被拒绝，客户在心里多少会有些不痛快，但至少你给了他们一种感觉：这人很实在，有什么说什么。其实在不知不觉之中，你的诚信已经牢牢抓住了客户的心。

张先生在一家公司做销售经理。有一次，公司的管理人员和客户们一起聚餐。其中有个客户喝得兴起，端起酒杯来向他敬酒，并说道：“不喝干了这杯酒，就是看不起我。”

这本来只是小事一件，但无奈张先生天生对酒精过敏，平时可是滴酒不沾。前段时间为了应酬客户，勉强喝了一小杯，结果立马进了医院。这个时候那客户已微有醉意，不喝就是得罪了他，这可是一单大生意啊！

张先生微微一笑，心中有了主意，端着一杯饮料站了起来，对客户说：“王总，我对酒精过敏，这杯酒怕是不能喝了。但古人说得好，‘以茶代酒’也是一番心意。这王老吉是凉茶，今天我也‘以茶代酒’，祝你的事业万古长青，红红火火。”

那位客户微微一愣，见张先生说得好，心里高兴，痛痛快快地喝干了自己的酒。

从这则小故事中我们可以很容易看出，有的时候，对于客户的某些要求，我们必须要学会拒绝，不能一味地奉迎。如果张先生要一味地奉迎客户，那只能是落得个再进医院的结果。因为他“不能”，所以必须要告诉自己的客户。

但说到拒绝的方式，那就有大学问了。一名好的销售人员会用很巧妙的方式来拒绝客户的不合理要求，虽是拒绝，但不会让客户心生不快，更有甚者，还能让客户对你更加的信任。

我们再来看一个小故事：

甘罗的祖父是秦朝的大臣，有一天他下朝回家后满面愁容，忧心忡忡。甘罗很是奇怪，就问道：“爷爷，你怎么了？”

祖父说：“秦王听信了小人谗言，非要我找公鸡下的蛋给他吃。这公鸡下的蛋，我上哪儿去找啊？”

小甘罗深思半晌，忽然灵机一动说道：“爷爷，我有办法了，不过你明天要听我的，让我替你上朝。”

祖父知道自己这个小孙子平日里足智多谋，事到如今，也就死马当作活马医，让他权且一试吧。

第二天早朝的时候，小甘罗随众大臣一起面见秦王。秦王看到甘罗，奇怪地问道：“小娃娃，你怎么跑到这里来了？这可不是你来的地方，你爷爷呢？”

甘罗答道：“回禀大王，我爷爷今天在家生孩子呢，所以不能来早朝，还请大王恕罪。”

秦王一听，哈哈大笑，下面的群臣也都笑得前仰后合。

秦王边笑边问甘罗道：“哈哈……这男人怎么……哈哈……怎么能生孩子？小家伙在讲故事吗？”

甘罗正色道：“大王，既然男人生孩子不可能，那么公鸡生蛋可能吗？”

一句话出，秦王和所有大臣都止住了笑声，他们心里都已经明白了小甘罗的用意。秦王深思半晌，忽然一笑，“小家伙，你很不错。”

后来，甘罗在很年轻的时候就被秦王封为了宰相。

有时候，想要拒绝客户不是件容易的事。如果你直言拒绝，势必会让客户心生不快，甚至失去这个客户。就像甘罗的爷爷这样，秦王这个客户他能直言拒绝吗？一个不小心，可能就会是杀头的大罪。但是换一种方式，就像小甘罗这样，既拒绝了客户，也不会让客户心生不快，那就两全其美了。

不要总是奉迎你的客户，有的时候，适当的拒绝，更能赢得他们的信任。

诚信是建立信任的桥梁

在前面我们谈了很多有关诚信的话题，现在又来老话重提。这不能怪我们啰嗦，因为“诚信”这两个字，实在是太过重要了。尤其是在销售行业，诚信更是一个赢得客户信任的不二法宝。

常言说得好：“人无信不立。”在生活中一个人没有诚信站不住脚跟，因为诚信的缺失会使得他的脚下到处都是荆棘。相反，一个守信的人，在生活中则会受到极大的欢迎，因为每个人都喜欢和那些诚实守信的人做朋友。客户自然也不例外，他们也喜欢和那些诚实守信的人建立合作关系。

有位外国游客是个中国迷，每年总会到中国来旅游一次，而且每次他都会去同一家商场，在同一家鞋店买两三双鞋带回国。原因其实很简单，就是这家鞋店的营业员庄小姐给他留下了极为深刻的印象。庄小姐对待客户的诚信，至今想起来他还记忆犹新。

四前年，这位外国游客正好身在中国。在回国前的一天晚上，他想去商场逛逛，顺便带点中国的特产回去。这么一逛，他就逛到了商场的一家鞋店门前。他发现在这家鞋店的进口处有一个货架，上面堆满了特价处理鞋，旁边有一个牌子，上面写着：特价处理，只付一折即可穿回。

他的好奇心上来了，有这么便宜的鞋子？随手拿起一双皮鞋，他发现上面写的原价是300多元，那么一折，就是30多元钱了，他自己在心里暗暗算着。

这位外国游客可不简单，他在本国做的就是鞋子的生意，所以对于皮鞋的优劣他一眼就能看得出来。他发现这鞋子300块钱的价格倒还合适，但是30元，未免有些太低了。他一边想着，就一边拿来试了试，鞋子大小刚好合适，感觉也不错，穿着很有质感。

于是，他对不远处的庄小姐招了招手："小姐，这鞋子我要了，给我个袋子装起来吧！"

庄小姐微笑着走过来，"先生，您喜欢这鞋子啊，真有眼光，您看这鞋子款式多别致。只是，您能让我再看一下那鞋子吗？"

外国游客不禁眉头一皱，问道："怎么了，是价钱不对吗？"他以前在商场遇到过这类问题，店主一看是外国游客，马上说价钱标错了，借机抬高价格。对这类情况，他很是反感。

岂料庄小姐连声说："不！不！先生您误会了。我只是想要确认一下，这是不是那两只鞋。嗯，看来确实是，可以了。"

外国游客很是迷惑，问道："你的话我不明白，什么叫两只鞋子？这明明是一双鞋啊。"

庄小姐给他解释说："先生，虽然这鞋子价格很便宜，但是我还是要告诉您，这两只鞋不是一双，而是相同的皮质、相同的尺码和款式。所不同的是，两只鞋子的颜色稍微有些出入。您看，虽然都是棕色，但是一对比，还是有一定色差的。这也许是以前我们弄错了，或者是顾客弄错了，虽然剩下的这两只鞋子刚好可以配成一双，但我们还是要告诉您。这也是这双鞋子我们打一折的原因，如果您不满意，可以放弃这双鞋子，我可以再为您介绍别的款式。”

这位外国游客一听，没有丝毫的犹豫，马上买下了这双鞋子。不但如此，他同时还买下了几双别的款式的鞋子。庄小姐的诚信已经彻底地打动了他，他觉得，就算是这双鞋子有瑕疵，但这些瑕疵却正好体现了庄小姐对待客人的诚信。一个销售人员的诚信，是再多的钱也买不来的。

作为一名销售人员，诚信是赢得客户信任的“制胜武器”。有了诚信，在销售的战场上，你将无往而不利。

森林里，小猴子开了个网店，生意非常的红火。

有一天，小鹿在小猴子的店里购买了一个水壶。双方谈好价钱后，把到货的时间定在第二天的中午。这对小猴子的网店来说，根本不成问题，因为它的店里有两名喜鹊快递员，它们飞行起来很快，可以在半天之内飞到小鹿的住处。

然而，让小猴子没有想到的是，两名快递员在吃饭的时候，一不小心吃坏了肚子，同时被送进了医院，虽然没什么大碍，可是货却送不成了。这该如何是好呢？小猴子紧皱着眉头。

最后它做出了一个重要决定，那就是绝对不能失信于客户。没有喜鹊快递员送货了，那就自己送。说干就干，小猴子快速地收拾好东西，带着货物，在傍晚时出发了。

从小猴子的店到小鹿家，途中要翻过两座出头，还要过一条河。这对于会飞的喜鹊来说不算什么，但是对于小猴子来讲就太难了。它翻山越岭、跋山涉水，遇到了很多困难，但都凭着坚强的毅力走了过来。整整走了一夜，直到第二天快到中午的时候，它终于把水壶送到了小鹿手中。

小鹿拿着水壶，激动地拉着小猴子的手说：“你是我见到过的最讲诚信的店主。以后我的什么东西，都在你家买了！”

想想看，小猴子为什么会这么做？因为小猴子是一个最聪明的销售员，它懂得用诚实守信来铺垫自己的销售事业。所以，如果你想成为一名优秀的销售人员，就一定学会小猴子的诚信。

有诚信，才会有信任，诚信是建立信任的桥梁。

要让客户知道，咱这碗茶永远不凉

俄国大文豪托尔斯泰曾有一个很妙的比喻，大概意思是说，友谊好比是一壶开水，一旦离开炉子就会逐渐凉下来。《沙家浜》中阿庆嫂也唱道：“时过沧桑，人走茶凉，望月思乡已是昨日过往；物是人非，唯有泪千行。”这说的都是一个意思，世态炎凉，人情淡漠。

在销售员中，很多人都会有一种想法，认为客户只不过是自己业务中的一个对象而已，当交易的过程完成，自己和客户也就没有什么关系了。想想也是，大多数客户和我们也许仅有一面之缘，我们卖出去产品，客户拿到产品，销售这个过程就算完成，自然是各回各家，各找各妈。要说以后不再联系，当属人之常情。可是这样的情形在客户眼里，就是人走茶凉。

确实，客户怕的就是自己会遇到一个过河拆桥、人走茶凉的业务员。我们不妨做一下换位思考，自己站在客户的角度上来考虑一下客户为什么会有这种想法。当我们买到一个产品后，我们要想到什么？产品质量好不好？万一出了问题怎么办？有没有售后服务？售后服务态度好不好？等等很多的问题，我们都要考虑是不是？这是当然，我们都希望自己能买到价格优惠，售后服务好的产品，这样我们的利益才会有保障。人同此心，所以我们的客户也会有这样的心理，怕交易完成之后，我们给他来个人走茶凉，不管不问。

正因为如此，在我们面对客户的时候，客户会想方设法地对我们进行旁敲侧击，来看看我们是否会人走茶凉。如果他们能肯定我们不会人走茶凉，那么就会毫不犹豫地对我们多加一份信任；当然，如果他们肯定我们是习惯于人走茶凉的业务员，那么也许就会终止和我们的交易。没有一个客户，不想自己的利益得到最大的保障。所以在面对客户的时候，我们切记要让他们看到：我们不会人走茶凉。

一位新的擦鞋工把自己的小摊摆到街中最热闹的地方，开始的时候，他的生意冷冷清清，很少有人光顾。但是他的一位同行发现，一段时间之后，他的生意开始越来越好。这是怎么回事？难道他有什么特殊的技巧能吸引到顾客？带着这个疑惑，这个人开始观察新来的擦鞋工。

他发现，在下雨天有人过来擦鞋时，这个新来的擦鞋工总是会对他们说："今天下雨，擦鞋您就擦一般的，能省三块钱呢！"别人就会很好奇地问："这是为什么呢？我擦贵的，你不是多赚几块钱吗？"擦鞋工的回答是："下雨天到处都是泥水，擦贵的一会儿也还是弄脏了。倒不如先给您擦一般的先用着，等天放晴了，您再拿过来我重新给您收拾。放心吧，不会收您两次钱的，下次您来的时候，我会免费给您清理。"于是，下雨天来过的人，在天晴了之后都会再来一次。他们或是来清理鞋子，或是再擦一次。

在天晴的时候，这位新来的擦鞋工总是建议别人擦贵点的。他总是这样说："天晴的时候，您擦鞋就擦贵点的吧！五块钱对您来说也不算什么，可是能保养好鞋子好一阵子呢！在这期间您也不用担心鞋子脏的问题，如果鞋子脏了，只管拿过来，我给您免费清洁。如果遇到下雨天的话，您再把鞋子拿过来，我给您擦一次便宜点的，下雨天的时候最要注意保护好鞋子了。”于是，很多人在下雨天会专门来找这位新来的擦鞋工，要求他擦鞋子。

所以，无论是晴天还是雨天，这位新来的擦鞋工的生意都会很好。而且，他的大多数顾客，都是以前来这里擦过鞋的人，也就是说，是回头客。

同行还是有些不解，就去问这位新来的擦鞋工：“你这样做是不是会很吃亏啊！告诉他们下雨天擦便宜的，而且还免费为他们清理鞋子，就算多来了一些顾客，你也多赚不了钱啊！”

新来的擦鞋工笑了：“我当然能多赚钱。虽然每次赚得少一些，可是我却让顾客感觉到了，我这个鞋摊不会人走茶凉。如此一来，从我这里走出去的顾客，要再次擦鞋的时候，只会回到我这里。想想看，我的生意是不是会越来越好?”

同行点头称是。果不其然，这位新来的擦鞋工的生意越做越好，最后租了门面，做起了门面生意。

在销售的时候，我们千万要让客户看到，我们不会做人走茶凉的事儿，这是客户的忌讳。我们要在话里话外，一举一动中告诉客户：就算交易完成了，我们仍然会是朋友，若产品中有什么问题，你尽管来找我。而我一定会尽全力给你解决的。这做起来不会很难，我们可以直接告诉客户，可以尽量多说几次，用真诚的语气来说，以显示我们的诚意。当然，从行动上也可以表现出来，比如，非常热心地给客户留下自己或公司的联系地址和电话之类。总之，是要让客户深切地感受到我们的诚意：咱这碗茶，永远不会凉！

好了，客户如果可以感受到我们的这层意思，那么想要赢得他们的信任，就不是难事儿了。我们的销售会越做越好，业绩也会越蹿越高！

第三种情境

竞争：如何赢得对手的信任

大松博文说："人生的每一天都在胜负中度过，一切都以竞争的形式出现。每天都是为在竞争中取胜，或者至少不败给对方而进行奋斗。因此若有一天懈怠，便要落后、要失败。人生就是这样严峻。"许多人都把对手视为心腹大患，是异己，是眼中钉肉中刺，恨不得马上除之而后快。可是，我们为什么不换种角度来想呢？拥有一个有力的对手，其实是一种福分、一种造化。只有强劲对手的存在，才会激发起我们旺盛的斗志。一个好的对手其实是我们的朋友，那么，我们应该怎样赢得对手的信任？

对手并非敌人

很多人认识上都存在这样一个误区，认为对手就是不死不休的敌人。在与对手交往的时候，他们往往喜欢站在对手的对面，用一种敌视的眼光审视对手。他们甚至认为，只要把对手击倒就是赢得了胜利。但事实告诉我们，这恰恰是最笨的一种想法。对手只是我们的对手，而非我们的死敌。

我们都喜欢看《亮剑》，都曾为剧中李云龙的粗犷豪迈和热血沸腾所折服。但是，再想一想，我们是否忽略了李云龙的另一闪光点？不错，那就是他和老对手楚云飞之间的信任。李云龙不承认楚云飞是自己的敌人，纵然是站在生死的对立面上，他也只认为楚云飞是一个可堪匹敌的对手。即便是在两人同时负伤倒下去的那一瞬间，他们彼此牵挂的仍然是对方。

也许我们会有疑惑，在战场上明明是不拼个你死我活誓不罢休的两个人，为什么却这么信任对方？这就是对手之间的信任。有心理学家认为，对手其实是我们除朋友外，最亲密的人。因为我们想要赢得对手，就必须先要去深入了解和认识对手。古语说得好“知己知彼，百战不殆”，其实也正是这个道理。当然，这样的过程也造成了我们与对手之间的深刻了解。因为有了对手，我们才会有危机感，才会有竞争力。有了对手，我们才不得不奋发图强，不得不革故鼎新，不得不锐意进取，否则，我们只有死路一条。

所以，从另一个角度来说，对手是与我们休戚与共的知己，而我们也是对手不可或缺的知己。

既然如此，那么对于对手，我们只能去从战术上超越他们，从战略上击败他们，以我们的力量把他们抛在我们身后，这才是真正的赢家。这样的赢，我们不但从对手那里得到了足够的勇气，就像卡夫卡说的那样“真正的对手会灌输给你大量的勇气”，而且我们也能赢得对手的信任。这样的赢，坦坦荡荡，让对手心服口服，对我们信任有加，又有何不好呢？

当然好！所以，我们应该只把对手当作对手，而非敌人。

从前，有一个国王年纪大了，眼看着就要老去，为了能让国家继续兴旺发达，他决定为自己唯一的女儿挑选一个最优秀的人做她的丈夫，让他们来共同管理这个国家。

老国王决定在全国挑选自己最满意的女婿的消息很快传了出去，人们为之沸腾。要知道，一旦被老国王选中，不但可以娶到美丽的公主，还可以成为这个国家新的国王，这样的美事怎么能不让人们为之疯狂呢？

很快王宫外面就来了很多青年才俊，他们都想得到这个机会。但经过老国王的层层筛选，最后只有两个人闯到了最后一关，这两个人分别是达尔和彼得。他们两个都是最优秀的年轻人，无论是相貌、人品、学识还有能力都是上上之选。老国王很犹豫，两个人都这么优秀，选谁好呢？好像不论选谁，没被选上的那个都将是个遗憾。

最后，在万般无奈的情况下，老国王想到了一个解决的办法，那就是让两个人再展开最后的一次竞争。他对达尔和彼得说，在离王宫不远处，那座险山的峭壁上面长了一棵神奇的仙草，那棵仙草可以让公主变得更美丽，谁能摘得仙草，谁就会是自己的女婿。当然，那棵仙草相当难以采摘，曾经有很多人都试图去摘取仙草，但却都不小心失足摔下了山崖。

当达尔和彼得来到山下的时候，望着那云雾缭绕，高入云端的峭壁，两人都感到了一丝的害怕：太高了！但是为了公主，他们还是没有一丝犹豫地爬了上去。他们虽然小心翼翼，但是这峭壁实在是太陡峭了，几乎成了直上直下，在快到顶端的时候，彼得抓着的石头忽然松动了，他掉了下去。

其实是两个人都掉了下去。在彼得掉下去的那一瞬间，达尔用尽全力拉住了他，但达尔也已经是精疲力竭，再也没有多余的力气拉住彼得，两个人一起掉了下去。所幸的是，因为达尔紧紧拉住彼得，在掉下去的时候两人正好挂在了树上，都没有受伤。

彼得很是感激，他问达尔："我明明是你的敌人，如果我掉下来摔死了，你不是正好可以赢得这次比赛吗？你为什么还要救我？"

达尔笑笑说："你错了，我只当你是竞争对手而非不死不休的敌人，你的存在可以使我变得更强大。我想要赢你，也只能是你跟在我的后面到达峭壁上面，而不是你掉下来我爬上去。没有你和我竞争，我想我是没有勇气爬到峭壁顶端的。"

彼得叹了口气，说："这场比赛你已经赢了。知道吗？我曾一直在盼望着你能掉下去，好让我赢得比赛，但现在看来，我的智慧实在是不及你。所以，我决定退出比赛。”

当然，故事的结局是，达尔最终成了最后的胜利者，成为了国王的女婿和王位继承人。同时，他还得到了一个最好的朋友，那就是彼得。

在很多时候，强劲的对手，才是我们努力下去的动力。

日本北海道盛产鳗鱼，沿海的许多老渔民都是以捕捞鳗鱼为生。鳗鱼虽然味道鲜美，但生命却非常脆弱，只要一被捕捞上来，不出半天就会死亡。但是当地的一些渔民却有绝招不让鳗鱼死亡，他们是怎么做的？原来，他们习惯在船上装鳗鱼的船舱里放进几条鲶鱼。鲶鱼和鳗鱼是死敌，几条鲶鱼看到成群的鳗鱼到来，便会惊慌失措，不停地在船舱里四处乱窜，以躲避鳗鱼的追逐。但也正是这几条鲶鱼，让鳗鱼逐渐远离了死亡的气息，慢慢活了过来。

这个故事的道理不言而喻。所以，千万不要把你的对手当作“敌人”，而要把他们当作是一个朋友，一个可以鞭策我们，使我们前进的朋友。只有这样，我们才能赢得他们的信任与尊重，才能漂漂亮亮地战胜他们。

人前不可露怯

对于对手，我们多有一种畏惧心理。因为对手是与我们利益直接相关的人，对手的一举一动，将会直接影响到我们的成败。我们看着对手，就犹如在看着一盆熊熊燃烧的炭火，我们总是在心里想着：这火会不会烫到我们？

会不会使我们受伤？所以我们总是会有很多忐忑、很多畏惧。

因为有了这种畏惧心理，所以在面对对手的时候，很多人都开始沉不住气了。他们在对手面前会脸红、会心跳加速、会不自然、会支支吾吾说话没有底气、会躲躲闪闪逃避对方的目光，唯恐对手一眼就看出自己害怕心理。好了，如此一来，他们在对手面前露了怯，想要再赢得对手的信任，怕会是件很难的事儿了。

这是为什么？

我们来看，何谓胆怯？《现代汉语词典》里对胆怯的解释为：胆小，缺少勇气。或许我们想要和对手谈判，可是我们的表现让对手一眼就看出来我们的胆怯，那么，对于这场比赛我们已经没有勇气去竞争。俗话说得好，狭路相逢勇者胜，竞争靠的也是无往不胜的勇气和士气。如果在对手面前露怯，那么对手的士气一下子被我们推到了最高点，而我们的士气，则被自己踩在了脚下。

如此，我们还怎么去与别人竞争？

事实上，在生活中，很多天才都是因为缺少勇气，终日与胆怯为伴而从这个世界上消失。每天，那些默默无闻的人们被送进了坟墓，他们由于胆怯，从一开始就把自己放在了被动的位置，从此再也很难站得起来。他们害怕失败、害怕被人嘲笑、害怕被人质问、害怕别人对自己置之不理，可以说，他们害怕一切与坏结果有关的东西。

胆怯是人在世上一个最大的敌人。那么在面对竞争对手的时候，我们为什么会胆怯？也是上面那些理由吗？当然，有上面那些理由。在面对竞争对手的时候，我们最大的胆怯来自于对自己的能力不自信，怕自己会遭受失败。

张林是一个从偏远小山村里走出来的大学生。他的刻苦与勤奋使他成了第一个走出穷山村的大学生，成为了全村人的骄傲。

在村子里，张林是父老乡亲眼里的月亮，灿烂明亮，可是一走进那座大城市，他就傻眼了。他感觉自己就像是刘姥姥进大观园一样，什么都没有见过，什么都没有听过。自己的村子和这座城市比起来，简直是一个地下，一个天上。而自己恰恰就是地下钻出来的土包子，这样的落差让他很是自卑。年轻人总是好胜，他竭力掩饰着自己心底的自卑，尽量在同学面前表现得自然一些。

十八九岁正是青春萌动的年龄，张林也和其他男同学一样恋爱了，他喜欢上班里最漂亮的女孩小君，他鼓足了很大的勇气，向小君表明了心迹。小君学习成绩好，人也很活泼，所以人缘特别的好。但是很快张林就发现，在班里不只是他一个人喜欢小君，还有几个男孩，其中对小君追求最明显的要属刘浩。这样一来，张林和刘浩就成了真正的竞争对手。要说论长相、学识和人品，刘浩在张林面前还真没得一比。刘浩长相普通，学习成绩也一般，但胜在交际能力强，很会说话讨女孩子欢心。照理说和刘浩竞争，张林是占了很大的优势的，可是不知怎么的，一站在刘浩面前，他就会感到一阵阵的心虚和无助。好像压抑在心里许久的自卑感，全都会在刘浩面前表露无遗。

他知道，自己是胆怯了，刘浩那些小的优点被自己在心里放大了很多倍，在自己心里刘浩已经无法战胜。他竭力想让自己在刘浩面前表现得更自信一些，可是做不到。从刘浩的眼睛里，他已经能读出一股戏谑的味道，这使他更加心慌意乱。这样的精神状态使他在刘浩面前，总会自觉不自觉地做出一些可笑的举动。

当然，最后张林没有能追求到小君，她成了刘浩的女朋友。刘浩曾经对张林说过：知道吗？其实是你把小君让给了我。你很优秀，在刚开始面对你的时候，你的优秀已经让我准备打退堂鼓了。可是，我却从你的眼睛里看到了胆怯，对，就是胆怯。我知道你不自信，这正好给了我打败你的勇气。所以，我成功了。

张林黯然失色。

美国著名成人教育学专家卡耐基发现，在世界上根本就不存在生来就胆怯、会脸红的人。有些人之所以会胆怯，只是在后天成长过程中对自己的不自信形成的。既然是后天形成的，就可以克服。他还说："世界上没有一点都不胆怯、害羞和脸红的人，包括我自己。人人都有，只是程度不同。"既然人人都有胆怯的心理，既然胆怯的心理人人都可以克服，那么，为什么我们要在竞争对手面前露怯呢?

面对竞争对手，只要我们静下心来，就会发现，对手其实一点也不可怕，可怕的是我们自己。笛福说过："当你害怕做某事时，只要你去做，你就会发现，情况不是你害怕的那么糟糕。"所以当我们在竞争对手面前胆怯的时候，就一定要学会克服。就算我们在心里还是有些胆怯，但记得，千万不要表现出来，那样只会增强竞争对手的信心，影响我们的信心。

以你之长折服对手

关注对手是竞争中很重要的一部分，但这并不意味着我们会赢，要想打败对手，要想赢得对手的信任，就要用我们的长处，去折服对手。

每个人都有自己的长处，尤其是在与对手竞争的时候，我们除了要将自己的长处发挥得淋漓尽致外，更要让对手看到我们的长处。很多人都喜欢在对手面前表现谦虚，喜欢把自己的长处隐藏起来，让对手摸不清虚实。这从兵法上讲确实可行，孙子不是说过"虚则实之，实则虚之"。可是反过来想：我们为什么不把自己的长处拿出来让对手看，从心理上先打垮对手呢?

如果还从兵法上来讲，这叫"攻心为上"，我们的长处在对手眼里，就会化为无形的压力。当然，也只有看到我们的长处了，对手才会心服口服，才会佩服我们，也才会信任我们。

有一个青年，穷困潦倒，他想用做生意来改变现状。但是做什么生意好呢？思前想后，他决定从摆水果摊做起。因为摆摊成本低，还可以积累做生意的经验。打定主意之后，他就在街道最热闹的地方摆了一个小小的水果摊。

可这样一来，他旁边一个常摆水果摊的人心里就不痛快了：这不明摆着是想抢我饭碗吗？于是，话里话外，对这个青年充满了敌意。甚至还常拿言语挤兑他："小伙子，看你这么年轻，不适合做这个，快走吧！"青年听完只是微微一笑，并不为所动。

这样一来，那人也不能再说什么了，但他心里想：摆摊卖水果这么辛苦，看你能坚持几天！过不了几天，你就会灰溜溜地走的。

哪知道，这个"过几天"可也真久。青年好像铁了心要扎根在摆摊卖水果上一样，起早贪黑地忙碌着。他的水果总是比旁边那人的新鲜和干净，好像永远也染不上灰尘。更让那人惊奇的是，他对待客人的态度，永远都是笑脸相迎，笑脸相送，一点也不会表现出不耐烦的态度。即便是对一些没事找事的客人，他也能心平气和地笑脸相迎。

因此，青年的生意越做越好，而旁边那人的生意却越做越差。

有一天，当那人怒气冲冲地和一个回来挑事的客人吵完之后，忍不住对青年说道："小伙子，我可真服你了。你比我勤快，比我热情，比我有涵养，你是个真正做生意的料。看来有你在这里，我的生意是做不下去了。我打算明天不来这个地方做生意了，另外找一个地方去。"

青年笑笑说："你也不用另找地方，我打算走了。我最近盘下了一个店面，打算开一个水果店。"

那个人一点也不惊讶，"我早知道会有这么一天的，你的生意肯定会越做越大。”

面对竞争对手，那个青年并没有用充满敌对的目光去对待，而是默默地将自己的长处展现出来。他的长处不仅使自己赢得了客人的信任，也赢得了对手的信任。相信最后他的竞争对手对他说的话都是真心的，因为青年的表现已经说明了一切，他比对手要强。他的对手是真心实意地佩服他、信任他。

我们再来看一个大家都耳熟能详的故事：

东汉末年，曹操挟天子以令诸侯，他雄才大略，很快消灭了不少割据的军阀。放眼望去，他发现只有刘备和孙权的势力对他还是个威胁。但他知道，自己不可能一下子把这两股势力同时给消灭掉，于是就想了个主意。

这个主意就是逐个击破。他派人去联系孙权，告诉孙权说，想要和他一起联手消灭刘备，以后平分天下。孙权的实力和曹操相比，本来就有所不如，手下将士也都栗栗自危，这个时候听到曹操的建议，大多数谋士都主张投降曹操以自保。可是谋士鲁肃不同意，他主张联刘抗曹。

鲁肃虽然有能力，但却不善言辞，觉得难以说服孙权和东吴的众多谋士，于是特意邀请诸葛亮来做说客。面对东吴的众多谋士，诸葛亮从容应对。

东吴谋士张昭说：“听说你家主公接连进山三次，才请了你出山，以为有了你就会在战乱中如鱼得水。你既然如此有才，我想请教一下，你想夺得已被曹操占领的荆襄九郡作为根据地，有什么好的方法呢？”

诸葛亮心想：要想和孙权联合抗曹，说服这群人是关键。必须要拿出自己的长处来，彻底将他们折服，这联合抗曹才能继续下去，否则将是枉然。于是就对张昭说：“我家主公想要取得荆襄这块地盘，简直如探囊取物，易如反掌。只是奈何这块地盘本是刘氏所有，我家主公又怎么肯做那夺取同宗基业之事？这才便宜了曹操。我们现在屯兵江夏，心中早已有了安排，哪像有些人，国家社稷危在旦夕，却在这里徒逞口舌之利，坐而论道。难道口舌之利能保江山吗？这样的人，只能让天下人耻笑。”

这一番话下来，张昭哑口无言。

又有人问道：“曹操手下精兵百万，猛将无数，你能不怕吗？”

诸葛亮道：“我家主公退守江夏，等待的就是一个时机。你们东吴不仅兵精粮足，还有天险可守，却还想投降曹操，这才是真正怕了。徒为天下人添笑料而已！”

一群谋士不停地向诸葛亮发难，诸葛亮兵来将挡，水来土掩，用自己的三寸不烂之舌，说得那东吴谋士哑口无言，最后使孙刘联合抗曹得以成功。这就是历史上有名的诸葛亮舌战群儒。

我们来看，在这个历史故事里，诸葛亮之所以能够成功地促成孙刘联合，靠的就是把自己的长处展示给了对方。他用自己精湛的说话技巧，告诉了东吴众人：刘备不弱，完全有能力和孙权联合起来，打败曹操。

在这场历史大戏里面，诸葛亮的对手是东吴众谋士，他凭着自己的长处，赢得了对手的信任。

把自己的长处展示给对手，的确是赢得对手信任的关键。

为对手喝彩

在上一节里，我们提到了《三国演义》里一个极为有名的故事，诸葛亮舌战群儒。在这里，我们不妨再以一个与诸葛亮有关的故事开始，看看古人的人生智慧。

众所周知，在《三国演义》里，文韬武略样样精熟的周瑜，死得最为窝囊。作为一名将军，他没有死在沙场之上，而是死在自己狭窄的心胸之上。周瑜的才华堪称江东第一，可是面对和他一样优秀的诸葛亮，他始终不能平衡自己的心态，为对手的智慧喝一声彩。而是以羡慕嫉妒恨的心态大呼“既生瑜，何生亮”，最终被诸葛亮给活活气死，既可悲，又可怜。

而诸葛亮的另外一个对手司马懿，却并不如此。事实上，司马懿的本事比周瑜要小得多，和诸葛亮更是相去甚远，可是此人的心胸却比周瑜豁达得多，他能用欣赏的眼光去看待老对手。甚至每次与诸葛亮战败后还都要来上一句“吾不如孔明矣”。他在为对手的智慧喝彩，在用心地去欣赏对手。结果呢？他活得比周瑜更为舒坦，从对手身上，他也学到了更多的东西。

为对手喝彩，实在是一种高尚的品质。在生活中，我们总是想着要用尽一切办法去赢我们的竞争对手，可却忘记了，一个与我们可堪匹敌的对手，其实与我们同样的优秀。当我们为自己的计划信心百倍的时候，当我们为自己的成功而沾沾自喜的时候，我们是否想到过我们的竞争对手？想到过他们的精彩之处？想到过为他们喝一声彩？

或许我们还没有。如果是这样的话，难道我们只能做一个像周瑜一样拥有才华，却不懂为对手喝彩的人吗？当然不是！所以我们要学会为竞争对手喝彩，用自己真心实意的赞美声，去发现他们的可取之处，去学习他们的可贵之处。我们要弄明白一个道理，正是因为有了竞争对手，我们的生活才会有输有赢，人生才会变得多姿多彩；也正是因为有了竞争对手，我们才会有了奋进之心，才可以取长补短，走向胜利。那么，我们实实在在该为竞争对手喝彩。

第十六任美国总统林肯，在大选之初，他的竞争对手为了打击他，曾用非常尖苛的语言去嘲笑他。对手的用意非常的险恶，就是要让他在嘲笑声中失去大众的信任。但是让对手没有想到的是，在对手的嘲笑面前，林肯非但没有动怒，反而一个劲儿地为对手喝彩，对对手的过人之处大加赞赏。结果，他广阔的胸襟不仅赢得了人民的信任，也同样赢得了对手的信任。

当我们为对手喝彩的时候，就会得到对手的感激之心，那么，对手也就会站在高处来审视我们，为我们的长处喝彩。想想看，在竞争中，还有什么能比得到对手的喝彩更让人振奋的呢？

一位老农夫有两只水桶，他每天都会用扁担挑着两只水桶去河边打水。

于是，这两只水桶成为了竞争对手。它们每天都在想着要怎么样才能让自己多装一些水，在扁担的一头胜过对方。但比来比去，它们总也没能分出高下，也没能比出谁对主人的贡献更大。

有一天，老农夫挑水的时候一不小心，“砰”的一声，一只水桶撞在了路边的石头上，顿时裂开了一个小裂缝。老农夫没有发现，但是这只水桶自己却心知肚明，它知道，从今以后，自己怕是要输给另外一只水桶了。

果不其然，这只有了裂缝的水桶每天都会比另外一只水桶少装一些水，就算老农夫将它装得很满，水也会一点一点地洒在回家的路上。这样的结果让这只水桶很是郁闷，每天都闷闷不乐。

在经过很多天这样的日子之后，这只水桶实在是忍不住了，它对另一只水桶说：“兄弟，咱们的比赛到此为止吧！我认输，我想我永远也比不过你了！”

哪知另外一只水桶听完它的话后哈哈一笑：“兄弟，你错了，其实要说到贡献，你比我大。实际上，这场比赛你赢了！”

“这怎么可能？”这只水桶很是吃惊。

另外一只水桶说：“你看看我们走的路就明白了，在你的那一侧，路边开满了鲜花，这不全是你的功劳吗？虽然少装了一些水，但是你美化了我们的生活。老农夫每天摆在餐桌上的鲜花，全是你的功劳呢！你是我最棒的对手。”

我们每个人都如同那只有裂缝的水桶一样，或许有这样那样的不足，我们的对手也是。倘若我们怀着一颗真诚的心，去包容我们对手的短处，发现他们的长处，并为他们的长处而喝彩。那么，我们不仅能够学到更多的东西，扬长避短，而且我们的生活也一定会变得更加轻松和多姿多彩。

最重要的是，我们也赢得了对手的信任，这会是世界上最美妙的感觉。

你可以“编造真实”

在进行这个话题之前，我们有必要先做一个声明：编造真实，并不等于恶意的谎言欺骗，这只是在谈判桌上，用以赢得对手信任的一种智慧。

前面讲了那么多，那么什么是竞争对手？打个比方，如果我们是赛场上的一匹赛马，那么我们的竞争对手就会是另外一匹赛马。我们可以和其在私底下交往甚密，可以为其喝彩，可以是朋友，但是一旦到了赛场上，我们就必须要竭尽全力地拼杀，以赢得最后的胜利。这就是竞争对手。

所以从另一个角度上来说，我们和竞争对手之间，结果才是最实实在在的东西。我们所说的“编造真实”，其实就是赢得竞争对手信任的一种方式。萧伯纳曾经说过：“我开玩笑的方法，就是编造真实，编造真实乃是这个世界最有情趣的玩笑。”这种玩笑于人于己无害，但是对于竞争对手，却有着出奇制胜的“杀伤力”，可以为我们带来意想不到的收获。

我们来看一个小故事：

老王是贵州一家酒厂的销售经理，在一次由贵阳外贸局举办的中国国际名酒节上，他遇到了一些让他头疼的问题。

原来，在这次名酒节上，有一家外省的经贸公司打算寻找一家合作伙伴，签订一批白酒的订购合同。这家经贸公司的首选目标，就是老王所在的酒厂和当地另外一家酒厂。另外那家酒厂和老王所在的酒厂实力相若，信用度也很好，这让经贸公司的代表举棋不定，不知道该选哪家才好。老王的头疼就在这儿，这可是一大单生意啊！

最后，还是经贸公司的代表想出了一个主意，就是经贸公司与两家酒厂，三方一起举行一个洽谈会，在会上两家酒厂可以各作陈词，表明自己的优势，而经贸公司则从这次洽谈会中，找出最合适的厂家。

得知公司的方法后，老王心中有了计较。

在洽谈会上，另外一家酒厂的代表如数家珍地介绍了自己酒厂的发展历史和概况，而老王则是寡言少语，还时不时地加上几句客套话儿，对那家酒厂奉承几句。这弄得另外那家酒厂的代表很是纳闷儿：这人是怎么了？难道是不想抢这单生意了？

还真叫他猜着了，老王确实是不想“抢”这单生意了。

在那家酒厂的代表发言完毕之后，老王站起来说：“恭喜你们，看来你们的胜算很大。我现在才知道，你们的酒厂如此出众，酒水的质量也很过硬。我们本来是想和你们一决高下的，只是我们厂今年的货已经全部订完，估计是不能与你们竞争了。”

对方酒厂的代表一听，很是惊奇：“不会吧？前几天你们不是还在拉客户吗？”

老王笑笑说：“商场如战场嘛，我们今年的货订完了，可是也要寻找明年的客户啊！不过，我们的货根本就不用去寻找客户，都是客户跑来找我们下订单的！”

对方酒厂的代表一听，不再说什么了。但是很明显，老王的话给了他们很大的触动，他们在想：看来对方的实力还是要比我们强一些，单从货的畅销度上讲，就远非我们能及。

其实不只是那家酒厂的代表这样，经贸公司的代表也在这样想。当洽谈会结束的时候，经贸公司的代表主动找到了老王："我们早就听说你们的酒好了，这次是慕名而来，您看，能不能通融一下，先给我们公司一些？"

老王眉头一皱，装作很为难的样子："这样不好吧，我们今年的货已经全部订出去了，没有多余的再给你们了。如果你们想要挪用的话，那只能是从别的客户名下匀了。"

经贸公司的代表一听有活口，大喜，忙又说了一大堆的好话，并保证以后要长期合作。这样，老王才"极不情愿"地答应他，回去给别的客户做做工作，每家匀出一点来，给这家经贸公司凑足15吨货。经贸公司的代表这才千恩万谢，高兴地离开了，老王的心里更高兴。

后来这事不知怎么就传到了另外一家酒厂代表的耳朵里，知道真相后，他不但没有气愤，反而叹了口气说："这样的销售智慧，实在是比我高明得多，不得不让人佩服。"

老王"编造"的真实，不但赢得了角逐的胜利，也赢得了对手的尊重与信任。这虽然有些撒谎的成分，但却不失为一种精雕细琢的竞争智慧。在很多时候，竞争中的"编造"真实，在合乎情理的情况下，往往会比真诚更能打动人，更能赢得竞争对手的信任。

所以，与竞争对手在谈判桌上拼杀的时候，不妨试试用"编造"真实来赢得对手的信任，相信效果一定很好！

第四种情境

管理：如何赢得下属的信任

作为一名管理者，最大的难题就是如何去赢得下属的信任。有人曾给“管理者”下过一个定义，认为管理者是处理复杂的问题，通过制定制度、规范、组织机构和监督以促进企业的快速发展。但我们以为，这些还都要排在后面，管理者最需要弄明白的是，如何去抓住下属的心，让他们心甘情愿努力工作。

小事彰显“爱民如子”

中国有句老话是这样说的：少不看水浒，老不看三国。原因在于，《水浒》往往会使青少年们看得血脉贲张，义气为先，起了打家劫舍的念头；而《三国演义》里则有太多的计智谋略和建功立业的壮志雄心，待到年老时再看，已然“壮心不已”，晚了！

言归正传，《水浒》虽然教人义气为先，但那位最惹人争议的梁山老大宋江，却是个不折不扣的好领导。就算梁山公司最后因为他的经营不善而破产倒闭，但作为一名领导，宋江“爱民如子”的领导作风，却一直深受梁山员工们的一致好评。

看过《水浒》的朋友可能都很清楚，梁山公司员工无数，单是管理层的高干就有 108 位之多，更不用说数以万计的基层员工了。这些员工们个个秉性各异，趣味不同，但是为何却对一个文不行，武也不行的“及时雨”服服帖帖呢？原因很简单，那就是宋江得到了所有人的信任，他的“爱民如子”，让所有梁山公司的员工们甘愿为之赴汤蹈火，卖力卖命。

在这里，借用梁山公司宋江的管理经验，我们不妨大胆做一个结论：作为一名管理者，你怎么去对待你的员工，你的员工就会怎么对待你，你“爱民如子”，员工们感受得到，自然也会对你信任有加。

顾名思义，爱民如子的意思就是爱护自己的百姓就像爱护自己的孩子一样，形容非常的关心。当然，作为企业的一名管理者，你没有自己的百姓，但是你却有自己的员工可以去爱护。简单来说，在企业管理中，爱民如子的意思就是管理者要非常爱护自己的下属。不论大事小事，你都要让下属们看到，你在时刻关注着他们、爱护着他们。如此一来，你就可以很容易打开赢得下属信任的大门。特别是在一些小事上，更要让下属们看到你的“爱民如子”。

陈先生是一家知名连锁餐饮店的老总，在北京，他总共有五家连锁店。

有一次，公司组织了一次销售课培训，陈先生认为这对自己的员工非常重要，于是他要求这五家连锁店主管以上的人员必须要到场。但是等到上课前一清点人数，他发现总店的主管小张没有来。这让他非常生气，他认为小张是有意不听命令，决定等到课程结束的时候要重重地处罚小张。

课程中间有段午休时间，陈先生有点事出去了一趟，但在外面的路上，他遇到了小张。当时小张正搀着一位上了岁数的妇女过马路，陈先生憋不住，立刻怒气冲冲地下车责问小张。

在细问之下，小张极不情愿地道出了事情的原委。

原来，小张的父亲因为触犯法律，被判了十年有期徒刑，此刻正在监狱里服刑。这天正好是小张母亲的生日，在这种情况下，小张母女两个人最害怕的就是过节、过生日。尤其是小张的母亲，每次到过生日的时候都会暗自流泪。为了能让母亲在这一天少伤点心，更是为了不让别人知道自己的家庭情况，小张决定不向老板请假，要旷工一天陪陪母亲。就算是被老板处罚，她也认了。在她带母亲出来定制生日蛋糕的时候，却不小心被老板陈先生碰到了。小张只能在心里暗呼倒霉。

听了事情的缘由，陈先生并没有训斥小张，只是淡淡地对她说："你先带母亲回去吧！晚上八点的时候带你妈妈来总店，我有话要说。"

小张暗暗叫苦，心说："坏了，看来老板是要解雇我了，为了这么一点小事，不至于吧！"

怀着这样的忐忑心理，小张把母亲带回了家。

晚上八点，一进入总店的大厅，小张就被眼前的景象惊呆了：大厅里经过简单的装饰，已然焕然一新。桌面上摆着平时开会的时候才拿出来的鲜花。最让小张惊讶的是，大厅正面的墙上挂了一个红红的绸幅，上面写着：祝妈妈生日快乐。

在小张母女发呆的空隙，很多人都围了上来，有参加培训的所有公司高管，还有总店近四十位员工，大家一齐朝小张和妈妈鼓起掌来。

小张和母亲这个时候才明白过来，感动得泣不成声。所有在场的员工们看到了这个情景，也是感动得热泪盈眶。随后，在所有员工的祝福声中，小张的母亲用颤巍巍的手切开了生平最难以忘怀的生日蛋糕，耳边传来了员工们合唱的生日祝福歌曲……

这次事情之后，小张自是不必说，所有在场和不在场的员工都认为陈先生是一位"爱民如子"的好领导，都坚信跟着这样的领导一定会大有前途。

中国还有句古话是这样说的：得人心者得天下。这句话在历史上、在现实中，都一直发出智慧的光芒。在中国帝王术经典著作《贞观政要》的开篇，记载了唐太宗李世民的一段话："为君之道，必须先存百姓，若损百姓举其身，犹割股以啖腹，腹饱而身毙。"李世民在这句话中把百姓之于君王的重要性，阐述得一清二楚。其实百姓之于君王，和下属之于领导者，所处的位置都是一样，都是一个要被管理，一个要去管理。如果硬要说有所不同的话，那可能就是领导者不能掌握下属的生死大权吧！

但无论如何，领导者必须要向那些君王学习的一点就是：爱民如子。

现代情绪心理学的研究表明，情绪、情感在人的心理生活中起着组织作用，它支配和组织着个体的思想行为。换种简单点的说法就是，你对员工是"爱民如子"，员工自然会感受得到，不仅如此，他们还会对你信任有加，对你的工作全力配合。

试想，有员工如此，企业何愁发展？

一碗水须得端平

有一个小故事非常有意思，我们来看一下：

故事是说，有一家寺院每天以粥为食。一到吃饭的时候，大和尚、小和尚、老和尚，全来到斋堂等待分粥。由于食物不是很充足，所以大家对于粥的奢望非常的高。

一开始，由厨师给大家分粥，倒也相安无事，不过日子久了，和尚们有意见了：一来粥有稠有稀，分不太均，二来粥有多有少，谁也无法保证厨师的每一勺粥正好同样多。

有问题就要想解决的方法。整个寺院的大小和尚们一起开动脑筋，想了多种办法也没能最终解决问题，达到人人均等。最后没有办法，只能由和尚们轮值分粥，但这种分配不均匀的局面依然没有改善。

这一天，有三位行脚僧路过这座寺院，听说这件事后，就分别给这寺院里的和尚们出了一招。

第一位说："贫僧的方法很简单，做好测量就可以了。先测量每个僧人所用粥碗的大小，再测量出每次分粥时候粥的稀稠与多少。当然，最后还要测量出分粥之人对待所有的人是否一视同仁，心如止水，如此可以做到分得最为公平。"

第二位说："不然，我们僧人追求的是修身养性，清心寡欲，如果做不到这些，测量也没有用。应该教而化之，使其明白公平的真正意义，并对分粥者循循善诱，使他们逐渐培养起高尚的境界和习惯，这才是治本的方法。"

第三位说："还是由僧人们轮流分粥，只需每次分粥者最后取粥即可。"

寺院住持略一沉思，微笑着接口道："看来还是第三位大师的办法高明，老僧佩服。"

我们来想一想，为什么说第三位僧人的方法高明？因为如此做法，也就找到了最接近公平分粥的方法。其实这则故事给我们讲述的另一个道理是，在现实生活中，绝对的公平很难找到，或许说是无法找到，我们只能去无限接近。

作为管理者，你需要做到的是公平地对待自己的每一位下属。因为只有不偏不倚，公平公正，一碗水端平，你才能在下属心目中树立威信，赢得信任。简单地说，你应该把每次处理下属之间的问题，都看作是一次分粥，而且还应该用分粥者的心态去处理。如果你可以按照第三位僧人所说的方法去做，那么我们相信，没有一个下属会抱怨你处事不公的。

作为管理者，你有没有听到过这样的抱怨："再努力做事又能怎么样，领导只是认为最亲近或者是会讨好领导的人才是最优秀的。"如果你听到过，那么，就赶快找原因，看看是不是自己在什么地方没有做到一碗水端平，才会招致下属的如此抱怨。相信你肯定有，因为如果没有人受到不公平的待遇，他们是不会有如此不满的议论。

当下属抱着这样的心态工作时，可想而知，会出现一种什么样的情况：情绪低落、工作效率下降、对你产生怀疑、对公司不再信任。好了，如此一来，公司的根本将彻底动摇。所以，不要总是去感慨下属们心态不好，其实究其原因，根儿还在你这里。你都没能做到一碗水端平，又如何让下属们信任你呢?

我们再来看个小故事：

一个玩具厂最近接了一张国外的订单，这可是笔大生意。于厂长是喜上眉梢，他深信，这次合作一定能打开厂子新的外销局面。

但随即于厂长的头就疼了起来，厂子里人手不够呀，就算立马招人，也难一下子招到合适的熟练工。在万般无奈的情况之下，于厂长只好召开会议，希望大家献计献策，找出解决方法。

工程师老李知道这张订单的重要性，大手一拍请战道："这次我主动请缨，来带这个头吧！我们厂的产品一直在国际市场上打不开销路，这次是个好机会。无论如何，这次我们要齐心协力，好好干，争取一炮打响。我还不相信了，咱们这么多人，还能被这点问题给难住了！"

老李的一席话说得大家热血沸腾，于厂长也是信心十足，兴奋地说道："好，就这么决定，咱们全厂哪怕是加班加点也要把这批产品保质保量地赶出来。"

但是这个时候，厂里的几名老员工却举手发言，其中一个人说："于厂长，这么个加班加点法，我们几个的身子可能会吃不消。我这身子，最近老毛病可不少。所以我想问问，我们几个老家伙能不能请个假，不加班啊?"

于厂长一看是老员工，也没说什么，就答应了他们的请求。

很快，全厂进入了紧张的战斗阶段。连续三周，生产部门的员工两班轮流作业，保证人休机不休。有的员工甚至就在机器旁边铺了张纸皮，累了倒头就睡，醒了吃点东西接着再工作。全厂都是如此，大家只有一个心思，就是把这批产品尽快赶出来。

功夫不负有心人，三周以后，任务顺利完成，而且产品的质量也达到了规定的要求。

于厂长很是开心，心里悬着的一块大石头此时终于落了下来。他决定，给生产部门的每一个员工发五百块钱作为奖励。当然，其中包括了那几名没有加班的老员工。

但是，很快于厂长就发现问题来了：他发现自己的这一决定，导致很多工人心里极为不满。员工们认为，厂长显然没有一碗水端平，不加班也可以拿奖金，那为什么还要辛辛苦苦地加班加点？不仅如此，他还发现，很多工人开始无缘无故地请假，甚至还在工作的工人，工作也不如以前努力了。大家都有了心结，认为厂长偏袒老员工，不加班也照发奖金，认为再努力工作也没有意义。

于厂长很是吃惊，看来，对待员工如果不能一碗水端平，还真是一个大问题啊！

岂止是大问题，对于自己的下属，如果不能做到一碗水端平，那将是你管理工作的最大失败。想想看，如果下属不能对你产生信任，你该怎么进行你的管理工作？

正人须先正己

管理者要想赢得下属的信任，做再多的工作都只能起到辅助作用，求根溯源，还是要从自身做起，先正己再正人，才是上上之道。孔夫子说过：

"其身正，不令而行；其身不正，虽令不从。"这句话很好理解，意思就是说，作为一个领导者，你自己做得好，大家都在看着，所以不用你去说什么大家也会自觉照做；但如果你自己都做不好，你去管理别人是没有人会听的，即便是听了，也不会是真心实意、心悦诚服。

简而言之，也就是说，在管理中，榜样的力量是巨大的！

在一个公司中，管理者就是员工的榜样。为什么这么说呢？我们可以来打个比方：在小的时候，我们都很崇拜自己的父亲（就大多数人而言），父亲的一举一动，在我们的眼中都是那么的高不可及。但是我们想过没有，为什么会有这样的感觉？原因其实很简单，因为在这个家中，父亲是领导，他教我们怎样生活，也教我们怎样做人。我们在潜移默化、耳濡目染之中，自然而然地就把父亲看作了自己的榜样。而在企业中，管理者也要起到对员工潜移默化的教导作用，所以他们也是榜样。

管理者要想对员工起到榜样的作用，其实一点也不难。我们只要记得"身体力行，以身作则"八字真言，即可做到正人正己，成为下属的榜样。

我们来看这八字真言：身体力行，以身作则。这其实是作为一名管理者对自己的"自我要求"。如果这项制度遵守起来有些难度，那么，你就要首先去做到遵守；如果这项任务完成起来有些难度，好的，你袖子一挽，当先冲在前面。你这样做了，那么可以想一下，你的下属们会怎么想？他们肯定会想，好家伙，领导都能做到，我们也一定要做到。于是，他们会争先恐后地追着你、跟着你，直至超过你。

但是，如果你不能这样做的话，那恐怕又会是另外一种情形了。你的下属肯定会心生不满：这是什么狗屁领导，自己都做不到，还一个劲儿地去要求别人做，不听他的！

看看，这就是差别！

在这方面，我们来看看别人是怎么做的：

在如今的中国，提起联想，怕是没有几个人不知道。联想从当初仅有二十万元资产的小企业起步，发展成为今天拥有上百亿资产的中国电子产业的龙头老大，可以说是一个奇迹。而这个奇迹的缔造者，就是被人们称作是传奇人物的柳传志。

柳传志的管理理念其实一点也不复杂，他只是善于从基础做起，从自身做起，从点滴做起，正人先正己，从而赢得了下属们的信任。

联想有一条制度，是柳传志自己定的，那就是开20个人以上的会议，与会者如果迟到，将要罚站一分钟。不论是谁，都必须执行。

只是柳传志没有想到的是，第一个被罚的人居然是自己的老领导。中国人讲究面子，在会议现场众目睽睽之下被罚站更是一件丢面子的事，更何况，被自己罚站的人是自己的老领导。柳传志甚至有种念头，不让自己的老领导去罚站了，可是这念头只是一闪而过。他知道，自己必须做到以身作则。

老领导满头都是汗，柳传志也满头都是汗，他对自己的老领导说，你先在这里站一分钟，今晚我到你家里去给你站一小时。老领导点点头，默默地站了一分钟，他理解柳传志。

其实不只是老领导，就是柳传志本人也被罚站过好几次。有一次是电梯坏了，他被困在电梯里，手机没有信号，敲门找人请假却苦于外面无人，最后迟到了只能被罚。

我们都知道，这个制度是他自己定的，他完全可以不去遵守，也完全可以向大家说明原因，这都可以免于罚站，但是他却没有，而是选择了以身作则地去遵守。

作为一名管理者，你一定会具备其他人所没有的特质。或许你办事能力很强、或许你思维能力很强，总之，你一定有你的优势可以压倒你的下属。但就是在这样的情形下，我们更要对自己严格要求，以身作则，从自身做起。

因为有能力不代表着你高人一等，也不代表着你可以享有特权。实际上，正是因为你有能力，才更要带好头，做到正人之前先正己，用一颗真诚的心去赢得下属的信任。

俗话说得好："善为人者能自为，善治人者能自治。"日本"三洋"电机公司总经理井植薰说："不能制造优秀的自己，怎么谈得上制造优秀的人才。优秀的领导人才能制造出优秀的人，再由优秀的人去制造优秀的商品、更优秀的自己和更优秀的他人，这就是三洋的特色。"

一个优秀的管理者必须要做到以身作则，身体力行，正人之前先正己，才能赢得下属的信任，才能对自己对企业负责任。

让贤者在位，能者在职

古人说得好："用才之道在于知人善任。"这句话简明扼要，但却又一针见血地指出了企业管理者用人的根本性技巧，那就是让贤者在位，让能者在职。作为一名企业管理者，唯有做到如此，才能使更多的优秀人才脱颖而出，才能够得到下属的信任，也才能够让企业充满青春和活力。

其实作为一名优秀的管理者，其主要职责就是让自己的下属各尽所能，各负其责，以保证企业这个大机器各个部件契合良好，能够正常运转。正因为管理者的职责如此，所以"知人善任"，就显得十分的重要了。

我们可以打个比方：如果你的一名下属擅长的是方案策划，而你在安排工作任务的时候，偏偏让他去做编程，你觉得，他能拿得下来这个任务吗？显然不能！这个时候你可能会说：我才没有那么傻，明明知道他擅长方案策划，却还要安排他去做编程。我会知人善任，安排他们都做自己擅长的工作。

但是大家不要忘记了，你真的"知"你的下属了吗？你眼里看到那个

“勤快”的下属，真的是一个勤快的人吗？你听别人议论的那个“诚实”的下属，真的是一个诚实的人吗？虽然耳听为虚，眼见为实，但是如果你不能做到面面俱到，认真细致地了解，就很难去真的“认识”他们。

但话又说回来，一旦你能够做到真正“认识”你的下属，并让贤者在位，让能者在职，其实在这个时候，你已经赢得了下属的信任，而你的管理方略，也正在脱胎换骨。

不信吗？我们来看：伯乐相马的技术千古都在流传，可是追根究底，是楚王给他安排了这个职位，让他可以尽情施展才华。所以伯乐对楚王极为信任，不辞辛苦地跑了好几个国家，就连素以盛产名马的燕赵一带都仔细寻访，辛苦至极。诸葛亮为蜀国鞠躬尽瘁，死而后已，是因为他信任刘备。但探讨下去，还不是因为刘备知人善任，让贤者在位？

如此说来，这样的例子简直数不胜数，我们也无须一一列举。我们要明白的就是：知人善任，才能得到下属的信任，才能使得下属会以努力工作来回报我们的知人善任。而这些，不正是管理者想要的吗？

春秋时期，郑国的大夫子产就是一个精于知人善任，让贤者在位，让能者在职的优秀管理者。在担任相国期间，他通过自己的一双慧眼，仔细观察，发现有合适的人选，立即加以重用，而对于那些不合适的人，则及时提出否定意见。

有一次，子皮提出要让尹何做自己封地的长官，就和子产商量。但是子产一听，眉头马上就皱了起来，说道：“尹何是不是有些太年轻了，会不会有点不合适啊？”

子皮说：“这个人是有些年轻，但是人老实啊，我很喜欢他。最重要的是，他在我的封地，可以学着怎样去管理，慢慢地也就会懂了。这对他来说，不会太难。”

子产说：“这样做好像不太好吧。你喜欢一个人，总会千方百计地对他好，总会事事顺着他。你因为喜欢尹何而让他去做自己封地的长官，这就如同你教自己的孩子拿刀去割东西，即便是你会手把手地教他，但你的手一离开，他还是要割到自己的手。这样一来，你非但没有帮到他，反而是害了他。你说，别人看到这种情形，还敢信任你吗？”

子皮说：“可是，我用意是好的啊！”

子产说：“到了那个时候，就没有人会考虑你的用意了，大家会远离你。你得不到大家的信任，就会被孤立。真的到了那个时候，咱们郑国就危险了。”

子皮开始低头沉思。

子产继续对他说：“你给尹何重要的官职，庞大的封地，想让他学着管理，其实就如同你有一块极其名贵的绸缎，本来可以做成衣服，但你却偏偏拿出来让裁缝做练习用的布料。你想想看，这样做合适吗？更何况我只听说过，要学好了管理才能参与管理，而没听说过要拿政务管理当作学习的对象。你如此做法，一定会吃亏的，所以，一定要慎思啊！”

子皮被说得不知道怎么样去回答，过了好一会儿，他才笑着说道：“你说得太对了，我想我现在明白你的意思了。你的意思是说，要让贤者在位，能者在职。只有找到可以管理封地的人才，我才能够委以重任，让他去管理我的封地。而不是去让一个还根本不懂得管理的人占据其位。”

虽然古人看待问题的角度和我们现在略有不同，实际上我们现在并不排斥让一个优秀的人才边学边做，但我们不得不承认的是，子产具有很强的知人善任的能力。可以想象的是，尹何知道了这件事后，一定不会怪罪子产，因为子产道出了自己的实际情况。相反，他还会因此信任子产，因为是子产让他知道了自己的位置。

那么，作为一名管理者，应该怎样做到知人善任呢？

我们以为，要在日常生活和工作中去尽力发掘下属的长处和不足，认真

细致地了解他们各自的特点并加以分析。完全掌握到这些之后，你尽可以把你的下属安排在和他们长处与特点相符的工作岗位之中，做到人尽其才，才尽其用。这样一来，你想做到知人善任，就非难事了。

老祖宗还说："上君用人之智，中君用人之力，下君用己之力。"如果能做到让贤者在位，让能者在职，那么你就是一位"上君"，你就已经赢得了下属的信任。

"柔性管理"的妙用

松下幸之助是日本松下电器集团的前任社长，被日本人称之为"经营之神"，大名响遍全世界。但松下的经营之道，却离不开他手下的那支高素质、高效率的工作团队。所以说，松下是先做好管理，然后才做好经营，他把自己的管理理念称之为"柔性管理"，很有意思，我们不妨一看。

松下曾经指出：有一种领导者，是运用超人的智慧和无与伦比的领袖气质，有效地领导下属达成目标。这些领导者都有一个共同的特征：那就是既聪明，又有领导的魄力。所以他们往往能够成就大事。

这样的人虽然很多，但毕竟不是到处都是。在职场中，也不可能每个管理者的工作岗位都要由这样的人来担任。那么问题来了，作为一个管理者，如果你没有超人的智慧和无与伦比的领袖气质，那又如何去管理好你的下属，如何去赢得下属的信任？

正好，松下幸之助就认为自己是属于这类人。他自认为没有超人的智慧，能力不足；而且又体弱多病，没有无与伦比的领袖气质，但他却自有一套"柔性管理"的方法领导下属。他的方式很是简单，就是向下属求助，请求下属提供智慧。一句话，他就是用员工的智慧去管理员工。

他常对下属们说的一句话是："我做不到，但我知道你们可以做到。"

如果你是一名企业的管理者，如果你没有过人的智慧和气魄，你做到松下幸之助这样了吗？你会不会觉得这样的话很难说得出口？你会不会想，管理者怎么能比自己的下属弱呢？这么一说出来，不就是把自己的短处完全暴露给下属了吗？不，不是你认为的那样！要知道，你能向下属虚心请教，这已经证明了你的过人之处；要知道，你不懂，但是能把下属的智慧借用过来，就是你的能力！你何须为此妄自菲薄呢？

世界首富比尔·盖茨经常鼓励员工们畅所欲言，他要求员工们对于公司发展中存在的任何问题，甚至是领导的缺点，都要毫无保留地提出来，给出建议或者提案。他说："如果人人都能提出建议，说明人人都在关心公司，公司才会有前途。"当然，以比尔·盖茨的智慧和气魄，他是不需要如此的。因为运用自己超人的智慧和无与伦比的领袖气质，他完全可以有效地领导下属达成目标。可他还是在公司管理中采取了"柔性管理"的方法，由此可见这种管理方法的妙处。

我们要明白的一点是："柔性管理"，是一种广开言语路的管理方式，自己不懂，多问问下属，也不是什么掉份的事。俗话说得好，一人计短，二人计长，那么想一想，十人、百人呢？那肯定会是一个妙计层出不穷的智慧囊。作为管理者，你想要什么好的建议、好的方法，多问问你的下属，一定会有的！

韦尔奇在就任通用电气公司的总裁后，力求把通用打造成一家"没有界限的公司"。于是，他也采取了"柔性管理"的方法，把"毫无保留地发表意见"列为通用电气企业文化的重要内容。

他的具体措施是这样的：公司内部不定期地举行"大家出主意"会，每次与会人员 50~150 人不等。在会议上，大家要坦率地陈述自己的意见、及时找到生产上的问题、改进管理的方法、提高产品质量和工作质量的方法等。

他还要求管理层在参加下属们的这种会议时，尽量多去听听下属们的建议，这样会更容易找到解决问题的方法。

在韦尔奇的带动下，通用电气公司每年有将近三万人参加“大家出主意”会，极大程度地带动了公司的经济增长。更为有意思的是，员工们参加了“大家出主意”会后，觉得自己得到上司的信任和认可，也意识到了自己的力量对于公司的影响，于是士气大振，精神面貌大为改观，使公司内部充满了活力。

例如，在一次会上，有名员工提出：在建设新电冰箱厂时，没有必要一切都从零开始，可以借用公司的哥伦比亚厂的机器设备。因为哥伦比亚厂是生产压缩机的工厂，与电冰箱的生产正好配套。公司在听到这个建议后，认真和技术工程师探讨了一番，认为此建议可行，于是就采用了这个建议。最后的结果是：这个建议，一下子帮助通用电气公司节省了一大笔开支。

大家感觉如何？是不是也为这种有效的管理方法所叹服了？我想你一定是的，有如此轻巧解决问题的方法，又有谁不愿意采用呢？其实松下的这种“柔性管理”方法，我们的老祖宗早在千年之前就已经提出了，他们管这叫作“群策群力”，意谓大家一起想办法、一起出力，就能解决问题。

而你，作为一名企业的领导者，在公司所起的作用，一定要是“群策群力”的发起者。还是那句话，对于有些问题，你可以不会，也可以不懂，但你一定要学会虚心地向下属请教。请教一个未果，那么就去请教第二个、第三个。把你所有下属的才智集中起来，一定会是一股强大的力量。

你不但可以使用到这股力量，你的虚心和认真，反而会赢得下属们的信任。想想看，你又何乐而不为？

松下曾经说过：管理者必须兼任端菜的工作。不要误会，这句话的意思并不是说要让管理者去亲自端菜，而是说管理者应该有一种谦逊的态度，对尽职尽责的员工要心怀感激。员工看得见，自然会对管理者信任有加。

还有一句松下的话我们应该记住：当我的下属有一百人时，我要站在员工最前面，指挥下属工作；当我的下属增加到一千人时，我要站在下属中间，恳求他们鼎力相助；当我的下属达到一万人时，我只要站在他们后面，心存感激就够了；当我的员工超过五万人的时候，我除了心存感激，还要双手合十，以虔诚之心来领导他们。

这，就是松下“柔性管理”的精髓，你学会了吗？

学会了，你就可以轻松赢得下属的信任，轻松管理好你的企业！

用人不疑，疑人不用

《三国志·魏书·郭嘉传》裴松之注引《傅子》：“用人无疑，唯才所宜。”宋代欧阳修《论任人之体不可疑札》：“任人之道，要在不疑。宁可艰于择人，不可轻任而不信。”老祖宗对我们的这些谆谆教导，相信很多管理者都能看得明白，这是在教给我们一个简单而又深刻的道理。

我们都明白，一个好的企业管理者会有一套好的驭人之术。驭人是一门大的学问，管理者不必任何事都事必躬亲，而只需要选择和相信一批能力足够强的下属代为管理，就足矣。正如汉朝公司的大老板刘邦，文不行，武不行，治国安邦也差得很远，可是人家就是会用人。选择了张良、韩信、萧何等一批得力干将，给他们足够的信任和权力，让他们为自己打拼天下。

简而言之一句话：用人不疑，疑人不用。这是现代化企业管理无为而治的具体表现之一。作为一名管理者，你明白这个道理了吗？如果还没有，那么我们也只能说你还没有理解赢得下属信任的真谛。

1948年7月，刘邓大军决定分兵攻打襄阳。

襄阳古城，与汉江对岸的樊城遥相呼应，互为犄角，而且依山傍水，易守难攻，是自古兵家必争之地。早在元朝，就连曾经横扫欧亚大陆的蒙古铁骑，也在襄阳城下屡屡受挫。由此可见，襄阳城特殊的战略意义。蒋介石深知其利害，下定决心要固守襄阳，于是派遣亲信康泽坐镇襄阳。

其实蒋介石选择康泽坐镇襄阳，除了康泽是自己的心腹之外，还有另外一层原因，那就是此人处事谨慎，不急躁冒进，正是适合镇守襄阳的最佳人选。

果不其然，康泽一到襄阳，立即遵循“守襄必守山”的古训，大量修筑山地防御工事，稳扎稳打。他想要凭借地利的优势拒刘邓大军于襄阳之外。

面对这块难啃的骨头，刘伯承当机立断，任命6纵司令员王近山作为攻擂手。但是他这任命刚一发出，就遭到了一些人的反对。反对的理由很简单，王近山是一勇将，而非智将，攻打襄阳的合适人选必须要智勇双全才行。

为什么别人如此反对王近山？原来，出自红四方面军的王近山有一个外号“王疯子”，意指他带兵打仗容易冲动，脑袋一热，就不计后果。

虽然众人疑虑重重，但是刘伯承却对自己的这员猛将充满了信心，他认为王近山堪当重任。他给众人讲了一个故事：在1943年的时候，王近山奉命从太岳军区率一个团回防延安，保卫党中央。在临出发前，旅长陈赓对王近山说：“你要尽快赶到延安，遇到敌人时，尽量绕开，路上不要战斗。”但是在王近山率领团队途经洪洞县韩略村时，他却发现了情况。

原来这个村子里驻扎着一个由驻华北日军军官组成的“战地观察团”。这样的大鱼到了王近山嘴边岂有不吃之理？王近山立刻捕捉到这一战机，果断地带领战士一举歼灭了这股敌人。在这次战斗中，日军少将旅团长以下120名军官仅有3人侥幸漏网，其余全部歼灭。

王近山此举打乱了日军的全盘扫荡计划，为我军赢得了有利的战机。

刘伯承认为，王近山虽然外号“王疯子”，但并不是说他有勇无谋，而只是说他作战勇猛而已。更何况又经历了这么些年的战火磨练，王近山比之当年，会更加的骁勇善战。所以，刘伯承并没有一听到别人的议论，就马上怀疑王近山的能力，而是用人不疑地放权给他。刘伯承深信的是，有勇有谋的王近山，一定不会让自己失望。

他放手让王近山大闹襄阳城。王近山到达襄阳外围后，一反其他将领的常规方法，而采取了撇山攻城的方案，把主力调集过来全力进攻襄阳城，而仅留少数兵力监视山头敌军。如此一来，康泽修筑的大量的山地防御工事，在王近山眼中，都成了废物，尽可置之不理。

刘伯承闻听此事，大笑着说："襄阳已在我掌中了！"

果不其然，仅仅用了一个星期，王近山的6纵就拿下了这座历史上有名的易守难攻的城池。

现在，我们再来看这个故事，不是站在历史的角度，而是站在管理的角度来看。我们在为王近山的智勇双全赞叹不已的同时，也不得不为刘伯承用人不疑，疑人不用的管理之术所折服。要知道，作为一名野战军司令员，刘伯承肩上的压力更为重大，一个不慎，将有可能把部队带入万劫不复的境地。

可是，他依然做到了"用人不疑，疑人不用"，这是何等的气魄！

作为一名优秀的管理者，或许你缺的就是这种气魄。看清楚你的下属的能力和品性，然后给他们足够的信任，让他们可以在自己的岗位上尽情挥洒，而你需要做的仅仅是静候他们给你带来成功的喜讯。

这就够了！

第五种情境

沟通：如何赢得上司的信任

身在职场，就少不了要与同事接触，与上司打交道。也许你和大多数人一样，也是每天工作八小时，上班下班，朝九晚五，日子过得闲散却又忙碌。也许在一周当中，你醒着的时间有一大半是在公司里，在上司的眼皮子底下度过。可是，你赢得上司的信任了吗？你的上司有可能会很苛刻、没有耐心、毫无条理、咄咄逼人。可是我们相信，一定有一种沟通技巧，能使你在短时间内赢得上司的信任。

好的成绩，其实是最有效的沟通方式

现代职场中很流行的一句话是这样的：请用你的成绩说话。很多身处职场的朋友绞尽脑汁也无法得到上司的信任，其实他们不明白的是，在获取信任方面，品质重要、处事方式重要，但最重要的还是成绩。因为品质可以伪装，处事方式可以变通，而成绩，则是实实在在的东西，无法伪装，亦无法变通。

温斯顿·丘吉尔曾说，“我们已经尽力了”，这句话是没有丝毫价值的，我们必须成功地完成需要我们做的事情。这句话简简单单，却又极为传神地道出了一个职场真理：只有结果才是价值。这种说法或许有些不近人情，有些人会这样说："我在公司这么长时间了，一向对领导忠心耿耿，难道只是因为没有做出成绩，领导就要对我弃如敝屣吗？"不错，的确是这样！

我们可以想一想，一个企业靠什么发展？靠的是成绩！可口可乐公司之所以强大，是因为他们的销售成绩好；微软之所以可以做到全球之最，还是因为他们有全球之最的业绩在做支撑。一个公司如果没有了成绩，一切全部都是空谈。所以，你的公司雇用了你，就是为了让你为公司做出成绩来。如果你不能做出成绩，那么公司雇用你还有什么意义？

所以你也应该明白，上司是否信任你，并不是看你做了多长时间，也不是因你的人品相貌而定，而是要看你的工作态度和成绩。你可以暂时没有成绩，但一定要让上司看到你想取得成绩的态度和所付出的努力。如果连这点也做不到，那么不好意思，你的上司只能弃你如敝屣。相反，如果你工作努力，成绩优异，你的上司不仅愿意信任你，而且还愿意给你提供更大的舞台让你尽情发挥。

我们来看一个小故事：

小陈在一家装饰公司工作，他人勤快，和同事相处融洽，与领导关系也很不错。原本他以为自己会在这家公司多干几年，没想到的是，前段时间公司进行裁员，他成了第一个被辞退的员工。这个结果让他难以接受，甚至有些抓狂。他在心里问自己：为什么，难道自己不优秀吗？

他认为自己是个很优秀的员工。

平时在公司里，他手快嘴甜，性格开朗，对同事们也很热情。有时候同事们有小忙需要他帮的，他决不推辞；领导让他端个茶倒个水的，他也干脆利落。所以在整个公司里面，大家对他的评价不错，认为他不但人好，又勤快乐观。

他越想越觉得憋气，都说群众的眼睛是雪亮的，难道同事们的认可是假的吗？如果不是，为什么还要辞退自己？反正也是要走了，他决定在走之前找上司问个清楚。

面对他的质问，上司坦诚地告诉他："在一个公司里，工作为重，成绩为先。你可以多去帮同事们的忙，但前提是必须要把自己的工作做好了，做出成绩来。否则，再好的人缘也不能为公司创造一分钱的效益。辞退你的原因就在于你不能在你的岗位上做出应有的成绩。"

看到他有些茫然，上司又继续说道："就拿前天的事为例，我让你将一份资料送交给客户，可你是怎么做的？你没有去，而是把资料转交给正好出去办事又比较顺路的小张代办了。作为回报，你许诺以后每天帮助小张订午餐。这件事我没有说错吧？"

小陈点点头，脸微微有些发红，他有些明白上司的意思了。想想也是，这种事发生在自己身上的次数太多了，可以说自己把大量的时间都花在了帮同事办这些杂事和私事上了，而分内的工作却总是让同事帮忙对付着完成。所以直到现在，自己还在原来的工作岗位上原地踏步走，也没有做出过什么成绩。而与自己同时进公司的其他几位同事，都已经为公司的发展做出了不少成绩。

原来，没有成绩，才是自己被辞退的真正原因；原来，成绩才是赢得上司信任的利器。

其实就你而言，你不需要多说什么，只需要努力做出成绩来，上司自然能从你的成绩中看到你的可取之处。好的人缘、好的印象、好的技巧虽然也能引起上司的注意，但那毕竟不是全部。只有取得令上司刮目相看的成绩，才能真正得到上司的信任。

再看一个小故事：

小王毕业后进入一家公司做销售员，拿着非常低的薪水。销售是个苦工作，小王每天早出晚归，忙的苦不堪言。

在忙碌中，第一个月很快就过去了。发工资这天，拿着微薄的薪水，小王非常的气馁。晚上回家的时候，他忍不住向父亲抱怨说："这公司也太抠门了，我这么努力，才拿这么一点工资，想想心里真不舒服。"父亲听了叹口气对他说："儿子啊，你的这种心态可有点危险。你抱怨工资少，可是你算过了没有，你真正为公司创造了多少效益？只有你对公司负责了，公司才会对你负责。"

小王一想：是啊，自己为公司创造了多少效益呢？好像这一个月，自己忙忙碌碌，却并没有做出什么成绩来呀！他越想越觉得父亲的话有道理，同时也坚定了一个信念，那就是一定要用成绩为自己说话。

从这以后，小王果然不再抱怨，而是踏踏实实地工作，认认真真地学习别人的工作经验。慢慢地，他的客户越来越多，订单也越来越多。

而公司老板，不但给他的工资翻了好几倍，而且还提升他为公司的业务经理。

无论我们做什么工作，但请记住，有一点是共通的，那就是成绩。好的成绩，是赢得上司信任的重中之重。否则，一切免谈！

做一个"听话的士兵"

无论是否当过兵，我们都知道在军队中有一句嘹亮的口号：军人的天职是服从命令。由此可见，"听话"对于军人的重要性。生活中有过这样一个比喻：职场如战场，既然如此，那么和军人相若的职场人士的天职又是什么？我们以为，还是要“服从命令”。

只要是在职场中混迹过的“大侠”们都应该明白这样一个道理：要想和领导和平地相处下去，要想和领导打理好关系，最基本的一条就是要做到听话，就是要服从领导的命令。这一点很容易理解，正如军人不能和长官叫板一样，职场中人也不能和领导对着干，必须要认认真真地听从领导的安排，这是社会规律所使然，不容置疑。

但是有许多刚入职场的新人却不甚明白这个道理，他们年轻、气盛、高傲、棱角分明。当有时候自己的想法和建议与领导撞车之后，他们大多都不肯轻易“就范”，而是选择了公然顶撞和消极对抗自己的领导，以为真理是在自己这边，只要坚持下去，领导一定能理解。

殊不知，他们的所作所为，却正好犯了职场大忌。触犯这个忌讳轻则会使他们遭受领导冷眼相待，升迁无望；重则会使他们无奈离职，痛失工作。不要以为这只是一句玩笑话，事实上确是如此。因为对于身居上位的人来说，可以容忍自己的下属懒散或是平庸，但绝对无法容忍下属的“不服从命令”。

从心理学的角度来看，领导和下属之间是无法保持地位上的平衡的，有着一定的等级界限。我们用官场中领导与下属的关系作比较，就不难发现，二者其实极为类似，都是一个在上，一个在下。既然如此，那么在上者就一定要维护自己的权威与尊严，就不容许有人对自己的尊严和权威发起挑战。

而不听话的员工，就正好在职场中扮演了一个挑战领导者尊严和权威的角色。

试想一下，这样的员工如何能得到上司的信任？

王海毕业后去了南方打工，几经波折，最后在珠海一家大型玩具厂落下了脚。经过两年兢兢业业，辛辛苦苦地工作，他终于多年的媳妇熬成了婆，成为这家公司生产部的主管。

他对如今的日子很是满意，为了能更快地向前发展，他比以前工作得更勤奋了。但谁也想不到会突然平地起波澜。

前段日子，厂里接了一个大单，工期很紧。为了能赶在交货的日子前把这批货赶出来，全厂员工都没有休息，大家加班加点，拼命地赶工，辛苦异常。但是“屋漏偏逢连夜雨”，恰恰在这个时候，一台机器坏了，流水线被迫停工。经过技师的检查，这台机器最快也要晚上才能修好，也就是说，要有将近一天的时间大家无法正常工作。

王海一寻思，既然无法干活，那为什么不让工人们回家休息一下呢，这段时间大家都很辛苦。于是，他仅留下两个人在这里守着，等到机器修好了通知大家，而让别人都下了班，回家休息。

但是不大一会儿，生产部的经理，也就是王海的顶头上司过来了。王海不敢怠慢，忙向上司汇报了工作安排。岂料经理一听，马上摇头否决：“工期很紧，你怎么能做这种安排呢？工人们一来一回，多耽误时间啊！你可以让他们在车间休息，但不能回家!”

王海一听急了：“大伙儿这些天都在加班，已经非常辛苦了，在家里他们可以好好休息。再说了，这里我派了人在盯着，看到机器快要修好了，我会马上通知大家来上班的!”

但是无论他怎么解释，经理就只是一个意思：必须现在就解除休假，通知大家马上过来上班。

王海不同意，他觉得经理这是无理取闹，在不耽误工作的前提下，为什么不能让工人们好好休息一下呢？

双方意见不统一，谁也说服不了谁。争执到后来，居然吵了起来，最后经理一气之下，摔门而出，这段风波才就此告一段落。

但是从这件事后，王海发现经理对待自己的态度变了，再也不像以前那么随和。而且公司每次有什么人事变动或者分发奖金的事，自己都得靠边站。最让他窝火的是，最近这次人事变动，居然把他调去做仓库管理员。

就是再笨，王海也明白自己该做什么了，他选择了离开。临走前他和经理认真谈了一次，才知道了经理冷淡自己的原因。原来，正是因为那次的顶撞，让他对自己不再信任。经理在送他出门的时候，拍着他的肩膀说：“年轻人，给你个忠告，也许你以后用得着。做领导的最不喜欢的是下属当众顶撞自己，哪怕只有一次，你也会失去领导的信任。”

大家看明白了吗？当众顶撞上司，只会让上司难堪，只会给上司一种感觉：这个人不值得信任。一旦上司有了这种感觉，那么很遗憾，你的这份工作就岌岌可危了。如同王海，如果他换一种方式，在和经理意见不合时不要当众顶撞经理，而是在私下里和他好好商量，也许，这故事的结局就会是另外一种情况了。

那么，要学会听上司的话，是不是就是说，无论什么事都得顺着上司，而不能提任何反对的意见了呢？答案当然是否定的！当领导给你下达了不合理的指令时，你应该给他提出正确的建议或方法，但切记，一定要用委婉的方式，选择适当的时机向他提出，让他开开心心地接受你的建议，而不是用强硬的方式当众和他对着干。这才是关键！

总之一句话：在职场中，做一个听话的“士兵”，才能赢得上司的信任，这是铁律！

用委婉的方式提意见

有些人总喜欢直言不讳地给上司提意见，大事小事，无一例外。其实这是一种错误的心态，这种心态的潜台词是：我连上司都能给出意见，可见自己一点儿也不比上司差。这种心态的错误之处就在于，不管是谁，都不喜欢被别人一下子揭出许多不是来，尤其是单刀直入式的提意见，更让人难以接受。

想想看，连我们自己都不喜欢别人对我们评头论足，更何况是上司呢？下属直接提出意见，就会让上司觉得下属特别爱显摆自己强人一筹，好像只有下属有水平，而做上司的却是空占其位，无甚水平。当然还有一点，太直接的意见会很尖锐地刺伤上司的自尊心，让上司觉得颜面尽失。

在前面一节中，我们提到了在与上司的沟通中一定不能与其对着干，而是要做一个“听话”的下属。在这里我们再略微提一下，我们“听话”，不一定是要对上司的所有做法都去认可，当发现上司有错误时，我们也要尝试着去给上司提出来。事实上，有些开明的上司还是喜欢下属能给自己纠正一些错误的做法的。但我们一定要明白的是，委婉地提出意见，上司可能会接受，而太过直接地提意见，就会适得其反了。

打个比方，如果你想给自己的上司提个意见，让他加强时间管理，提高效率，多多授权，不能什么事都去亲力亲为。你会怎么说？直接提出意见的方式是：领导，你不需要什么事都去自己做的，那样多辛苦啊！有什么需要做的，您直接安排我们就行！委婉提出意见的方式是：领导，我对你很有意见啊，您天天都在加班是不对的，应该注意身体，多休息。如果您累坏了，我们可怎么办啊？公司怎么办啊？

比较一下，你觉得哪种方式上司更容易接受？毫无疑问，是这种委婉的“迂回之道”更容易让上司接受和理解，更容易让其对你产生好感和信任。

老马混迹于职场多年，深谙职场里的门门道道，很会做人，因而很得上司赏识。平时单位里有什么好事，上司都对他特别关照，绝少不了他的份。

其实在单位里，老马的能力和资历均属一般，不是特别的抢眼。可是为什么这么平凡的一个人却能如此深受上司的青睐呢？很多人不解，来向老马取经。老马却笑而不答，只是给大家讲了一个关于自己的小故事：

前几天公司开会，领导要设计部的小李为一款产品设计一个商标。小李接到任务后，不敢怠慢，废寝忘食地忙活，终于在短时间内把这个商标给设计出来了。但是领导一看，马上就给否决了。

原来，领导自己也抽空设计了一个商标出来，他从心里喜欢自己的设计。他们两人设计的商标我都看了，说实话，小李设计的确实不错，主题鲜明，设计合理。但是领导设计的，虽然也不错，但那主题图案是一轮旭日，有点不太合适。要知道，这款产品的主要市场是在中国，而那个图案太像日本国旗，这是会引起客户反感的。

作为公司里的一员，发现了商标的这个缺点，我必须得提出来。但又不能直接提，这样会使领导下不来台。思前想后，我想到了一个办法。

第二天上班的时候，我对领导说：“领导，咱们的这个设计不错，那个主题图案不仅能突出产品的特点，而且还有点像日本的国旗，很有卖点。”领导本来在眉开眼笑地听我说话，一听到“日本国旗”四个字，突然愣了一下，然后就把眉头皱了起来。

后来，领导对我说：“想来想去，我还是觉得小李的设计好，咱们这次的商标设计还是按小李的来吧！”

讲完这个故事，老马静静地看着大家，然后说道：“大家明白了吗？其实要想得到领导的信任，就这么简单，提意见的时候少一些直接，多一些委婉。不但同样能把事情办好，还能和领导相处的更为融洽。”

大家恍然，一起点头。

我们再来看一个小故事：

传说，骆驼原来并不生活在环境恶劣的沙漠中，而是和其他动物一起生活在美丽而富饶的大草原上。

一天，草原之王狮子召开了民主大会，会议的主题是要动物们尽情发言，对自己的领导方法提出一些意见，以便自己今后的管理。

会议气氛非常的热烈，大家畅所欲言，纷纷发表了自己的意见。

狐狸说：“大王过于仁爱了，以至于有些动物见到大王善良，就目无领导。”

野马说：“大王管理的缺点是太过于勤政和操劳，以至于忘记了维护权威。”

……

骆驼最后发言，它说：“大王的缺点是滥用职权，以强凌弱，如果能把这点改正了，大王就是一个好领导了。”

讨论结束了，狮子王做了总结，它说：“今天的会议，骆驼的表现最好，它直言不讳地给我提出了意见，大家要以它为榜样。现在，我宣布把最大的一块领地作为奖励赐给它。大家鼓掌。”

这块领地，自然就是沙漠。

用这个故事作比喻也许有点过分，可是它却很生动地告诉了我们一个道理：给领导直言不讳地提出意见，不是最好的方法。你应该学会用委婉的方式，来赢得领导的信任。

要学会“号”上司的脉

中医诊病，多用号脉找出患者病因。可别小看这简简单单的号脉，医者三根手指往患者脉上一搭，便已通视其内，什么病因都能够找得出来。

身在职场，我们也应该学会“号脉”。请不要误会，我们的“号脉”和中医的号脉不大相同，中医号的是病因，我们号的是意图。谁的意图？当然是上司的了，在职场生活中，我们需要时刻去“号”出领导者的真正意图。只有如此，我们才能赢得领导者的信任。

你可以仔细回想一下自己是否有过这样的经历：上司给你安排一项工作，你是尽心尽责，兢兢业业地去做。你决心要给上司留下个好印象，所以做事的时候打起了十二万分精神，以至于工作完成的满意度达到甚至超出了你对自己的要求。但不知为何，上司却不是很满意，并且让你重做。这时候你虽然不满意，但还是忍了下来，而且认真查找原因：是不是自己什么地方做得还不够好？为了可以把工作做到让上司满意，你又重做了一次，以为凭着自己的仔细，这次一定可以做好。但是，你又失望了，上司还是不满意。

于是你陷入了一个十分尴尬的情境：想要让上司满意，做好工作，但却不知道怎样做才能让上司满意。

大家想到了吗？很多处身于职场上的朋友都有这样的经历，你一定也有！你甚至会有一种错觉，认为上司是在故意找自己的茬儿，没事找事。其实不然，追根究底，是我们从根本上就领会错了上司的意图。试想一下，不对症而施药，怎么能够根除病症？

小李这段时间心情很是不好。

事情是这样的，小李最近刚跳了槽，来到了一家广告公司担任创意组长。这家公司给的待遇不差，领导和同事也都很好相处。唯有一点让他心烦不已：他连着做出的几个策划方案都被上司给束之高阁，根本就不用。本来想初来乍到要好好表现一番的，这倒好，努力全成了无用功。这让他着急上火，却又一筹莫展。

自己到底哪里做得不好了？这些策划方案，可都是自己的得意之作啊！

没办法，接着做吧！他在心里犯了嘀咕：这领导，到底想要什么样的策划方案？

很快又有任务了，是做一个宣传策划方案。这事儿小李拿手，为了使这次的方案不再被打入冷宫，他可是拼了命了。拟草案、找资料，忙得是通宵达旦，不眠不休。原本要两天才能完成的工作，他愣是一个晚上就给搞定了。他心想：这次领导应该不会再有挑剔了吧？

可是领导看过之后，并没有说好还是不好，只是淡淡地问了一句："还有没有更简单的方法？"

小李差点晕倒，只能硬着头皮给领导表态："容我再想想！"

无奈之下，他把自己精心设计的方案做了一些修改，把略显复杂的地方又给简化了一些，实在改无可改了，才又拿给领导看。让他差点崩溃的是，领导看完后把头一摇："感觉还差点，你再想想。"

无奈之下，小李想到了向老同事讨教，想让老同事帮忙找找原因。下班后，他把自己的困惑向一位平时比较谈得来的老同事讲了，岂料老同事一听之后，哈哈一笑，拍着小李的肩膀说："小伙子，你没明白，我可是懂了。领导说简单的方法，其实是省钱的方法啊！"

小李恍然，原来如此。

他把方案拿回家去做了第三次修改，着重修改可以减少费用的地方。实在改不动了，他就又想了一个点子，计划多拉几家相关单位赞助。

第二天上班，他把方案拿给领导过目，并把自己的想法也告诉了领导。果然没有再遭到领导的反对，一举通过。

故事中小李的情况，你遇到过吗？其实这是职场中一种很常见的现象，因为吃不准上司的真正意图，而做了很多无用功的下属大有人在。很多时候，你以为只要努力工作就会取得成绩，就会赢得上司信任，但如果不能准确领会上司的真正意图，这一切都只能是费力不讨好。

这个时候，就需要你会给上司“号”脉了。

你不但要学会用耳朵去给上司“号”脉，还要学会用眼睛和心去给上司“号”脉。你要用耳朵去听上司的“言谈”，用眼睛去看上司的“举止”，用心去捕捉上司的喜怒哀乐。这其实一点也不难，只要多留心，你就能做得很好。

而你一旦给上司“号”准了脉，准确领会了上司的意图，那么做起事来，就事半功倍了。

来看个小故事：

森林王国的国王老虎先生一不小心扭伤了脚，不能出门打猎了，只能在家里休息。

可是不能打猎，就没有肉吃，就只能饿肚子。饿肚子的滋味实在是不好受。

这天，它从窗户里看到小兔子从自己家门前走过，灵机一动，有了一个主意。

“喂，小兔子，你过来，我有话对你说。”

“是老虎大王呀，你找我有什么事?”小兔子站在窗外机灵地说。它知道，老虎大王已经好几天都没有吃东西了。

“是这样的，作为森林国王，我要指派一件工作给你，如果你能完成好的话，我会给你重重的奖励！”老虎先生盯着窗外的小兔子，边说边流口水。

“哦，那是什么事?”

“很简单，你给我捡一捆柴背进屋里来就行了，我想要自己烤点肉吃。”

“好的，我马上就去。”

小白兔说完扭头就跑，边跑边骂：“只有笨蛋、傻瓜才去呢！以为我不明白你的意思啊，你想烤的肉，就是我啊！”

不知大家有没有用心地给你的上司“号”过脉？一定要注意，如果你没能准确地把握住上司真实意图的话，或许会失去上司的信任，多做无用功；或者会失去自己的工作，从头来过。

但无论是哪种情况，后果都非常的严重！

记住：要赞美而不要奉承

马克·吐温说过：“一句美好的赞扬，能让我多活两个月。”这话虽然简单，但却精辟，一语道出了人们的一个非常普遍的心理需求，对赞美的渴望。想想看，大文豪尚且如此，更何况那些穿梭于职场之中，游走于人群之内的管理者呢?

其实无论是在什么样的社会生活之中，每个人都渴望得到别人的赞美，人同此心，谁也不能例外。自然，我们也渴望得到别人的赞美，而身处上位的领导者，因为其位置的特殊性，则更需要得到别人的赞美。老祖宗说过，“将欲取之，必先予之”，是说要想得到，必定要先学会给予。我们要想得到上司的信任，就一定要先送给上司一些东西，当然，这不是指送礼而言，而指的正是赞美。

在职场这个鱼龙混杂之地，如果你想一枝独秀，得到上司的充分信任，就必须要学会去赞美上司，这是一门必修课。但还是那句老话，赞美不等于奉承。在赞美上司的时候，你一定要把握住一个度，不能太过。太过就成了奉承，就成了溜须拍马。

虽然有些上司喜欢下属拍马屁，但那毕竟是个“危险的活儿”，你一个不小心，马屁拍到马腿上，被马踢了一脚，可就有些得不偿失了。这样只会弄巧成拙，失去上司对你的信任。所以为了保险起见，你还是只要学会去赞美上司就好。在上司晋升的时候说两句温婉恭喜的话儿，在上司生日的时候用几句贴心祝福的词儿，在平时没事的时候，小小地赞一下上司的优点，想必都不会是什么太难的事。

这不是让你去说违心的话，生活中每个人都有自己的特点和特长，你去留心观察，总会发现。你对上司的赞美，其实就是把他们的这些特点特长用好听的说话方式表达出来，仅此而已。

那么，要如何去赞美上司，才能达到最好的效果，而不超越了这个度呢？我们来看一个小故事：

有家公司的总经理非常有才华，他在抓好公司业务的同时，结合自己的工作经历，总结撰写了一本叫作《教你经商》的书稿。出版社在得到这个书稿后，非常地看好，决定刊印出版。这个消息很快就传遍了整个办公室。

部门经理在午休时遇到总经理，赞美道：“听说您的书要出版了，真了不起！看来您在企业工作真是一个错误的选择，如果您选择专职研究经营管理，我相信您一定会成为一名非常出色的经营管理专家，也会有更多的著作问世。”

总经理听了，眉头一皱：“怎么，你的意思是说我不适合做咱们公司的总经理，需要改行了？我好像还没有无用到这个地步吧？”

部门经理头上虚汗滚滚而落，忙不迭地说："不，不，不，您误会了，我的意思是……。"

你明白部门经理的意思了吗？你肯定明白了，部门经理的话里绝对没有总经理理解的那个意思，他无非是想拍一下总经理的马屁，但赞得太过，却一不小心拍到了马腿之上。显然，他的这个"赞美"没有取得想要的效果，反而让总经理对他心存不满。

我们来看秘书是怎么做的："总经理，听说您的书要出版了？真了不起。您可真是多才多艺，不仅本职工作做得这么出色，而且还会写书，太厉害了。书出来了，送我一本行不行？"

总经理眉开眼笑："哪里，哪里，你过奖了，这只是瞎写，没想到还能出版。到时，一定送你一本。"

看看，同一件事，不同的赞美效果竟然会相差如此之大。对比一下，大家发现了什么没有？这个故事给我们提出了一个最基本的要求：对待上司，我们要赞美，却不要奉承。你学会了去赞美上司，证明你肯定了上司的优点，上司可以从你的赞美之词中感觉得到。

上司也是世俗中人，也需要食人间烟火。听到你恰如其分的赞美，他的自尊心得到极大的满足，会甘之如饴，对你产生好感，会对你信任有加。但是，如果你的赞美太过而变成了奉承，那么这些话在他耳朵中可能就变了味，变成了你在故意做作，不切实际。

试想一下，上司眼中的这样一个人，他能得到上司的信任吗？

先拿上司当领导，然后才是朋友

职场是一个复杂的小型社会体系，身处其中，我们必然要接触各类人群。和我们接触最为密切的当属公司内部人员，简单划分一下，我们可以发现公司内部人员不外乎有三类。第一类，自己的下属；第二类，平级同事；第三类，自己的上司。与这三类人群的交往都是一门学问，但相较而言，与上司交往的这门学问最为深奥。

道理其实很简单，我们来看：我们都是从“下属”做起，慢慢做成“上司”的，所以我们可以把与下属交往的这门学问通晓个大概；与平级同事交往，我们正处身其中，可以边体验边学习，所以也不难；但是与上司交往，我们既无过去可查，又无章法可依，完全是一无所知，需一边探索一边学习，所以相对就深奥了些。

但既然是混迹于职场，我们要想出人头地，就少不了要和上司交往，少不了要与上司搞好关系。如此一来，问题就来了，面对着这门深奥的学问，我们应该怎么样去做，才能平衡好与上司的关系？

我们以为，要想真正平衡好与上司的关系，一定要做到先拿上司当领导，然后才能跟上司做朋友。

这个道理不难理解，我们可以简而化之，一语带过，那就是要把握好与上司交往的尺度。有一种很有意思的说法，是说与上司的交往，应该如同冬天里的刺猬。它们因为寒冷而相互依偎取暖，但却不能靠得太近，因为太近了会扎到彼此；也不能离得太远，太远了就感受不到彼此的温度了。所以它们只能选择一个合适的位置，不远不近，才能恰到好处。

和领导交往亦是如此。作为下属，我们一定要稍稍站开一些，留给自己个去仰视领导的角度，去尊重和跟随他们才最为妥帖。这个位置不能太近，太近了成为交往过密，不仅会引起同事的反感，也会引来领导的猜疑；也不能太远，太远则成了远离领导，会让领导误以为你不是自己人，对你不再信任。

这是与上司交往需要把握的尺度，不远不近。上司就是一座山，我们只能站在山脚去仰视，而不能攀援而上，其实在山脚才是和上司做朋友的最佳位置，平淡而恬静。

我们一定要记住的是，无论我们的上司有多么的随和，多么的平易近人，我们都不能忘乎所以，一下子把那个距离变为零，和上司亲密无间。上司就是上司，他是我们的领导，我们也只能把他们当作是我们的领导而非其他。如果想要和上司做朋友，可以，排在后面去吧！先把他领导的地位定好再说，否则一切免谈！

唯有如此，我们才能调节好和上司之间的平衡点，才能赢得上司的信任。

我们来看一个小故事：

小林是一家地产公司的总经理秘书，人长得端庄秀丽，落落大方。

在职场中，秘书是一份很有争议的工作，特别是年轻靓丽的女秘书和事业有成的领导之间，总会传出那么一点儿风言风语。因为秘书是和领导接触最多的人，也有可能是最了解领导的人。

不巧的是，小林人长得漂亮，而公司的总经理也是年轻有为，事业有成。这么一来，刚进入公司没有多久的小林，自然就成了同事们口中开玩笑的对象。经常有同事打趣小林，说她和总经理郎才女貌，正好是天生一对。

但是小林是个聪明的女孩子，她并没有因为别人的这种风言风语而唯恐避之不及，也没有因为别人把自己和总经理说成是一对而自抬身价。她很清楚，要想得到领导的信任，不是可以靠别人所说的这种与领导子虚乌有的过分亲密就可以得到的，而是自己一定要去把握住一个尺度。这个尺度把握的好不好，将直接影响到自己以后的工作。

在工作中，小林恪尽职守，总经理的穿着打扮、会议用餐等等，她都安排得井井有条。但除此之外，在与总经理相处的时候，她尽量避开和其讨论一些私人的话题。她觉得，领导就是领导，他的私人生活不需要自己去知道，自己只要把分内工作做好就行了。

渐渐地，公司里再也没有人开小林的玩笑了，因为她做得让同事们找不出开玩笑的理由。总经理也很信任她，觉得这个秘书不但能干细心，不骄不躁，而且极为稳妥，是一个得力干将。小林的付出得到了最大的回报，在公司年终投票选举优秀员工时，她得了最多的票数。

美国著名职业培训专家史蒂夫·布朗认为，上司和下属之间要永远保持着业务上的关系。也就是说，一个上司和下属相处的时候，绝对不能偏离这种业务上的关系和领导与被领导的关系，这是主线。你可以和领导交朋友，但也只能在这条主线之侧。

记住：上司就是上司，只有先认清楚这一点，才能和上司做朋友，才能赢得上司的信任。

第六种情境

合作：如何赢得同伴的信任

叔本华说："单个的人是软弱无力的，就像漂流的鲁滨逊一样，只有同别人在一起，他才能完成许多事业。"拉封丹也说："若不团结，任何力量都是弱小的。"可见在当今社会与人合作的重要性。可以说，谁不善于与他人合作，就会被时代大潮的巨浪所打翻。与人合作，最重要的是什么？当然是赢得合作伙伴的信任。

合作的根本在于"共赢"

现代社会，是一个充满了挑战与竞争的社会。我们每个人都在这个社会上艰难地跋山涉水、踽踽而行。我们看着前方曲曲折折的道路，难免要心生感慨：这个社会，要想做出点事业来，怎么这么难！不错，在这样一个社会环境里，我们要想在事业上做出成绩，一个人行动的确是有些艰难，所以，我们需要同伴的帮助。

有位社会学家说过："在这个竞争的社会里，什么人都不能忽视。"这句话说得再明白不过，一语道出了我们身边人的重要性。打个比方，我们生活的环境是一个生态系统，而我们和身边的人都是这个生态系统中的一员，我们共同组成了一个生物链，谁也离不开谁。一荣俱荣，一损俱损。

在一个大的集体里，做好一项工作，占主导地位的往往不会是一个人的力量，而是各成员之间的团结协作配合。也就是说，只有我们和自己的同伴相互努力，一起配合，才能把工作完成到最好。想想看，就算是这个生物链最顶端的“肉食动物”离开了同伴的合作，它们能生活得下去吗？显然不能！

非洲大草原上的狮子之所以可以称王称霸，它们的单兵作战能力强悍自然不用说，但最主要的一点还是它们善于和同伴合作。它们把异乎寻常的信任给了同伴，组成了强有力的作战序列，使得捕猎时分工明确，井然有序。当然，也使得它们得以高居草原生物链的顶端。

看来在一个团体里，合作是件好事儿。大家团结起来做一件事儿，不但可以提升自己的能力，还可以轻松实现共赢的目标。在工作中你有不会的地方，你的同伴可以教你来做；你挑不动的担子，你的同伴会和你一起来抬；你累了，你的同伴会接替你继续战斗；你快乐了，你的同伴和你一起分享。

瞧瞧，合作伙伴有多重要！总结起来，我们可以说，现代社会，是一个合作的社会，只要你想出色地完成一项工作，就必须要与人合作。尺有所短，寸有所长，与人合作，才能取长补短，双双实现目标。“孤掌难鸣”的事儿做起来太难！

好了，说了这么多合作的重要性，我们只是想要让你明白一个道理：要想在这个社会里生存下去，你必须要学会与同伴合作；而要想与同伴融洽而有效地进行合作，你则必须赢得他们的信任。如果同伴之间没有信任的话，那么一切都只能是空谈。

来看一个小故事：

大森林里，小猴和小鹿在同一家公司上班。它们俩因为家离得比较近，所以经常结伴一起回家。

有一天，它们俩为了赶抄近路回家，无意中来到一条河边，发现河的对岸有一棵结满了果实的桃树。桃子沉甸甸的，压弯了枝头。

小猴眼珠一转，马上对小鹿说："这棵桃树是我先看到的，所以桃子归我，你就不要跟我抢了。"说完就向河边跑去。但是要想摘到桃子，就必须要过到河的对岸。小猴个子矮，刚走到小河中间，就被湍急的河水冲走了。幸亏它反应快，一把抓住了下游的一块大石头，才狼狈地爬了回来。

小鹿笑嘻嘻地说："这桃树是我先看到的，看来还是应该归我。"说完，它就大步向河里走去。原来，小鹿个子高，河水刚好没过了它的大腿，它一点也不怕自己被冲走。可是过了河，走到树下的时候，小鹿就傻眼了。树太高，小鹿不会爬树，只能着急地在树下瞪着眼睛。

这时，一只小燕子从这里飞过，看到了事情的经过。小燕子笑着说："两个自私的笨蛋，你们难道不知道合作吗?"

小猴和小鹿一听，都觉得有道理！于是小鹿急忙跑了回来，背起了小猴，向河的对岸走去……

结果就很容易想到了，小猴爬树，小鹿在树下捡桃子，它们一起摘了很多的桃子，一人一半，高高兴兴地回家去了。

在这个故事中，小猴和小鹿一开始显然是都不信任对方的。它们虽然在一个公司上班，下班一起回家，但是看到河的对岸有好处的时候，自私的心理使它们开始彼此排斥对方。它们不知道信任能使两个人很好地合作，能使两个人"共赢"，都能得到自己想要的东西。当有这种想法的时候，它们就只能各干各的，当然，也只能以失败而告终。

但是，当它们彼此相信对方能帮到自己，组成了一个相互协作的团队之后，奇迹就发生了。两个人轻轻松松地摘到了桃子。当它们喜滋滋地分桃子的时候，肯定会想：原来信任同伴，一起合作，才是实现目标的最好方法。

曹雪芹在《红楼梦》中写道：世事洞明皆学问，人情练达即文章。“世事洞明”，讲的是懂道理，而“人情练达”则说的是识时务。这是一种巧妙的为人处世之道，用在合作同伴中，也非常的必要。合作的目的在于共赢，要想与同伴合作顺利，必须要做到“人情练达”，用真情实感赢得同伴的信任。

诺贝尔经济学奖获得者莱因哈特·赛尔顿教授有一个著名的“博弈”理论：假设有一场游戏，在这个游戏里，参与者可以选择与对手合作还是竞争。如果参与者选择的是合作策略，那他们会得到一个共赢的局面，像鸽子一样分享战利品，因为他们无须关心其他，只把精力和时间放在目标上就足够了；如果参与者选择竞争策略，那将会出现迥异的结果，像老鹰一样的互相拼杀，会使他们伤痕累累，最后只有一个人惨胜。

其实说到底，这个理论无非是想告诉我们：与同伴合作很重要。当然，赢得同伴的信任更重要，即便是鸽子，如若不能赢得同伴的信任，也无法分享战利品。

要多为同伴着想

寺庙里，弥勒佛像前一副对联十分有意思，上曰：“大肚能容，容天下难容之事；开口常笑，笑世间可笑之人。”一香客看后好奇，向弥勒佛问道：“何谓难容之事，何谓可笑之人？”

弥勒佛笑曰：“心中放不下之事，即便小如芥子，也是天下难容；心中连小事也无法放下之人，即为可笑之人。”

香客恍然。

这个故事告诉我们，大度能容、心胸豁达，才是为人处世的至高境界。

不过在这里，我们想对弥勒佛的这个处世信条再做一下延伸：做人不仅要豁达大度，不计得失，更要学会设身处地为别人着想。尤其是在同伴之间，多为对方着想，就更需要了。

在工作中，与我们合作的同伴应该是我们最亲近的人了。这一点，很多身在职场的朋友感受得最为清楚。想想也是，一天当中，除了吃饭睡觉，我们的大部分时间都会在工作中度过，而这个时候，只有同伴守在我们身边。这就如同是在硝烟弥漫的战场上，一同伏在战壕里的战友，我们共同呼吸着战火的气息，一同朝着胜利的方向前进。如此，我们能不去关心我们的同伴吗？

关心同伴，就应该设身处地为他们着想。他们病了，我们心疼，那就去尽心照料；他们心情不好，我们能感受得到，那就多劝解一番；他们受到批评了，我们会想自己也有责任，那就一起承担吧；他们受到奖励，我们也替他们高兴……

这个时候我们会想，原来设身处地为同伴着想，竟然如此简单。只要我们把他们当作是自己最亲近的人，多站在他们的角度上来考虑问题，就足够了！

朋友们，如果你想在自己遇到困难的时候同伴可以挺身而出，帮自己一把；如果你想在自己烦恼的时候，可以有个人来安慰，那就应该从现在做起，多设身处地为朋友着想一下。我们说了，这其实一点不难，你只要把他们当作是自己的亲人，就可以轻松赢得他们的信任。

刘丽和王丹都是公司的会计，两人共同打理着公司的账目，平时关系不错。

只是最近，刘丽发现王丹有一些反常。王丹本是一个爱笑的人，平常总是一副嘻嘻哈哈满不在乎的样子。刘丽曾经怀疑，就是天塌下来，王丹也会笑嘻嘻地说："不怕，有大个子顶着呢！"可是这段时间王丹不笑了，而且总是愁眉不展，心事重重。这还不算，前几天做公司账目的时候，她心思恍惚，差点出了岔子。这让刘丽很是担心。

晚上回到家中，刘丽把这事儿告诉了丈夫。她对丈夫说："是不是王丹家出了什么事啊？不行，我明天一定要去问问，看看能不能帮帮她！"

丈夫一撇嘴，说："歇了吧，你！自己家的事儿都忙不过来了，还有心思去管别人家的事儿，你不嫌累啊！有这个精力，还不如多休息一会儿！"

刘丽反驳说："王丹是我的同伴，我们一起管理公司的账目，如果她静不下心来，那我的工作也不好做！再说了，大家都是姐妹，要是真遇到什么事了，我不帮她谁帮啊？于公于私，我都得去问问。"

丈夫有些生气，干脆一扭头，回屋睡觉去了。

第二天中午下班，刘丽约王丹出去吃饭。在吃饭的时候，她旁敲侧击地问出了王丹的情况。原来王丹最近还真是有些麻烦事，儿子生病了。平常儿子生病，都是由婆婆照顾的，但这几天婆婆高血压也犯了，自己照顾自己都成问题。更不巧的是，丈夫恰巧又到外地出差去了，一时半会儿回不来。这一大串的事叠加起来，压得王丹喘不过气来。她是跑完医院跑家里，照顾完老的照顾小的，连个安稳觉也睡不了……

本来王丹想请假，可是她知道，这几天公司的活儿也紧张，不想因为自己的事拖累了刘丽，所以一直没敢张嘴，就这么拖着。

知道了事情的原委，刘丽反而踏实了，她理解王丹的难处，于是就对王丹说："你就放心请假吧，工作上的事儿我包了。白天做不完，晚上我就拿回家去做，谁家还没有个难处？其实你应该早些告诉我的，咱们是同事，也是姐妹，我理应多为你着想，多为你分担一些。"

王丹感激得不知说什么才好，当天下午就请了假，回家去了。虽然这只是一件小事，刘丽加了几个班之后就把两个人的工作都给完成了。但她发现，从这以后，王丹和她之间的关系比以前更好了。

我们来看，一件小事，何以让王丹如此？因为她从这件小事中发现了刘丽是在设身处地地为自己着想，是在真心实意地关心自己。这样的情形无论发生在谁的身上，怕是都要心生感激吧！当然，感激过后，是无条件的信任。

设身处地为同伴着想，把同伴当成是自己的亲人来看待，是赢得他们信任的重要一环，不可不重视。

千万别揭同伴的短处

《菜根谭》中有句话是这样说的："不揭他人之短，不探他人之秘，不思他人之旧过，则可以此养德疏害。"对于这句话，我们深以为然。在与同伴的相处过程中，要想与同伴之间不互失信任，共同做好一件事情，我们千万得记住，一定不能揭人之短。

还是那句老话"金无足赤，人无完人"，在与同伴的合作过程中，我们的同伴不可能十全十美，毫无缺点。事实上，我们每个人都不可能没有缺点。但是很多人都有一个通病，那就是总把眼睛盯在别人的缺点上不放，而忽略了自身的毛病。于是，在发现了同伴的缺点之后，他们总是大喊大叫，唯恐天下人都不知道，把同伴的隐私当成了乐事，弄得尽人皆知。

殊不知，这样做正是触犯了同伴的忌讳。

古人有一种叫"逆鳞"的说法，传说中在神龙的咽喉下一尺之处有一块鳞片是倒逆的，是谓"逆鳞"。"逆鳞"是龙身上最薄弱的地方，所以龙看护得特别严密。只要谁触到这块倒逆的鳞甲，就会被激怒的龙所杀掉。我们每个人身上也都有一块"逆鳞"，那就是我们的短处。可想而知，当我们触犯到同伴那块“逆鳞”上时，他们会有怎样的反应。

他们当然无法将我们“杀掉”，但是却可以将给我们的信任“杀掉”，从此不再信任我们。很多人在触犯同伴们的“逆鳞”时都是无意的，但是我们一定要记住，不管有意无意，我们揭了同伴的短处，就一定会在其心里留下阴影，影响我们彼此间的信任。

杨琴刚大学毕业，就被舅舅介绍去了一家商贸公司。她年纪小，性格活泼，刚开始的时候总是嘻嘻哈哈的，挺招人喜欢。可是没过多久，她就发现，同事们都不愿意和她多说话了。这是为什么？就是她平时说话从不顾及别人的感觉，爱揭别人的短处。

有一次，同事小孙穿着一件新买的碎花裙子来上班。小孙是一个胖胖的大龄女孩，虽然平常和同事们也是有说有笑，但大伙儿都知道，胖一直是她的一块心病。这不，她穿这么一件裙子来上班，显然是鼓足了很大的勇气。同事们看到她的这身打扮，都说漂亮，把小孙美得是喜笑颜开。

杨琴看了一眼小孙的新裙子，大声嚷道：“孙姐，你这么胖，怎么适合穿这种裙子啊！”一瞬间，小孙的笑容冻结在了脸上。小孙不想和她计较，勉强笑了笑说：“胖人也要爱美呀，怎么不能穿？”

谁知杨琴一听，上下打量了小孙两眼，说：“话是如此，可是你穿的这件，颜色太鲜艳了，像小女孩穿的。你也老大不小了，怎么还这么没有眼光？”

小孙脾气再好，这个时候也忍耐不住了。气得一转身，头也不回地走出了办公室。同事们面面相觑，不知道如何收拾这个局面，就各自去忙了。只剩下杨琴尴尬地呆立原地，她想不明白，自己到底是错在哪里了！这不都是实话实说吗？

杨琴说的的确是实话，可是她的每一句实话，都把同事的短处毫不留情地揭了出来，同事能高兴才怪。老话不是说了吗？当着矬子不说短，胖子面前不提肥，这都是不去揭人短处的智慧。你图一时口快，总去揭别人的痛处，到头来只能失去别人的信任。

在与合作同伴相处的时候，尤其不能揭对方的短处。因为同伴不是别人，而是要和你朝夕相对，共同进退的战友，如果连这你都不能“口下留情”的话，那工作还怎么去共同完成？反过来再想一想，你的人品是不是要引发他人的怀疑？

我们再来看一个小故事：

森林里，黄鼠狼和狐狸为了可以更多地偷到好吃的鸡，两人组成了一个合作小组。

具体分工是：找到鸡舍后，狐狸放哨，黄鼠狼进鸡舍抓鸡。

这天，它们趁天黑又摸到了一户农家的鸡舍旁，准备再抓几只鸡回去。正要按计划进行时，狐狸拦住了黄鼠狼，说：“慢着，这次你来放哨，我进去抓鸡。”

黄鼠狼不解地问：“为什么要换，咱们不是合作得好好的吗？”

狐狸说：“你还好意思说，上次抓回去的鸡，吃到嘴里都是臭的，一定是你身上的臭味把鸡也给熏臭了。”

黄鼠狼大怒：“我身上臭，你也好不到哪里去。再说了，就你那身小体弱的样子，能抓到鸡吗？”

……

它们争论不休，最后决定，一起进鸡舍抓鸡。

等抓好了鸡，打算出来的时候，却发现鸡舍的门口早已守了几只大狗，把门给堵了个严严实实。

揭同伴的短，最大的害处就是使彼此失去信任，影响了工作。

每一个人的短处都不是自己想要的，所以总是想要千方百计掩地藏起来，而你却偏偏要把它们揭出来，撒上一把盐，再狠狠地踩上一脚。大家说这是聪明还是蠢笨？一个道理你该明白：一个聪明人，是不会去揭同伴的短处来影响彼此间的信任。

建议比命令更有效

在与同伴一起工作的时候，我们是否做过这样的事：对同伴指手画脚，颐指气使？我们也许会有，生活中很多人都有天生的领导欲望，希望自己能站在领导者的位置，让别人按照自己的意愿去做事。拿破仑不是也说过："不想当将军的士兵不是个好士兵"吗？这体现了人们一种积极向上的心态和成功的欲望。

只是，抱有这样的心态和同伴相处，有些不太合适。

美国著名咨询专家乔治·贝利曾说过："优秀的人才并不想像零件一样被装入某一台机器，他们希望能找到合适的土地，希望能有机会在自己的位置上创新，希望在能够完全控制的环境中工作。"事实上，在与同伴合作的过程中，我们不愿意成为一个没有主动权的零件去机械地工作。我们都想把握事物的主动权，希望能控制住我们所处的环境，把事情完成得更好。人同此心，我们的同伴也是如此。

鉴于这种认识，我们可以想一想，当我们用领导者的语气去对同伴吆五喝六，指手画脚时，他们会产生一种怎样的排斥心理？他们还能把心态放端正，好好地和我们合作，把工作完成好吗？他们还能信任我们吗？恐怕不能！

人都有一种逆反心理，在合作中同伴就是同伴，而不是领导，如果我们非要用命令的语气对同伴们说话，只怕会让同伴越来越反感，最终就会把事情办砸了。

大家不妨做一个换位思考，假设你是一个总被同伴指手画脚、呼来喝去的人，那么你的心里会平衡吗？肯定不会！不仅如此，你还会在心里想：难道我很笨吗？难道我真的很差劲儿吗？难道你真的比我强吗？你肯定会有诸如此类的想法。有了这种想法，再想对同伴产生信任感，就有些难了！

所以我们说，在与同伴合作的过程中，千万不要用命令的语气对他们说话。如果有需要，你可以尝试着用另一种语气和他们沟通，试试用建议的方式。你用朋友间建议的语气和他们沟通，肯定要比命令的语气更为有效。因为建议的方式不仅清楚地表达了你的意思，还会给他们一种感觉，认为你很尊重他们，很重视他们，那么他们就会和你一道肩负起工作的重任。

有了这种想法，他们怎么会不乐意听从你的安排，对你产生信任感呢？

在车间里，老王和老张可谓是元老级的人物。他们俩是头一批进厂的工人，算起来，已经有四五年的工龄了。

最近厂里又新招了一批工人，厂长一合计，与其专门找人给他们培训，倒不如把他们分给老员工做搭档，可以边学边练。这样不仅上手快，还省了厂里的一笔开支，两全其美。

就这样，厂里资历稍微老点的员工，每人有了一个搭档，老王和老张也不例外。

一段时间之后，厂长为了了解新员工的培训情况，特意把老王和老张叫到了办公室，请他们各自谈谈自己带的新员工的情况。

老王说：“我带的那个小伙子开始还不错，但没过几天就原形毕露了，特别不听指挥。我让他往东，他偏要向西；我让他给我递个扳手，他非得递给我个钳子，气得我总是骂他。”

老张说：“我带的那个小伙子不错啊，我说什么他听什么，又老实又实在，我很喜欢。”

厂长皱了皱眉头，让他们俩先出去，随后叫进来了老王和老张带的新员工。

厂长说：“你们来厂子也有一段时间了，说说自己对搭档的感受吧，我想了解一下。”

老王带的新员工说：“厂长，你能不能给我换个搭档啊！我和老王和不来，他总是颐指气使，对我呼来喝去。我和他一起做事，是想好好学技术，努力把工作做到最好，而不是来受他的气。跟着他，我不但什么也学不会，反而会影响整个的工作进度。”

老张带的新员工说：“老张这人还不错，从来不跟我摆老员工的架子。遇到事情，还总是要和我商量一下，然后才做决定。他给了我很多建议而不是命令，所以我很喜欢他对待伙伴的方式。现在，我已经跟他学了很多东西，可以独立作业了。”

厂长听后，微微一笑：原来如此。

在这个故事里，老王和老张两个人都很尽心地带新员工；两名新员工也都努力地学习，想早日可以独当一面。可是为什么会出现完全相反的结果呢？你一定看出来了，是他们两个人与新员工之间不同的沟通方式造成的。老王喜欢以老员工的身份去指挥新员工做事；而老张对新员工，更多的是建议。很显然，老张得到了新员工的信任，而老王没有。

在与合作伙伴的沟通中，建议明显比命令更有力量，也更容易得到同伴的信任。

出了差池，敢揽责任

在与同伴合作的过程中，我们不可避免地要遇到一种情况——出现问题。

为什么要说出问题是不可避免的？古人给了我们很好的答案，“马有失蹄，人有失足”。我们不是圣人，做事情的时候不可能完全没有一点纰漏，这就给了“问题”可乘之机。更何况机器出故障、电脑死机，都属于正常现象，所以我们工作中出现问题的概率，就如同下雨的天气，会时常发生。

我们现在要讨论的是出了问题之后应抱持何种态度。

出了问题之后，出于人的本能反应，我们普遍会有一种推卸责任心理，把问题的起因归咎于外。我们总是喜欢想方设法地找别人的错误，似乎只要找到了别人的错误，那么事情出问题就与我们无关，自己就可以置身事外了。这有些类似于古人所说的“顶罪”，只要有一个人能出面承担所有的罪责，其余的“共犯”就都可以相安无事。

于是在这种心理支配下，一旦某项工作出了问题，就会出现一种很奇怪的现象：所有的参与人员都在拼命地找别人的不是，领导把责任推卸给下属，怪下属办事不力；下属把责任推卸给领导，怪领导指挥无方；同伴之间互相推卸，都声称是因为对方不能积极配合，所以才导致工作出了差池……

但推过来推过去，我们会发现，把责任推卸给别人，非但解决不了实际问题，反而会掩盖真正的问题，以至于找不到解决问题的方法。这使得我们不仅无法进步，还会因为推卸责任而丧失了团队间的信任。这样的结果，可以说是出现问题之后最坏的结果。

其实，问题一旦出现，与所有参与的人都有关系。或许有的需负直接责任，有的需负间接责任；有的责任稍大一些，有的责任稍小些，但每个人都绝对难脱干系。尤其是我们在与同伴合作的过程中出了问题，无论责任的本身在哪一方，我们也都必须负有责任，逃也逃不开，躲也躲不掉。

我们之所以会和同伴一起合作，就是想用双方的力量把一件工作完成，这是合作的本质。这样的本质要求我们在与同伴合作的过程中必须要齐心协力，才能使工作进行得更为顺畅，尽快达成目标。但是我们想一想，出现问题的时候，如果总是去推卸责任，那么推给谁？只能是同伴。而把责任推给同伴的后果就是，我们会失去同伴的信任，再也无法齐心协力地完成工作。

那么，到底应该怎样做？我们来看：

春秋时期，晋国有一名狱官，他的名字叫李离。虽然官不是很大，可是他却依然名垂青史。他的成名经过是这样的：

有一次，他和同伴一起审理一件案子，由于偏听偏信，使判案有失公允，结果导致一个人冤死狱中。待到后来真相大白之时，李离和他的同伴已经悔之晚矣。

李离是个死心眼，他觉得是因为自己的原因导致了别人的死亡，理应以死赎罪。于是，就把自己的想法上报给了大老板晋文公。但晋文公却说："官有贵贱，罚有轻重，更何况这件案子的错判主要在于别的干部没有调查清楚，与你关系不大，你又何必往自己的身上揽责任。"李离说："这件案子是我主要负责的，最后的判决也是我做的，出错了怎么可以把责任往别人身上推？要论责任，我的最大，所以我应该抵命。"

李离最终没有听从晋文公之言，伏剑而死。

在这个故事里，狱官李离用自己的生命给"责任"二字做了最精彩的诠释。他之所以可以名垂青史，就因为他是一个敢于承担责任的人。他用自己的这种气魄赢得了世人的信任与景仰。

当然，这并不是说一定要让我们以死来承担责任，这只是告诉我们一个道理：正人先正己，做事先做人，承担责任，正是一个人做人的基本要求。在与同伴合作的过程中，我们更应该好好做人，出了问题敢于承担责任，如果只是一味地推卸责任，又怎么去赢得同伴的信任呢？这样的行径，只能让同伴看不起。

刘易斯说过：尽管责任有时使人厌烦，但不履行责任，只能是懦夫，是不折不扣的废物。我们和同伴一起合作，走在同一条路上，是为了一个共同的目标。那么在这条路上，千万不要让我们的同伴认为我们是懦夫。

走上前来，勇敢地承担责任，你会发现，自己已经赢得了同伴的信任。

别打同伴的“小报告”

在与同伴的相处中，有一种最让人深恶痛绝的行径，那就是打“小报告”。古人说“明枪易躲，暗箭难防”。小报告之所以让人反感，就是因为它也是一支藏在暗处的箭，随时都会跳将出来，给人以致命一击，让人防不胜防。

说起来，“小报告”确实古已有之，只是古人的形容更为贴切，称“小报告”为“进谗言”。我们来解析一下“进谗言”这个组合词的由来：“进”字好解释，自然就是“说”的意思了，把自己心里的想法说给上级听，称之为“进”；“谗言”就是坏话。“进谗言”这个词的意思就是向上级说别人的坏话，我们来看，这是不是和“打小报告”有异曲同工之妙。

言归正传，我们还是来说“打小报告”。无论是在职场上还是在生活中，“打小报告”是非常“流行”的一件事儿。一些品行不端、居心不良的人会向上司打小报告，利用小报告来达成自己的一些目的。可想而知，这小报告的内容都是什么性质的。概括起来，小报告就是一种不正当的举报行为，或内容不正当、或手段不正当、或动机不正当，更或者兼而有之。总之就是一些五花八门，意在打击身边人的一种行为。

“小报告”最大的害处是往往会使“受害者”处于被动的地步。我们可以做一个假设：如果我们的同伴出于某种原因，在领导面前打我们的“小报告”，说我们在工作的时候三心二意，一点也不认真。说一次，领导没当一回事，他就再说第二次、第三次，直到领导相信为止。领导一旦相信，那么在他的观念里，我们就是一个工作三心二意的人，没有一个领导会喜欢在工作上三心二意的人。很明显，如果事情真成了这样，那我们将很难再得到领导的信任和赏识。

就算我们的领导是个像包拯一样的清官，可以断案如神。但是三人成虎，面对着太多对我们不利的说法，他又怎么能辨别得清？古人说，一句“谗言”可以亡掉一个国家，那么我们同伴的“小报告”也就一样可以毁了我们的事业和前途。

不用再细说相信大家也明白了，“小报告”是同伴相处中的一匹害群之马。身在职场，你肯定会在心里暗自祈祷：千万别有同伴向领导打我的“小报告”。好的，有了这种想法，证明你已经明白被人“打小报告”是一件多么让人头疼的事了，那么将心比心，你能去打同伴的“小报告”吗？

自然不能！打小报告不仅会让你和同伴之间心生嫌隙，影响彼此的信任，更重要的是，同伴不和，工作也很难顺利完成。如此看来，“打小报告”于公于私都不是件好事儿。

刘朋大学毕业后进了一家规模不小的连锁企业。因为是初来乍到，所以他很是低调，奉行少说话多做事的职场定律，勤勤恳恳兢兢业业。半年下来，和同事们相处得极为融洽，大家都很喜欢他。

但是好景不长，因为发展需要，公司做了一些人事变动，刘朋被调到了另外一个部门和一个女同事张萌共同负责一项工作，他的“噩梦”也随之而来。

张萌能力一般，仗着比刘朋早来公司一年，总喜欢以前辈自居，对刘朋指手画脚。不仅如此，工作中，她还喜欢把大量的工作交由刘朋来做。如果刘朋稍微露出一些不耐烦的表情，她就立马给刘朋脸色看，并向上级汇报此事。

多做工作刘朋还能忍受，他把这当作是锻炼自己的一次机会。但是对于张萌的小报告，他却烦不胜烦。

有一次，在两人合作过程中出了一项差错，这明明是张萌经手的，可她硬是给领导打小报告，说是刘朋出的错。并对领导言之凿凿，说刘朋是新员工，做事情的时候不免有些不够成熟，出了错可以理解云云。这无异于火上浇油，让领导对刘朋的看法极为不好。最后，还是领导找刘朋谈话时，他才知道了事情的来龙去脉。

面对同事的“小报告”，刘朋心中很是苦恼，原本对老员工张萌的那几分尊重，也都随之烟消云散。他也曾找领导谈过，但领导根本就不相信，反而认为是他对张萌有意见。刘朋一气之下，干脆就什么也不说了。不过在这之后，刘朋渐渐失去了工作的热情，凡是张萌要求他做的事，无论是公是私，他都一概置若罔闻。而张萌的小报告也越打越多，两人的关系越来越僵。

可想而知，两人的工作进度自然也越来越慢。在领导屡催无果的情况下，两人被双双辞退。

从这个故事里我们不难看出，打同伴小报告是一件多么笨的事儿。这不仅影响同伴，也影响自己，正如张萌那样，自以为是很聪明地搬起了石头，却一不小心砸到了自己的脚上，别人痛，自己也痛。

与同伴合作，双方能够相互信任是关键，只有相互信任才能使协调和沟通变得更为顺畅。如果总是打同伴的小报告，信任又从何而来？

第七种情境

婚恋：如何赢得爱人的信任

有人说，一个人就像是一扇贝壳，只有在茫茫人海中找到人生中的另一扇贝壳，才能孕育出美丽的珍珠。但找到了另一扇贝壳，真的就能孕育出美丽的珍珠吗？也未必！如果在爱情里面得不到爱人的信任，那一切都是枉然。如果你想被爱人信任，你首先必须使自己值得信任，不是一天，一个星期，而是永远。

分享喜悦，建立信任

美国纽约州立石溪大学社会心理学家埃特·阿伦说：“当有美好的事情降临到自己爱人的头上时，正是增进两个人关系的一个绝佳时机。即使两个人之间有些危机，也要抓住这个机会去称赞对方，并与其分享喜悦。”

有研究表明，在对待爱人的问题上，当双方中的某一方遇到开心的事或取得成绩时，是适时地与之分享还是表现出事不关己的漠然，将直接影响到双方的信任度。这不难理解，每个人遇到开心的事时，都希望能够与人分享，而自己的另一半，当然是最佳人选。

电影《甜心先生》中有这样一幕场景：当 JerryMaguire（汤姆·克鲁斯饰

演）终于在自己的事业上取得小小的成功时，他的第一个念头，就是期待着电话中传来妻子的声音，他在渴望着与妻子共同分享成功。也就在那一瞬间，他明白了，原来在自己的心里，能与所爱的妻子分享的成功，才是完美的成功。

爱人是我们人生中的另一个半圆，是我们每个人力量的源泉，给我们温暖，让我们感到平静。喜悦的时候，和爱人分享，我们才会得到安心和满足，才会感觉到这喜悦原来真的属于自己了。可以毫不夸张地说，在生活中，会与爱人分享的人，才算真正懂得与爱人的相处之道。

那么，你与爱人分享过自己的喜悦吗？你分享过爱人的喜悦吗？有时候，想要取得爱人的信任真的很容易。既然选择了你，那么就表示对方原本就已经信任你了，如果你能再适时地去分享一下对方的喜悦，让对方知道你一直在关注着他、关心着他。那么，再次拉近两人之间的距离，赢得爱人的信任，就绝对不是问题！

试想一下，当你的爱人获得一些小小的成功时，有你在身旁默默相伴，静静倾听，悄悄分享；有你可以让对方尽情挥洒出自己的喜悦和满足，那么在其心里，将会带来多大的成功后的满足感啊？可想而知，这其实也是一个良性循环，与你分享，予你信任。

小周和小胡本是同事，不料，在一次公司裁员的时候两人都下岗了。同事变成了难兄难弟，两人的友谊更是增进了几分。

下岗了，天天在家闲着也总不是个事儿，于是两人一合计，打算一起做点小买卖，先解决“温饱”问题再说。

啥小买卖？摆地摊。

说干就干，两人各自从商品城批了一些小商品，然后聚在一块，找了个人流量大的地方，开始自己做起了“老板”。

第一天，生意不错，收摊的时候，每个人都挣了几十块钱。小周和小胡心里高兴，干脆家也先不回了，找了个地方，两人又痛快地喝了几杯。等到分头回家的时候，都已经晚上十点多了。

小周回到家，发现爱人还没有睡，正在等着自己呢！于是老老实实地把白天摆摊的收入情况以及和小胡喝酒的事儿都说给了爱人听。末了对爱人说："老婆，你不会生气吧？我想到自己摆摊也能挣钱，不用你那么累挣钱养家了，心里高兴，就和小胡喝酒去了。下不为例！"

谁知爱人听了一乐："我干什么生你的气啊！老公又开始自食其力了，还做上了生意。虽然这生意吧，有点小，不过总算不错。我就知道你一定能做得好的，你到厨房去看看菜凉了没，我早就做好了一大桌子好吃的，等着分享你的成功呢！不过，我对你唯一不满意的地方就是，你没有第一个和我分享你的开心，而是跑去和小胡喝酒去了。"

爱人一通话说下来，小周心里那个乐啊！还有什么能比爱人这么体贴更让人开心的呢？于是飞跑进厨房端出了菜，笑着说："老婆，我记住了！那咱们现在来分享我的开心吧！"说完两人一起大笑。

小胡回到家里，爱人正在看电视。他喜滋滋地刚想告诉爱人自己今天的"战果"，爱人就对他吼了起来："你回来做什么？不是摆地摊去了吗？怎么喝的满身酒气才回来？"

小胡笑着对爱人说："今天去摆地摊，这生意还真好做，我和小周每人都挣了几十块钱，照这么算下去，一个月挣的比上班还多。我心里高兴，就和小周去喝了几杯。老婆，你也替我高兴吧！"

"我高兴？就你挣那几个钱儿，还不如人家小孙的老公加一个小时的班挣得多！还让我替你高兴？还是算了吧！算我倒霉，找了你这么个没用的老公！"

小胡愣住了。

第二天，小胡没去摆地摊。而小周则干劲儿十足，地摊越摆越大，最后干脆盘下了附近的一个店铺，真正做起了老板。

“分享的快乐是双倍的快乐，分担的痛苦是一半的痛苦。”大家看到了吗？学会分享喜悦，其实对于我们本身而言也是一种快乐。虽然也许只是一件小事儿，但是很多时候，你的爱人需要你去分享自己的喜悦。有了你的分享，对方就不会感觉自己是孤零零的一个人，就会充满了继续创造成功的激情。

当然，你的爱人也会对你更加信任！

把爱人当作艺术品来欣赏

在这里，我们首先要弄明白一个概念，什么叫作艺术品？一般来说，艺术品指的是艺术造型的作品，好的艺术品会有极高的欣赏价值和收藏价值。通俗地讲，艺术品就是让懂艺术的人从中观赏它的美丽，因为它总是会吸引人们的注意力。

好了，现在我们要说的是，为什么要把爱人当作艺术品来欣赏？

我们几乎每个人都将要或者已经经历过两个人的世界，经历过的人应该知道，两个人的世界是一个彩色的世界。无论是恋爱还是新婚，爱人在对方眼里都是美丽的，极具吸引力的。这个时候来打个比方，我们眼中的对方，是否就像是一件精美优雅的艺术品？当然是！如果是你，也许你还会说，就算是像艺术品，那也是最珍贵的艺术品，齐白石的虾、徐悲鸿的马，都不能堪比其一角。

正确！你如此认为，就说明你已经明白其中之味了。既然爱人是比艺术品还要珍贵的艺术品，那么你就必须学会去欣赏对方，让对方感受到你迷醉的眼光和怦然的心跳，这样才能经营好你们的这份感情。和欣赏艺术品一样，你越去欣赏对方，就越能肯定对方的好，你们也就越恩爱，你们之间的信任感也就会越强烈。

一件精美的艺术品有很多地方值得你去欣赏，正如你的爱人，也会有很多优点值得你去欣赏。千万不要觉得你的爱人没有什么地方可以让你欣赏，这是不可能的。只要你善于挖掘，对方的优点一定如同所罗门王的宝藏，挖之不尽。想想看，你的爱人不一定非得是才貌双全，有才有貌固然值得欣赏，但才貌也只会是对方优点的冰山一角。你的爱人也许温柔、也许高雅、也许细心、也许体贴、也许大方、也许勤劳……太多太多，真是让你欣赏不尽。

也许你一边欣赏着你的爱人，一边就会发出感慨：原来我的爱人是这么的优秀，以前的我真是井底之蛙，视角太窄了。

所以，如果你把爱人当作艺术品来欣赏，可以到达这一步的话，那么恭喜你。因为这个时候你的爱人也在欣赏你，也在信任你！

陈妈妈这几天非常焦虑，整天茶不思饭不想，连觉都睡不安稳。

原来也没有什么大事，只是在前两天，碰到了一个多年前的老邻居。这个老邻居刚好和陈妈妈的女儿小敏住在同一个城市的同一个小区里，从她的口中，陈妈妈了解到了一些自己从来不知道的事情。

那个老邻居告诉陈妈妈，小敏的日子过得并不好，原因是小敏的丈夫王先生是个旅游迷，没事的时候整天往外跑。他喜欢一个人开车出去打猎和钓鱼，一去就一两个月，把小敏扔在家里，很不负责任。陈妈妈听到老邻居这么说，不禁火冒三丈：以前自己就觉得不对劲儿，问过女儿，可女儿总是笑笑说没有事。现在看来，这女婿的毛病可不是一天两天了。自己不管，女儿该多遭罪啊！

说干就干，陈妈妈在第二天就坐火车来到了女儿家里。

听完妈妈说明来意后，小敏笑了："妈，您说得对，老王确实有这个习惯。可是，我不觉得这个习惯有什么地方不好啊？"

陈妈妈一愣："这还不算不好，一两个月见不着人，只管着自己玩儿，他那是不负责任！"

小敏说："妈妈，您别激动，听我给您慢慢解释。老王确实每年都会开车旅游一次，去爬爬山、钓钓鱼，时间大概在一个月左右。可是他这样多好啊！公司现在走上了正轨，不用他每天去看着，所以他选择了走进大自然。这样既可以锻炼身体，又可以增长见识。而且他每次回来，都会给我讲一些旅途中的趣事，如果不是我公司里走不开，我还真想一起去呢！妈，您说说，有这么一个有生活情趣的丈夫，我能不开心吗？"

"可是，他这一出门，不就没时间陪你了吗？你一个人在家多孤单？"

"没有啊，他每天都会打电话给我，向我说说他的情况。这不更显出他的细心和体贴了吗？有这样的丈夫，我很喜欢！"

陈妈妈不再说什么了，不过还在心里嘀咕：看来这个女婿还算不错啊！

后来，王先生知道了这件事，问小敏道："在你的眼里，我真有这么好？"小敏郑重地对丈夫说："在我看来，你是世界上最优秀的男人！"王先生哈哈一笑，抱着小敏说："那你就是世界上最完美的女人！"

看见了吗？在小敏的眼中，王先生是不是很像一件充满魅力的艺术品？在别人眼中的缺点，她都能够找到欣赏的角度，更不用说别人没有看到的地方。所以小敏是快乐的，因为她眼中的丈夫，世上无人可比。

俗语说"金无足赤，人无完人"，每个人都有缺点，但也都有优点。就像是维纳斯女神像的断臂，能掩饰住她的高贵和典雅吗？当然不能，会欣赏的人就会发现，她全身每一处都美，包括断臂。

把你的爱人当作是艺术品来欣赏，你也会发现，对方的全身都是优点。

当你认为这个世界上再也找不到能比自己爱人更美丽的艺术品时，说明你已经修炼成功。

恭喜！你也得到了爱人的信任！

男人，家庭责任一肩担

都梁在小说《血色浪漫》中有一句关于男人的话说得极为霸气：“人都有走背运的时候，是条汉子你就得咬牙扛起来。”想想也对，男人确实应该如此，尤其是家庭中的男人。

作为丈夫，男人是家庭中的顶梁柱，是女人的主心骨，更是女人疲倦时所依靠的一座大山。虽然生活中会有很多女强人，但是无论怎样，家庭都是一个男人必须承担的责任。请不要去推辞，这责任是造物主赋予男人独特的义务，是“天命所授”，是必须遵循的。一个男人可以没有名没有利，没有权没有势，但唯独不能没有家庭责任感。

那么在家庭中，什么才是一个男人应该肩负的责任？很简单：

家庭责任感就是男人应该善解人意，允许女人偶尔发发小脾气。

家庭责任感就是男人不会让女人伤心落泪，让她永远笑靥如花。

家庭责任感就是男人把所有的困难都揽给自己，让女人轻轻松松。

家庭责任感就是男人牵着女人的手，温柔地陪她走过春秋冬夏。

家庭责任感就是男人努力地挣钱养家，细心地教育孩子。

……

林肯曾经说过：“每一个人都应该有这样的信心，人所能负的责任，我必能负；人所不能负的责任，我亦能负。如此，你才能磨练自己，求得更高的知识，从而进入更高的境界。”作为一个有家庭责任感的男人，更应该有这样的心态。

在生活中经常会出现这样一种现象，不知大家留意了没有：当一个女孩子被问到要找一个什么样的丈夫的时候，她的第一回答一定是要找一个有家庭责任感的丈夫。只有一个有家庭责任感的男人，才会使女人安心地享受生活，才会使女人幸福快乐。

当然，也只有这样的男人，才会给女人足够的信任感。

听到小玲离婚的消息，所有的亲朋好友都大吃一惊，大家的同一个反应是：这怎么可能？

这确实好像有些不可能，小玲和陈海结婚已经三年了。在结婚前，他们就是人人羡慕的金童玉女。小玲不仅人长得漂亮，秀外慧中，而且有一份不错的工作；陈海也不差，英俊儒雅，斯文大方，在一家外企工作。两人是大学校友，结婚前已经谈了整整三年恋爱。

要说这样的婚姻出现了状况，确实让很多人都难以相信。小玲的闺密小慧第一个“杀”到小玲家中询问原因。小慧以前经常到小玲家里玩，和陈海也很熟，她实在想不出，老实的陈海哪里惹到了小玲。

“为什么会离婚啊？是陈海做了什么对不起你的事吗？”

“他倒是没有做什么对不起我的事，可是我很累！”

“很累？我不明白，这和离婚有什么关系？”

“小慧，你不了解陈海那个人，他太没有责任感了。他工作我也工作，可是，每天他下班以后，就完全像是变了个人，什么都不管不问。”

“怎么回事？”

“我也不知道，我只知道，自从我们结婚后，他从来没有做过一次饭，洗过一次衣服，擦过一次地，陪我逛过一次街。他把自己所有的时间都用在了玩游戏上，就连交水费电费这些琐碎活儿，他也从来不管不问。每次让他帮忙的时候，他总是说我一个人就行了，不要去烦他。我不知道我们两个当初是怎么走到一起的，居然没有发现，原来在生活中他是这么一个不负责任的人。你知道吗？当家庭所有的担子都压在一个女人肩上的时候，她会很累！”

“我理解，可是，你没有好好和他沟通一下吗？也许你们之间有什么误会！”

“没有误会，我问过他。他的想法是，家里有我忙就够了，而他只负责给我挣钱！即便是挣钱，他现在也是越挣越少，他从来没有想过多挣点钱来养家，只觉得够用就行！”

“这人是不行，真没责任感！”

“是啊，一个女人如果和一个没有责任感的男人在一起生活，会很累的！我现在越来越不信任他了，我知道，他不能带给我幸福的生活，只能给我带来无奈和心寒。所以我要离婚！”

在小慧和小玲的话里，大家明白了什么？如果你已经结了婚，你是否和陈海一样，抛弃了家庭责任？如果是，那你有没有仔细想过爱人的感受？

这些你都要去好好想一想，作为一个男人，你必须承担起家庭的责任，为了你妻子的幸福，也为了你自己的幸福。请记住，只有做一个有责任感的男人，你才能赢得妻子的信任，你们的小日子才能越过越甜，越过越美！

女人，做个贤妻良母

俗话说得好，每一个成功的男人后面，都有一个智慧的女人。这句话说得虽然不错，然而在现实生活中，成功的男人毕竟只是少数，大多数的男人其实并不算成功。那么，这句话是不是可以理解为：每个不成功的男人后面，都缺少一个智慧的女人？

当然不是！对于智慧的女人，我们可以有很多种的理解：有的精明强干，可以助夫成就事业；有的懂得生活情趣，总会制造浪漫；有的聪慧可人，懂得体会生活；还有的，任劳任怨，甘做贤妻良母……总之，智慧的女人有很多种，不同类型的智慧女人会帮助爱人成就不同的高度，但终归，她们都要从最根本做起。这个根本，就是营造好一个充满爱和信任的家庭。

很多女人或许不够精明强干，或许不够聪慧可人，但她们却依然可以成为一个智慧的女人。她们会用自己那份独特的细腻和勤劳，做一个贤妻良母，为自己的爱人营造一个宽松舒适的环境。这样的女人在生活中有很多，她们平凡却又伟大、大方而又聪慧，她们会用最平淡的方式赢得爱人最诚挚的信任。

在丈夫面前，她们是一个好妻子。为丈夫洗出最洁净的衣服，做出最可口的饭菜。她们事无巨细，把丈夫照顾得无微不至。丈夫没有想到的，她们早已想到，丈夫没有做到的，她们已经做好。不仅如此，她们还任劳任怨，默默地为丈夫付出。

在孩子面前，她们慈爱、伟大，把孩子的一切都打理得井井有条，丝丝入扣。丈夫上班累了可以回家休息，而她们上班累了还要回家去照顾孩子。但她们却从不说累，默默地为孩子付出。

太多太多，还需要我们再说下去吗？你肯定会说，不用了，我看得出来，做一个贤妻良母很累。是的，这就是中国式的贤妻良母，不仅累，而且还会很累。但是你还是要去做，因为在爱情里面，你不会感觉到累，你会为此赢得丈夫的尊重和信任。

有一个小故事是这么说的：

从前有一个小姑娘，她养了一只羊。小姑娘把羊当成是自己的家人，无论走到哪儿，她就把羊牵到哪儿。在她牵着小羊走的时候，那只小羊非常的温顺，它会静静地跟在小姑娘的后面，盯着她的脚步，踏踏实实在向前走。

而小姑娘手中的绳子，似乎永远不起什么作用。

有一天，当这个小姑娘又牵着自己的小羊走进村子时，被一个过路的小伙子看到。他觉得很有意思，于是走上前对小姑娘说：“喂，这是你的小羊吗？它可真听话，你走到哪儿它就跟到哪儿！但我敢和你打赌，它心里是不愿意跟着你走的，只是它被你用绳子拴着，才不得不如此。”

小姑娘微微一笑，什么也没有说，只是弯下身子，解开了拴小羊的绳子。随后，她自己大踏步朝前走去。

小羊见小姑娘一个人走了，站在原地“咩咩”叫了几声，随后跑起来追上了小姑娘，又跟在了她的后面向前走去。

小伙子很是惊讶，连忙追上小姑娘，问道：“真的很神奇啊，你是怎么做到的？难道真的是这只小羊有灵性吗？”

姑娘笑着说：“我和它每天生活在一起，我照顾它吃草，给它水喝。天热的时候我带着它在树荫下乘凉，天冷的时候我带着它在火盆前取暖。我把它当作是亲人一样来照顾，所以它信任我，愿意跟着我走。”

多么简单的道理，但却又有着多么深刻的内涵。如果把小姑娘比作是一个妻子的话，那么她就是一个典型的贤妻良母。她付出了，付出了自己最大的努力。她没有想过索取回报，她只是觉得，能够多为对方做一些事情是快乐的。所以，在不知不觉中，她收获到了对方的信任。

如果把小羊比作是一个男人的话，那么他是幸运的。他找到了一个世界上最好的女人，一个最出色的爱人，一个甘愿为他受苦受累的贤妻良母，所以他很幸福。可以看得出来，他对妻子的信任是发自内心的，不掺一丝怀疑的成分，也不需要绳子来强加捆绑。妻子走到哪里，他的信任就跟到哪里。

有了婚姻，不一定就有了信任，在爱情的世界里，往往也会充满太多不可预测的因素。但是，你去做好一个贤妻良母，多为丈夫付出一些，总不会是什么坏事。但一定要记住，把你的真心放在里面，丈夫就算看不到，也会感受得到。

也许你不是一个最有智慧的女人，但是多点付出，去做好一个贤妻良母，你便是一个值得丈夫信任的女人。

有包容、有理解，才有信任

有一句关于爱情的话是这么说的，爱情就像你手中的一把沙子，你握得越紧、攥得越牢，流失的速度也就越快，失去的也就越多。很多经历过情感波折的人都会有这种感觉，觉得用尽全力想把一份感情牢牢抓住，往往会适得其反，越抓越远。

这其实是一种错觉，不是说爱情不能去抓，面对自己将要得到或已经得到的幸福生活，谁不去抓紧谁是笨蛋。但是要怎样去抓，才不会使自己的爱情越来越远？这就要取决于一种“抓”的方式了，你既要抓住爱人的人，也要抓住爱人的心；要抓的很牢，但也要留下一丝空隙，把包容和理解填充其间，才会得到爱人的信任。

只有如此，你所抓紧的爱情，才不会像手中的沙子一样，越紧越流。

大家仔细想一想，你有没有做错事的时候？你有没有头脑发热一时冲动的时候？你肯定会有，因为圣人还常说“人非圣贤，孰能无过”，更何况你只是一个有着七情六欲的平凡人。你有过这种情形，你的爱人也有过。那么，再想一想，在面对这种情形的时候，你是怎样对待对方的？

是患得患失，唯恐对方的错误会影响到你们的感情生活而大吵一通，以此把感情牢牢抓住呢？还是以包容和理解的心态去面对你的爱人？不同的方式，得到的结果也一定截然不同。

不信？来看两个小故事。

故事一：

小静是个很有福气的女人，连妈妈都这么说。

大学一毕业，小静就结了婚。丈夫不仅人长得阳光帅气，而且温文尔雅，十分懂得体贴人。在结婚第二年的时候，他们的孩子呱呱坠地了，这为他们幸福的婚姻生活又增添了一分色彩。但是一件小事，却影响到了他们的幸福生活。

事情是这样的，有一天，晚饭后小静和丈夫一起到小区附近的公园散步，正好遇到了丈夫的一个老同学。多年未见，两人很是开心地站在一块闲聊了一会儿。

这本来是一件小事，但巧的是，那个老同学正好是丈夫以前的女朋友。丈夫老实，在女同学离去之后，就把自己和她的过去一五一十地告诉了小静。他觉得这事不应该瞒着小静，更何况过去那么久了，小静能够包容和理解。

那知小静一听，就来气了，“前女友，这么巧就在公园里遇到了，你们约好的吧？”

丈夫着急地说：“瞎说什么呢？我们一直都没有联系，怎么可能约好？再说，我和她早就过去了啊！”

“过去了？我看你根本就没有忘记她，看你刚才兴奋的样子！你对她的感情，一定比我深吧！这次约在公园见面，是不是想重归于好？”

丈夫也不高兴了，说：“你真是蛮不讲理，我告诉你这些事，是以为你能理解和包容我的过去。哪知道你会这么想！谁还没有个过去？”

小静更气了，吵道：“她是你过去的女朋友就不行！你以前没有和我说过这事，从一开始就欺骗了我！”

……

一通大吵之后，两人都带着一肚子的气回家了。在家里又吵了一架，这才罢休。但这件事的阴影却深深地留在了他们的心里。家里的气氛再也不如以前和谐了，丈夫对小静的信任，也似乎少了不少。

故事二：

故事的前半部分和第一个小故事相似，也是一家三口，丈夫体贴入微，妻子善解人意，孩子刚在呀呀学语，聪明可爱。这样一个家庭，走到哪儿，都有人羡慕。

但是这段时间，细心的妻子小荣却发现丈夫有些不太对劲儿：下班回家，丈夫和自己的话少了，总是一个人闷在屋里。而且还老是有些心不在焉，看自己时眼神飘忽，躲躲闪闪。

小荣意识到，自己的婚姻出现问题了。

这天，趁丈夫上班不在家，小荣偷偷打开了丈夫的电脑，在他的电脑里找到了一封电子邮件，是一个女人写来的：“这几年还好吗？我很想你……当初和你分手之后，我才知道，自己根本就无法再去爱上别人，你在我心中的位置没有人可以取代。我不管你有没有结婚，我都要去找你，和你在一起，找回我曾经不小心弄丢了的爱……”落款为雪。

小荣心里一阵绞痛，怎么会这样？为了弄清楚事情的真相，她找到了丈夫的铁哥们儿，从他口中了解到丈夫在大学时确实曾经和一个叫作雪的女孩相恋过。而且当时两人的感情很深，甚至计划好了一毕业就结婚。只是由于家庭和工作上的原因，两人不得不分手。

知道了真相，小荣哭了。自己该怎么办？去骂丈夫，还是去找那个女人吵一架？好像都不能，因为从丈夫的言行中，自己明明看到了丈夫的挣扎。小荣强迫自己冷静下来，好好想一想，会有办法的。

是有办法，小荣选择了一个最笨，也最为理智的方法，那就是去包容和理解自己的丈夫。她相信，只要丈夫心里还在爱着自己，自己的包容和理解丈夫一定看得到。

她不吵不闹，反而对丈夫比以前更加的体贴和温柔。在那个叫雪的女孩找上门来的时候，她笑脸相迎，热情招待，为她准备了一大桌子丰盛的晚餐。并告诉她，自己爱孩子，爱丈夫，也爱这个家，现在过得很幸福。她甚至借故带着孩子出去，给丈夫和那个叫雪的女孩子留下了交谈的机会。

丈夫感激地望着小荣出门时的背影，静静地对雪说："这几年我过得很好，我很庆幸，自己能找到一个这么好的妻子。"雪也说："是啊，你有一个好妻子，我祝福你们。"

大家看到了吗？在婚恋的课堂上，用包容和理解来赢得爱人的信任，实在是一个最聪明的方法。虽然这个方法也会让人觉得有点笨，但只要你肯，你就能够用这个聪明的笨方法紧紧抓住你的爱情，抓住你精彩的生活！

多一些爱，多一份关怀

总听一些夫妻没事儿的时候喜欢念叨：夫妻本是同林鸟，大难临头各自飞。真的是这样，在困难来临的时候，夫妻二人便各奔东西了吗？当然不是，相信冯梦龙先生在《警世通言》中说这句话的本意也并非如此，他只是想告诉世人，夫妻之间如若能多一些信任，那么在"大难"临头的时候，也能共同承担。

其实在前面我们已经提到了很多增进夫妻或者恋人之间信任的方法，但说到底，我们不能忽略了最根本的东西，那就是对爱人的爱和关怀。无论是初尝爱恋甜蜜的少年男女也好，还是已经在婚姻之路上跋涉多年的夫妻也罢，对方的爱和关怀，没有人会嫌少。

在生活中，时间越久，我们就越会有一种感觉，似乎在不知不觉之中，恋人之间没有那种激情炽烈的爱意了，夫妻间的爱河也越来越趋于平静，波澜不惊。我们不禁要问，这到底是怎么了？难道从爱到不爱，是爱人之间必然的归宿？我们不解，也不能接受。

那么，我们就要寻找到解决的方法。

爱人之间的生活，不可能像韩剧里的肥皂泡那般既鲜艳又轻盈，在现实生活中则是平淡多于惊喜。于是很多人在平淡中慢慢就习惯了，习惯了上班下班，习惯了闲时放松累时休息，也习惯了两个人之间一如既往。当然，这种习惯我们不能说不好，事实上，太多太多的爱人之间都是如此。但是，我们却忘记了在自己身旁的那颗心，其实是一直在盼望着我们能多给予一些爱和关怀。

没有人会嫌爱人给自己的爱和关怀太多，只要你肯给，你的爱人定会“来者不拒”。被人爱和关怀的感觉多好啊，可以让累的心情放松，让累的身体倚靠，当然，也可以让你从一分慢慢增为十分。有了爱人的爱和关怀，又有谁会愿意在大难临头的时候各自飞去呢？

通常来说，爱人之间的关怀，女性靠的是自己的温柔和善解人意。女性朋友只要多用自己这方面的天赋去细致入微地照顾自己的爱人，就不难使对方感受到自己的心意；而男性朋友对待自己爱人的爱和关怀，就需要强烈一些了，需要直截了当地让对方明白自己的心意。

总之一句话，爱人之间的爱和关怀就是一种爱情添加剂。它可以直接增进两个人之间的信任，为夫妻之间的二人世界增彩增色。

刘艺的梦想是当一名作家，虽然现在还功未成，名未就，离一个知名作家还很远，但他却生活得很快乐，因为他有一个温馨的家。

作家这个梦想，很多人都有过，但具体做起来的时候可就很困难了。这不，这段时间刘艺就是如此，他整天窝在家里爬格子，虽然也时有文章见诸报纸刊物，但始终觉得离梦想还很遥远。这样的情形使他异常烦躁，经常无故发火。

妻子小薇明白他的心情，对他总是温言软语，照顾得体贴入微。

忽然有一天，刘艺很意外地收到了一个朋友从南方寄过来的小礼物。礼物很小，但是刘艺还是激动得眼睛里闪现出了泪花。看到这种情形，小薇心中一动……

从这以后，刘艺每隔一段时间总能收到一些小礼物，虽然后面署名不详，但他心想：寄礼物的肯定是我的朋友，因为不愿意让我回赠才这么做的。

这样想着，刘艺收到礼物的时候就安心多了。但是小薇看得出，每次收到礼物，刘艺总能开心好几天，写文章的速度也快了很多，质量也好了很多。

情人节到了，刘艺居然收到了一束玫瑰和一张贺卡，贺卡上面写满了滚烫的情话，刘艺看得是满脸通红。他无奈地对小薇说：“老婆，这是怎么回事，我也不知道，你可千万别误会。”谁知小薇狡黠地一笑：“我才不会误会呢，我信任你。更何况，有人暗恋我老公，说明我有眼光啊，我高兴还来不及呢！”

看到妻子如此大度，刘艺心中一暖，想到这段时间自己的不近情理，大是羞愧，不禁紧紧地抱住了自己的妻子。

然而怪事却并没有到此结束。在深秋的时候，刘艺居然收到了一个哥们儿送给自己的一件毛衣。看那牌子和工艺就知道绝对不是便宜货。刘艺知道自己这哥们儿是一个马大哈，要说送给自己一瓶酒还差不多，可是在深秋送毛衣，就有点近乎于太阳打西边出来了。

于是，在一个小饭店里，刘艺对那哥们儿进行了“言行逼供”，最后架不住两瓶白酒的猛灌，哥们儿道出了实情。原来，小薇心疼刘艺天天把自己闷在家里，刚好那天看到他收到朋友寄来的小礼物很是开心，就想出了一个办法：借“朋友”的手来送一些小礼物给刘艺，期望他能够开心快乐起来。那情人节的鲜花和毛衣都是小薇送的，目的只有一个，让刘艺走出困境，快乐起来！

最后那哥们儿醉醺醺地说：“老刘，真羡慕你啊，不知道你小子是几世修来的福气，竟然能找着一个这么爱你和关怀你的老婆！你……”

后面的话刘艺没有听清楚，他已经开始往家里赶了。这个时候，他只想回家抱住小薇，轻轻地告诉她：“谢谢你对我的爱，谢谢你对我的关怀！我从来没有像现在这么开心过！”

如果你是刘艺，你感动吗？你开心吗？你会对自己的爱人百般信任吗？当然会！人生最大的幸运不是你有多少的钱，也不是你有多么出名，而是你有一个在背后默默爱你、关怀你的爱人！

第八种情境

交际：如何赢得陌生人的信任

现在的社会，是一个由人脉组成的社会。我们要想拥有丰富的人脉关系，那就必须学会与陌生人打交道。在那些我们想要认识的陌生人中，有的事业有成、有的满腹经纶、有的重情重义、有的风趣幽默……我们知道，这些人都是我们一生中最宝贵的财富，必须牢牢抓住。那么，我们应该怎么做，才能让这些人喜欢我们、信任我们呢？这其实一点也不难……

“战前热身”要到位

很多人害怕与陌生人交往，在他们看来，与陌生人的沟通和交流是一件比登天还难的事情。在与陌生人交往前，他们常常会心生忐忑：我该怎样和他们说话，才能在第一时间得到他们的信任？我与他们说话，他们对我不理不睬怎么办？这是典型的“交往恐惧症”，可以理解。

的确，与陌生人的交往，是编织我们人脉关系的第一步。如果我们做得到位，就可以在短时间内积累起一张人脉大网出来；如果我们做得不到位，那么再辛苦也是枉然。所以，如何与陌生人交往，如何取得陌生人的信任，是我们处世的首要一课。这也无怪乎很多人会有“交往恐惧症”，关心则乱嘛！

但是，很多人怕与陌生人交往，他们最关心的问题是如何与陌生进行语言上的交流。却不知道，打从他们第一眼见到陌生人起，这场“交往大战”已然拉开了序幕。很多我们平常不太留意的细节，在这个时候都成了战前的“热身运动”。比如形象，比如举止，虽然这些只是细节，但却依然会“润物细无声”。很多时候，赢得陌生人信任的重要因素恰恰就是这些看似无关痛痒的细节。

关于这些细节，我们在前面也曾讲过。现在，就不再着重叙述，用事例来讲：

曾经有位心理学家做过一个实验：他分别让一位西装革履、文质彬彬、手持公文包，一副学者模样的青年人；一位打扮得青春靓丽的漂亮女孩；一位穿着一般、满脸疲惫、无精打采的中年妇女以及一位打扮得花里胡哨，穿着怪异的青年男人在路边等着搭顺风车。结果是，学者模样的青年人和漂亮女孩最容易搭到车，中年妇女次之，而那位打扮得很怪异的青年男人，则一直搭不到车。

这个实验向我们说明了一个道理：对于陌生人之间的第一次见面，形象起了很大的作用。换种说法就是，我们的形象让别人看得顺眼，就已经拉近了彼此间的距离；反之，就会给陌生人很大的反感。想要赢得他们的信任，自然也无从谈起。

除了形象之处，与陌生人交往前的另一个细节就是举止。当然，举止包括很多方面，有眼神、握手、拥抱、微笑等等。在这里，我们以一个微笑为例，来说明行为举止在与陌生人交往中的重要性。

在与陌生人交往的过程中，很多人显得不够自然，不会微笑。其实，不会微笑的面孔，就只会给人冷冰冰的感觉。第一次见面，无论是谁，无论他有多么深厚的涵养，也不喜欢看一张冷冰冰的脸。在与陌生人见面的时候，你会微笑吗？要记得，如果你不会微笑，你传递给别人的潜台词就是：我不喜欢你！请问，这样一来，你还能得到别人的信任吗？

这就是微笑的力量。美国密西根大学心理学教授克尼尔博士曾经说过："面带微笑的人，比起紧绷着脸孔的人，在经营、贩卖以及教育方面，更容易获得好的效果。微笑比紧绷的脸孔藏有更丰富的情感。"我们还认为，克尼尔博士的话现在应该做一个拓展，那就是，微笑在所有人的面前，都能获得好的效果，包括在陌生人之间。

微笑其实是一种心灵的放松和坦然。在与陌生人交往的时候，先给对方一个灿烂的微笑，你自己放松了，对方也就放松下来了。也许还未开口说话，你的心灵放松了，就已经赢得了别人的信任。

我们再来看一个小故事：

在西班牙内战时，有一位普通军官在战场上不幸被俘，被关进了监狱。很快消息传来，他和一批战俘将被执行死刑。

这是一位年轻的军官，在真正面临死亡的时候，他胆怯了。在即将被执行死刑的前一夜，他惊慌失措，翻遍了全身，想找到一根救命的稻草。但遗憾的是，他只找到了一根皱巴巴的香烟。他想抽上一口，舒缓一下自己的恐惧，可是却没有火柴。火柴早在入狱的时候就已经被没收了。

没有办法，他只好拖着沉重的身躯走向窗口，那里，一个看守的士兵正在抽烟。

他恳求士兵，说尽了好话，那个士兵才面无表情并且极不情愿地掏出了火柴。在士兵划着火柴，隔着窗户给他点烟的时候，就着淡淡的火光，他给了士兵一个灿烂的微笑。那微笑里虽然包含着无尽的苦涩，但却是发自肺腑的感激。士兵不由得一愣，拿着火柴的手微微颤了一下，然后，回给他一个微笑。

他的这一个微笑，竟然奇迹般地拉近了两人之间的距离。在接下来的时间里，一个在监狱里，一个在监狱外，两个人竟然聊起了天。从各自的家乡谈到自己的亲人，从战争谈到了各自的理想，从生谈到了死。谈到最后，他们居然还互相传看了各自珍藏的家人照片。当天亮的时候，他们都已经赢得了彼此的信任，成为了朋友。

当然，这位年轻军官的死刑没能执行下去，因为那个士兵，那个他用一个简单微笑交到的朋友，在别人不注意的时候，悄悄放走了他。

不要因为是陌生人而不去微笑，很多时候，一个微笑，和生命一样有价值。

说了这么多，大家也应该明白了与陌生人交往“战前热身”的重要性。虽然这些只能称之为细节，但你一定要记住，细节也可以决定成败。

不要让这些不起眼的细节影响了别人对你的信任。

将自己塑造为“成功人士”

在选择交往对象的时候，我们都会有一种普遍的心理，那就是与优秀的人交往。因为与优秀的人做朋友，可以使我们也变得优秀。古人不是说了吗？“物以类聚，人以群分”，还说“近朱者赤，近墨者黑”，其实都是这个意思。就连孟母也明白这个道理，所以才会有“孟母三迁”的故事。

有这种心理也是人之常情，想想看，又有谁不想自己的朋友是高官显赫，大富大贵之人呢？朋友是成功人士，就算不能帮助提携我们，至少也给了我们一个超越的动力，让我们可以大步向前追去。当然，朋友如果是成功人士，我们从心里面也会有那么一种小小的虚荣感。生活中总能听到这样的话：“嗨，某某市长是我的朋友，我们上个星期还在一起吃饭呢！”

说来说去其实就一点，人往高处走，水往低处流。交朋友的时候，无论是谁，都想交到优秀一些的成功人士作为朋友。在我们与陌生人交往的时候，他们也希望可以和成功人士做朋友。

但因为是初次见面，谁也不了解谁，所以见面时的相互介绍就很重要了。我们要想得到陌生人的信任，不妨在介绍自己的时候适当夸大一些,把自己塑造为一个“成功人士”，这样一来，就可以更容易一些赢得别人的信任。

但是，我们所说的把自己塑造成为一个成功人士，不是说一定要把自己说成是李嘉诚或者是马化腾，这样说别人也一定不会相信。我们只是要在自己真实能力的基础上，适当地做一些润色，做一些美化，这样一个“成功人士”的形象就呼之欲出了。请一定要记住，是在真实能力的基础之上，而不能胡编乱造。

如果是胡编乱造的吹嘘，那就等同于去说假话骗人，这样的做法到头来不仅得不到别人的信任，反而会被知道真相的人嗤之以鼻，拒绝与之交往。

小猴子虽然只是做着一些小生意，但是在森林里却有很多朋友，小猪很羡慕，就去请教如何能够多交些朋友的方法。小猴子欣然答应，决定带它到森林深处走一圈，实战演示。

一大清早，小猴子和小猪就开始了旅途，它们第一个遇到的是小兔子。小兔子是长跑运动员，早上的时候喜欢在森林的边缘练习跑步。小猴子看到小兔子跑过来，满脸微笑地迎了上去，说：“嗨，小兔子，你好。你跑步跑得真快，像一阵风一样，我差点就没有看清。”

小兔子被赞扬，很是开心，连忙回答说：“哪里哪里，我这还差得远呢，还需要多加练习。对了，我是长跑运动员，你是做什么的呀？你们这是要去哪里？”

小猴子说："我是一名商人，带着我的朋友去森林里办点事。"

小兔子羡慕地说："商人呀，那可是了不得的人物。你一定很有本事，我们交个朋友吧！

小猴子和小兔子开心地交换了名片，成为了好朋友。

小猴子和小猪第二个遇到的是小松鼠。小松鼠正在树上爬上爬下地采摘果子。

小猴子大声对小松鼠说："嗨，小松鼠，你好啊！你爬树的速度真快，技巧也好。我当年拿爬树冠军的时候，也没有你这么快。"

小松鼠眼睛一亮，停下来说："你拿过爬树冠军啊，快给我讲讲！"

于是，小猴子对小松鼠讲起了自己上大学时得爬树冠军的事。半个小时之后，小猴子和小松鼠也成了好朋友。

小猪感觉自己似乎明白了些什么，就问小猴子说："我怎么感觉你在给别人介绍自己的时候，都是一个成功人士的形象呢？"小猴子哈哈一笑说："你看出来了啊，这证明你已经学到和陌生人打交道的诀窍了。想要和陌生人成为朋友，让陌生人信任我们，就得让他们看到我们成功的地方。"

小猪说："可是，如果像我一样，没有什么成功的地方呢？怎么样把自己说成一个成功人士？胡编乱造吗？"

小猴子说："谁说你没有成功的地方？每个人都有成功的地方，就看你怎么去发掘自身的长处了。如果你找，就肯定会有。我们可以把自己的长处，稍稍扩大一些，这样就可以变成'成功人士'了。但一定要记住，绝对不可以胡编乱造。"

小猪谨记小猴子的方法，果然没用多长时间，也交到了很多的朋友。

把自己塑造成为一个成功人士，从根本上就已经拉近了和陌生人之间的距离。你让他们看到自己成功的地方，他们就会想：认识你真是一件很不错

的事情。因为每个成功人士都必定有自己的过人之处。

你给自己塑造的“成功”，已经紧紧抓住了他们的心。他们会很愿意和你交往下去，认识你，了解你，成为你的好友。可以说，你把自己塑造成为“成功人士”的这一步，已经赢得了初次交往对象的信任。但是千万要记住，一定不可以毫无事实依据地吹嘘和编造，这样只会适得其反，让人反感。

注意你的说话节奏

什么是说话的节奏？

科学地讲，说话的节奏就是在说话的时候，由于不断地发音与停顿以及说话速度的快慢而形成的音量强弱的变化。

与陌生人交往，因为彼此间还不熟悉，除了前面讲的几点之外，要想使我们说的话为对方所喜欢，就得注意自己说话的节奏。打个比方，说话的节奏正如钢琴曲中的节奏，说话者只有注意了节奏，才能够随意挥洒，弹奏出一曲动人心弦的高山流水。

再举一个简单点的例子，一首看起来极为平常的诗歌，为什么由播音员朗诵出来，就会具有很强的感染力？这也是因为加入了富有感情的节奏。当然，这并不是要求我们在与陌生人交往的时候要像朗诵诗歌那样与人说话，毕竟现实生活不是舞台，如果真的那样说话，怕是会把别人吓得落荒而逃。我们所要注意的节奏没有那么夸张，只是需要注意自己的语气和速度，让别人能够听得懂我们说的话，喜欢我们说的话，仅此而已。

但是在生活中，很多人在与别人说话的时候根本就不考虑说话的节奏，无论说什么话，都用相同的节奏说出来，甚至连语句中的停顿也不带，一句话一气呵成地说出来，让别人听完之后还在发愣：他到底说的是什么？如果是这样的话，那么怎么可能很好地与别人交流，赢得别人的信任？

来看一个小故事：

小郑是个体育迷，对于各种球类比赛，他是场场不落。只是很可惜，这次世乒赛期间他还得照常上班，只能望“球”兴叹。

这天下班途中，他遇到一群学生正在看路边大屏幕中的球赛重播，实在心痒难耐，于是走上前去问道：“这场比赛最后是哪个队赢了？”一个学生一边看一边回答他说：“中国队大败日本队获得冠军！”小郑一愣：中国队大败？不对呀，他听说的好像是日本队败了！到底是中国队败了，还是日本队败了？

这个问题吊在心里还真别扭，于是，他只能再去问别的学生，才知道原来是中国队胜了。

这个学生说的话之所以让小郑难以明白，其原因就是因为他没有把握好自己说话的节奏。他一高兴，一句话从他的嘴里呼啸而出，他本人是明白自己说的是什么意思，可是别人呢？想想看，假如我们在与别人说话的时候也是如此，一句话总得要说上两三遍别人才能明白，那么不用想，用不了多长时间别人就会不耐烦了，会早早地结束与我们的谈话。如此，我们还怎么去赢得别人的信任？

那么，在与陌生人交往的时候，我们应该把握住什么样的说话节奏，才能让对方喜欢与我们交谈呢？

首先，是不能像上面那位学生那样，一口气把一句话说完，让别人无法理解我们的意思。而是应该在说话的时候稍加停顿，使自己说话的节奏变得抑扬顿挫，让别人一听就明白我们的意思。

其次是话不能说得太快，像打机关枪一样不给别人一点喘息的机会。这样说话，会把我们语言中的味道全部打散了，让别人一点也提不起听的兴趣来。

最后一点，是和上面一点相反，说话的时候不能太慢。有些人是慢性子，说话的时候慢条斯理，就像挤牙膏，半天也不见得能挤出一点儿来。这样的说话方式，会让听者心急火燎，急于想知道你的下文，可是等了半天也没有，最终失去了听你说话的兴趣。

与陌生人交流，正确的说话方式是，要把握好说话的快慢节奏，该快的时候快、该慢的时候慢、该停的时候停、该顿的时候顿，形成像音乐一样的节奏。这样一来，对方会感觉听我们说话，就像是在欣赏音乐一样。在无形之中，他们就会喜欢与我们交流，从而对我们产生信任感。

小A和小B同是某家房地产公司的业务员，两人同一天入职，能力也差不多，但奇怪的是，小B的业绩在很短时间内就一路飙升，而小A却一直是原地踏步走。这样的情况让小A闷闷不乐，百思不得其解。

这天，小B又成交了一个客户，小A一看，好家伙，这个客户曾经是自己的销售目标，当初自己费尽唇舌，用尽全力也不能让其购买房子，怎么才几天工夫，他就又决定买房子了？难道说，他和小B是亲戚？带着这样的疑惑，在小B的客户离开之前，小A和他聊了起来。他想知道，自己的毛病到底出在哪里。

一聊之下，小A才恍然大悟。这个客户对小A说：“其实第一次你接待我的时候，我就打算买房子了。只是你说话太快，一点也没有节奏。老实说，你给我介绍完房子之后，我根本就什么也没听明白。我不知道房子是好是坏，优惠在哪里，怎么去买？而小B则不一样，他说话很流畅，很富有吸引力，听他给我介绍房子，简直如身处其中，所以，我就在他那里买了。”

小A明白了，说话没有节奏，让对方听不明白，是自己得不到客户信任的原因。他改正了这个缺点，很快，客户也和小 B 一样多了起来。

看到这里，你明白了吗？在你和陌生人说话的时候，千万要注意自己说话的节奏。不要因为毫无节奏的说话而影响了你们之间的交流。

有调查表明，初次见面，说话方式在很大程度上会影响对方对自己的判断，而谈话内容留给对方的印象却在其次。说话有节奏的人，会给别人沉稳的感觉，也会更容易赢得别人的信任。

“小”称呼里有“大”学问

称呼这个东西，放在与人交往的诸多礼节当中，应属最小一级的“官衔”，可是千万不要小看这么一个小小的称呼，在与陌生人的交往中，它有着很大的学问。

中国具有五千年的文明史，素有“礼仪之邦”之称，中国人也以其彬彬有礼的风貌而著称于世。而见面对人称呼，则正是一种礼仪，一种显示对人尊重的礼仪。在我们与陌生人交往的时候，称呼事小，兹事体大，恰好能显示一个人的修养与内涵。可以说尊重与否，尽在一个小小的称呼之中。

聪明的人在与陌生人交往之时，都会用一个恰当的称呼叫得对方喜笑颜开。话还未谈，一句暖人心的称呼，已经在不知不觉中拉近了自己与对方的距离。古人说“兵马未动，粮草先行”，如果说和陌生人交往是“打仗”，那么称呼就是这场战争的“粮草”，“称呼”工作做得好，则这场大战未打，就已然胜了三分。

恰当的称呼会让对方觉得受到了尊重和重视，有些称呼还会使对方感觉受了赞扬。我们可能都会有这样的体会，别人的一声“大哥”，让我们觉得对方是自己的兄弟；别人的一声“姐姐”让我们心喜半天，感觉自己还很年轻……很多很多这样的例子，全是称呼得当的妙用。

可是，既然称呼这么奇妙，可以拉近人与人之间的距离，每个人也都知道了去称呼别人，那么为什么还要说，称呼是与陌生人交往的一门大学问呢？这就牵扯到了一个称呼得当与否的问题，恰当的称呼能叫得别人心里发甜；而称呼不得当，效果则会恰恰相反，会让别人反感，更不用说赢得别人的信任了。

我们来看：

小王今年刚大学毕业，找到了一份不错的工作。上班的第一天，他就告诉自己，一定要处理好与同事之间的关系，只有同事之间关系融洽，自己在这个公司里面才会有前途。所以遇到公司同事的时候，他一概都是以笑脸相迎，再加亲热的称呼。可是没有想到，他却为此得罪了一个人。

原来，他见到男同事的时候都叫大哥，见到女同事的时候都叫大姐。其他人都乐呵呵地接受了，觉得没有什么，有一个女同事却不高兴了：“他叫我什么不好啊，叫我大姐，我长得虽然不漂亮，但却也没有那么老啊！就是叫声姐姐，也比叫大姐强上一百倍啊！”这个女同事如此对自己的朋友说。

很显然，小王的这个称呼，已经得罪了这个初次见面的女同事了。因为他的一声“大姐”，让别人误以为他是在说人家看起来面相显老，伤了别人自尊心。就算小王根本没有这样的意思，可是人家既然误会了，那就是真的。一个小小的称呼，让小王在这个女同事眼里的第一印象变得很差，自然，他也无法得到这位女同事的信任。

再来看一个小故事：

小刘也是一个刚走上社会的大学生，他所在的是一个事业单位。上班的第一天，他就感觉所有的同事都很严肃。进而他想到了，对于同事的称呼也是一个很严肃的问题，一定不能在这个问题上出错。但是怎么叫呢？

他思前想后，终于想到了个巧妙的方法，因为自己是新人，那就称呼所有的人为“领导”。不管对方是不是真正的领导，也都是自己的前辈，这样一来，就绝对不会在称呼上出错。他揣摩同事们的心理，觉得想当领导是每个人的天性，没有人不喜欢被别人称为领导。最重要的是，这对所有的同事都是一视同仁，没有人会觉得自己虚伪。所以综合起来，这招一定可行。

果然，他如此称呼同事，很快得到了同事们的好感，赢得了他们的信任。

做到对陌生人开口称呼很容易，但是，要想对陌生人有个正确、恰当的称呼就不那么容易了。这是一个细心的工作，它不仅反映着我们自身的教养、对别人的尊重程度，更体现了我们与陌生人交往时的反应机敏度。

要想在称呼上赢得陌生人的信任，我们一定要分清场合，注意在生活中、在工作中、在外交中对待不同身份的陌生人的不同称呼。对一些禁忌要多去了解，认真区分。例如，对于没有结婚的女士我们不能称之为夫人，对于局长我们不能错称为科长。如果这样去称呼别人，非但不能拉近与陌生人之间的距离，反而还会引得别人对我们反感。

很多称呼要因人而异，不是一成不变的。就像前面我们讲的用“大姐”去称呼那个年轻女孩一样，一旦叫错，会立刻失去别人对我们的信任。这点不得不认真对待。

总之，当面对陌生人的时候，我们一定要慎之又慎，用恰当的称呼来与对方展开话题，真呼其名就不用说了，称呼的合适程度一定要把握好。只有用恰当的称呼叫到对方心里，才能在瞬间赢得对方的好感和信任。

俗话说“嘴甜的人不吃亏”，我们可以用最恰当的称呼赢得对方的信任。亲爱的朋友，你学会了吗？

说话“投机”是关键

有句老话是这么说的，“话不投机半句多”，可见与人交往，说话投机是关键。所谓说话投机，是指在说话的时候彼此间能够找到共同的话题或爱好，相互吸引。在人际交往中，尤其是和陌生人见面的时候，说话“投机”往往能够博得对方的好感，赢得信任。

想要和陌生人谈得来，说得到一块儿去，并非一定要真正寻找到双方的共同爱好才行。这个道理很简单，人生在世，我们该会有多少真正感兴趣的话题？而且有些话题我们感兴趣，对方则不一定喜欢听。所以在与陌生人交流的时候，我们一定得记住，要以对方为主，发掘一些对方感兴趣的话题来与之交谈，这样我们才能与对方“投机”。

有些人肯定会问了：大家第一次见面，我们又怎么会知道别人对什么样的话题感兴趣呢?

这个问题问得好，这是关键。但是，要解决这个问题却一点也不难。在我们刚一开始与对方接触的过程中，会有大量的信息向我们涌来。对方的一句话、一个眼神、一个细微的小动作，都有可能是信息的来源。他们会通过这些细节来告诉我们自己真正感兴趣的话题。只要我们认真地捕捉这些信息，再综合地分析处理，就不难找出我们想要的答案。

真正能够轻易捕捉别人想法的“高人”在生活中并不少见，想想也是，古装电视剧里那些皇帝身边的近臣，哪一个不是此中高手？我们虽然不喜欢那些人，但却不得不承认，在与陌生人的交流中，那些“随机应变”、“察言观色”、“见风使舵”的本领，确实是找到共同话题的好方法。

可不是嘛，从细节中发现对方的喜好，然后就到什么山头唱什么歌，什么样的水性过什么样的河。顺着对方的兴趣走，总能让对方喜出望外。这时候我们会给对方一种感觉：我不是在与陌生人交流，而是在看电视，在收看我最喜欢的频道。这样一来，是不是很容易就拉近了两人之间的距离，赢得对方的信任？

可想而知！

我们来看看一些高手是怎么做的：

比恩·崔西是美国一位很有名气的图书销售高手，他曾经放出豪言："我能让任何人买我的图书。"他为什么这么有信心？事实上，他的信心来源于自己一套高超的与陌生人交流的技巧。他永远都知道，面对陌生的客户时，该怎么样找到对方的兴趣点。

有一天，他出去推销图书时，遇到了一位非常难以应付的客户。当那人耐着性子听完崔西的自我介绍，得知他是一名推销员的时候，脸立马就沉了下来，毫不留情地对他说："小伙子，我劝你还是省点时间吧！我是不会听你的鬼话的！你们这些推销员啊，个个都习惯去奉承别人，拍别人的马屁，我可不会上当！"

崔西一听这话，微微笑道："先生，您说得很对，有些推销员确实是像您说的那样，专挑好听的话说给别人听，让别人听得飘飘然，忘乎所以。但是，我不会这样对您说，我从来没有遇到过像您这样，这么有主见的人。"

那人一听，脸再也阴沉不下去了，和崔西讲起了一些表现自己特别有主见的事。崔西认真听着，不时插上几句问话。两人越聊越投机，像老朋友一样亲热。最后，崔西对那人说："先生，从您的话里，我能看出来您之所以这么有主见，是得益于您敏锐的头脑。您的智慧，让我叹服，我能有机会成为您的朋友吗？"

那人很是开心，拍着崔西的肩膀说："我们已经是朋友了！"

很自然，走的时候，那个人爽快地买了崔西的一套书籍。不但如此，他还成了崔西的固定客户，每隔一段时间，总要从崔西这里买走一些书籍。

其实崔西和陌生人成功交流的技巧很简单，就是可以很巧妙地找到对方感兴趣的话题。他从对方一开始对他的排斥中看到，这个人一定是一个很有主见的人，所以就顺势把对方往这方面引。果然，对方对这个话题很感兴趣，崔西得以成功找到对方的兴趣点，打开了他的话匣子。从而轻轻松松地赢得了对方的信任。

不只是在销售中，在所有与陌生人的沟通中，我们都要学会给对方营造一种“说话投机”的感觉。有条件的，我们可以在与其交往之前先进行一个充分的了解，一般情况下，和客户沟通时多用这些。在我们与客户沟通前，多去了解一下客户的资料，包括喜欢什么、爱好什么等等，都要了解得一清二楚。这样在交流的时候，就可以直奔主题，直接把对方往他喜欢的话题上引导。

当然，也有没有准备，仓促应战的。这就需要用到我们上面所说的，从对方的一些细节中去寻找蛛丝马迹。对方的发型、服饰、表情、眼神、语言、肢体动作等等，都是我们的突破口。我们从中去仔细寻找，就不难发现对方感兴趣的话题了。

找到了这些，我们就可以很轻松地和对方做一对“相见恨晚，惺惺相惜”的好友，不费力气地赢得他们的信任。

结束语不可忽视

关于这个问题，应该是在与陌生人的交往过程中最容易被人忽略的一点。为什么？因为很多人都把与陌生人交往的重点放在了“第一眼”，或者是交流时谈话的内容上，但绝少有人能够注意到，结束语也同样是赢得陌生人信任的“杀青”力作。

与陌生人交往，只注重开头而不留意结尾的人，我们也可以称其为“虎头蛇尾”。想想看，在与陌生人交往的时候，所有的过程都与我们设想的一样完美：我们形象优雅，举止大方；我们笑容满面，和善可亲；我们的自我介绍新颖，让人记忆深刻；我们谈吐风趣，引人入胜……所有的一切都使我们认为，自己已经赢得了这个陌生人的信任。事实上，我们也确实已经赢得了对方的信任。

但是，在我们和对方告辞的时候，却一不小心落下了一样东西，使对方对我们的好感顿减。这样是不是太不划算了？毫无疑问！我们落下的东西，其实只是一句充满喜悦和真诚的结束语。要把这个结束语说给对方听，才真正完善了我们与对方的交往过程。如果一不小心落下，那只能说是我们的一个遗憾。

结束即为开始。所以在我们想要和对方说再见的时候，也一定记住，这不单单只是这次会面的结束，更是下次交往的开始。所以这个时候，我们也要拿出刚见面时的紧张和慎重，细心地雕琢出一两句让人舒心的告别语，来结束这次会面。我们要让对方有种感觉：他很喜欢和我聊天！他很愿意和我做朋友！好了，如果对方是怀着这种心情和我们分别的话，那么这次会面，我们已经做到了“功德圆满”，真真正正赢得了对方的信任。

当然，如果我们草草收兵的话，对方也能看得到！那我们留给对方的，又会是另外一种印象了！

李飞和王强是大学校友，两人关系很铁。这不，毕业了，两人也在寻思着怎么样能进同一家公司，以便相互照应。

经过在网上筛选，他们俩选中了一家电子设备公司。投了简历后，两人同时得到了面试的机会。李飞做事一向谨慎，为了保险起见，他在网上查找了很多这家公司的资料，以便自己和王强在面试的时候可以对答如流。古人不是说了嘛，知己知彼，方能百战不殆！准备得如此充分，李飞和王强对这次面试很有信心。

面试的时候，先轮到李飞。他一点也不紧张，准备了这么长时间，该注意的事项都已了然于心，有什么可担心的呢？微笑、握手、问候，所有面试时需要注意的细节，李飞都做得自然而大方。回答专业技术性问题的时候，李飞更是应对从容、对答如流。考官暗暗点头：这小伙子不错！

看到考官满脸的笑容，李飞心中一阵窃喜，看来这工作八九不离十了。当面试结束，考官宣布让他等候下一轮面试通知的时候，李飞兴奋得都要笑了出来，以致忘记了和考官打声招呼，就一溜烟跑了出去给王强报喜。

很快就轮到王强面试了。他面试的过程和李飞大同小异，面试所应注意的细节和公司资料，两人早就烂熟于胸。没有一点悬念，他也轻松过关。就算考官在最后问了他几个非专业的难题，他也凭着自己敏捷的才智，做出了令考官满意的回答。当考官宣布面试结束的时候，他不卑不亢地对考官说："谢谢你们给了我这次面试的机会，使我学到了很多的东西，希望不久以后我们还可以再见面。谢谢！"说完深深地鞠了一躬，然后才转身离去。

几天后，王强等来了复试的通知，而李飞没有。他急得抓耳挠腮，最后不甘心地打电话给这家公司进行询问。难得的是，那位考官居然还记得他，并在电话里对他说："小伙子，你很优秀，这一点我得承认。只是，我们这项工作需要的是一些认真细致，做事有始有终的人来担任，你做事虎头蛇尾，虽然有能力，但显然不合适。所以，我们没有录用你，请你见谅。"

李飞奇道："我什么地方表现出虎头蛇尾了？我怎么不知道？"

考官说："在面试结束的时候，你什么也没有说就跑了。面试也是一项工作，你前面做得都很好，就差最后一项了，却早早地鸣金收兵，这不是虎头蛇尾是什么？"

李飞一愣，拿着话筒呆在原地，却再也说不出话来。

如果与陌生人交往是一盘棋，那么结束语就是这盘棋的最后几步。也许你在前面做得很好，杀得“敌人”人仰马翻，溃不成军，但是在最后这一步，你大意了，那么你依然会转胜为败。

如果与陌生人交往是一篇文章，在前面你绞尽脑汁，写得精彩绝伦，但却忘记了最后一步的点睛之笔。那么这篇文章也就不能称之为好文章。甚至会让人误以为是块“鸡肋”，嚼之无味。

所以，与陌生人交往时，结束语千万不可忽视。你一定要把它当作一支魔棒，让其为你点石成金，赢得对方的信任！

第九种情境

危机：重建你的信任度

富兰克林说过：“失足，你可以马上恢复站立；失信，你也许永难挽回。”事实上，在现实生活中，因为处事不当而失去信任的例子比比皆是。但是请记得，正如富兰克林所说，失去信任虽然难以挽回，但毕竟不是无法挽回。信任就像是蜥蜴的尾巴，即便是断了，只要用心，只要努力，它就还可以长出来。

一不留神，让信任这家伙跑了

现实生活中总有这样那样的例子，有的人很辛苦地在自己的生活圈子里成为了一个让人信任的人，但却因为处事的时候不小心，出了一点小岔子，结果在别人心中积累下来的信任度荡然无存。从被别人信任到被别人怀疑，这是一个很大的落差，以至于有很多人都无法承受。

有一个一向很听话的孩子忽然离家出走了，父母焦急万分，发动了所有的亲朋好友，最后终于把孩子找到。原来，孩子是因为这次考试成绩不好，想要离家出走避开一段时间。

父亲很生气，问孩子："考试成绩不好就应该离家出走了吗？为什么不告诉我？难道你不信任我吗？"

孩子平静地看着父亲说："是的，我不再信任你了！"

父亲大吃一惊，经过仔细询问孩子，他才知道孩子不信任自己的原因。原来父亲曾经许诺过孩子：一次考试成绩不好没有关系，只要每次都能进步一点，那就是在努力。如果连续三次考试都在进步，他就会奖励孩子一辆山地自行车。可事实是，孩子做到了，他却忘记了自己的承诺。看到孩子的分数比邻居家孩子的分数差太多，他骂了孩子，更把奖品的事抛到了九霄云外。虽然这次考试孩子又有了小小的进步，可是，他说什么也不让父亲看了。因为父亲在他心目中，已经不再被信任。

这个时候，那位父亲才幡然醒悟，后悔莫及。原来，孩子失去了对自己的信任才是两个人之间最大的问题。他很难受，不知道要怎么办才好。

信任是什么？信任是用真诚和信用积累起来的一种感觉。信任的建立可以是一瞬间，也可以是日积月累；可以是任何时间，也可以是任何地点。当然，也可以发生在任何人身上。信任是一种财富，无形无质，却又宝贵异常。放在"狼来了"的那个小孩子身上，信任就等于他的财富；放在姬宫涅身上，信任就等于他的江山，但是很遗憾，他们都不小心弄丢了自己的信任，就如同上面那个孩子的父亲一样。

你丢失了信任，在这个社会中，你就丢失了重要的依靠。

那么，应该怎样做才能不让信任这家伙从你身上溜走？

首先，你要做一个诚实可信的人。在生活中，无论与任何人交往，你都要做到实事求是、表里如一。也就是说，你要说实话、做实事，不夸大其词，不文过饰非，真真实实做人，坦坦荡荡行事。

就如同在职场上，有很多人为了求得高薪水的好职位，不惜假报工作经历，虚夸工作能力。虽然有可能当时会如愿以偿得到工作，可是到最后，一旦为领导所看清，那么他将失去职场中最重要的——领导信任。孰轻孰重，可想而知。其实诚实地展现自己，才是在职场中立足的最好方法。

其次，你要做一个重信守诺的人。就是说你说过的话、许过的诺，一定要兑现。就像那个孩子的父亲，既然答应过孩子，就一定要去遵守，这是对自己的尊重，也是对别人的尊重。有个故事叫作“一诺千金”，说的就是这个意思。

这个故事是说，在秦末的时候，有个叫季布的人，言出必践，所以信任度非常的高，以至于很多人都愿意和他做朋友。他的朋友之间广为流传着一句话：得黄金百斤，不如得季布一诺。后来季布得罪了刘邦，被刘邦悬赏捉拿，是朋友不惜冒着杀身之祸来帮助他，使他躲过一劫。

最后，我们要说，要想不让信任从你身上溜走，你必须要持之以恒，要从小事做起，要日积月累，这样才可以。千万不要因为做了一件小事，得到了朋友的一点信任，就得意忘形，不知所以。我们有必要提醒大家一下，在你得到朋友一些信任的时候，如果不加注意，反而更容易让信任从你身上溜走。

总之，你要明白，在生活中，信任就像是一个淘气的孩子。无论你现在在别人眼里是不是一个值得信任的人，你都要注意维护你留给别人的信任感，因为一不小心，这个淘气的家伙就会跑了。

有一个不让信任溜走的故事非常的感人：

1596 年，一艘运输船被冰封的海面困在了北极圈的某个地方，船上有一位荷兰船长和 17 名水手。这一困，就是一个漫长的冬季。在这八个月的寒冷季节里，他们用八个人相继饿死和冻死的代价，换来了一个奇迹，一个常人无法理解的信任。

在船上，有的是可以挽救他们生命的食品、药品和衣物，但是他们却丝毫未动。因为他们知道，客户的信任，是船员活命的根本，这个根本不能被自己破坏。在冰冻期结束后，幸存的商人把货物完好无损地带了回去，交到了客户手中。

看到这个故事，大家有何感想？其实那些荷兰船员完全有变通的理由，性命攸关。他们也完全可以先用那些物品挽救生命，然后等回去以后再赔偿给客户。相信即便是他们这样做了，他们的客户也会理解，也不会去埋怨。可是他们终究没有这样做，因为在他们的眼中，客户的信任比生命更重要。

他们得到了，而你呢？你还在为失去信任而懊恼不已吗？其实有些时候，你不小心失去了信任，我们可以理解，毕竟人非圣贤，孰能无过。但是亲爱的朋友，你却不能以此为借口，总是让信任从自己的身上溜走。信任如同是你手中的信用卡，你不小心透支一些，可以补得回来，但是如果大量的透支，你该怎么去补？即便是能补，会很难，也会捎带利息。

所以朋友们，一定要记住，小心行事，别让信任这家伙从你身上跑了。

职场翻车，用忠诚换回上司的器重

身处职场，我们要承受各种压力。沉甸甸的八小时工作、无止境的加班、错综复杂的人际关系等等，像一道道沉重的“枷锁”，压得我们喘不过气来。以至于我们不断地发出抱怨，“身在职场行，半点不由人”，虽是自嘲，但实属无奈。

其实在职场中，我们最大的压力是来自于和上司的相处。我们都希望能够得到上司的肯定和赏识，毫无疑问，一旦得到上司的重视，我们做起事来会事半功倍、得心应手，这样才能保证自己在职场中立于不败之地。然而，这谈何容易！

古人说“伴君如伴虎”，我们的上司，就算不是老虎，也会是一只凶猛的“肉食动物”。和上司相处，我们必须要小心应对，尽量得到他们的信任，才不致有被“吞噬”之危险。就算我们非常的优秀，就算我们相当的能干，但那又如何？如果无法得到上司的信任，我们所开的这辆职场“小车”早晚得翻。

很多职场的朋友都有“翻车”的经历：本来工作做得好好的，但忽然有一天，上司不再信任我们了，我们所开的这辆“职场车”翻了，于是我们在公司里的地位直线下降，事也做得越来越不顺利。我们很苦恼，也很憋气，这是怎么了？

其实我们找来找去，原因也只会有一条，那就是在不知不觉中，我们已经失去了上司对自己的信任。

不信？你瞧：

陈雪在这家商贸公司中工作已经一年了，她是研究生毕业，学历高、工作能力强，再加上干活麻利，所以很得公司老总器重。照着这趋势发展下去，再过一段时间，升职加薪肯定是没有问题。

然而非常不巧，一件事下来，使得老总对她的信任急剧锐减。

原来，这天老总在休息的时候和陈雪闲聊，无意中告诉她，现在公司面临着很大的问题，在资金和业务上的运转都不是十分顺畅。尤其是在上次和客户合作失败后，公司的经营更是惨淡。老总希望陈雪可以体谅公司现在的难处，多做点努力，虽然工资暂时涨不了，但公司挺过这道难关后，一定给她涨工资。

陈雪听后心里非常不快，虽然当时没说什么，可是老总前脚离开，她后脚就向同事杨娟抱怨说："这是什么破公司啊，这么多事，让人多干活还不给涨工资！公司要是不给涨工资的话，说什么我也不会加班，有那时间，我还不如回家睡觉去。"

老总这时还没有走远，刚好在办公室外面抽了支烟，把陈雪的抱怨听得一清二楚。

果然，这次老总没有让陈雪加班，但是对她的态度却明显变了。不冷不热，平常连话都懒得和她多说几句，再也不像以前那般和气。她已经失去了老总对自己的信任。

大家有过类似于陈雪的经历吗？她为什么失去了老总对自己的信任？很简单，透过她的话，老总能很明白地看出来，她不是一个忠诚的员工。

每个上司都愿意把下属当作自己人，也更希望下属能跟自己一条心，忠诚地跟着自己、拥护自己，认真地听从自己的领导。在上司的眼里，忠诚的员工才可堪重任。下属能力再强，没有忠诚，上司也不能放心。他们总是会想：这个人能力不错，但是谁知道他明天还干不干，会不会拆我的台，还是少用为妙。

于是，就算你是一匹千里马，但只要无法让上司看到你的忠诚，或者是让上司看到了你的不忠诚，那么你在职场翻车，是必然的事。

就像上面陈雪的故事一样，如果你失去了上司对自己的信任，那么应该通过什么样的方法，才能重新得到上司的器重？毫无疑问，还是忠诚。有些话虽然你说过了，但还有做呢！你还有很多种方法让上司知晓你的忠诚。只有上司知道你的忠诚了，才会再次信任你。

我们还以陈雪为例。当她发现老总对自己不再信任的时候，就应该检讨自己的原因了。她应该好好想一想，自己到底是在什么地方做错了，才造成了现在这种局面。

好的，思前想后，她终于找到了原因。原来自己的话让老总听到了，原来老总认为自己不够忠诚。既然如此，那就对症下药，自己先走出这方面的误区再说。她应该做的是，不抱怨、不埋怨、不发牢骚，尽自己最大的努力帮助公司走出困境。公司需要让加班的时候，好的，义不容辞；公司不需要让加班的时候，也尽量多做点工作再走。反正回去也是睡觉，多做点工作，多学点知识，也多长点经验，何乐而不为？

如果她以这样的心态工作，那就好办了。老总不是以为她不够忠诚吗？看到这么卖力工作的员工，他肯定会怀疑自己的耳朵：那天我肯定是听错了，像陈雪这么好的员工，怎么会不忠诚？老总有了这样的想法，那就证明了一件事，就是她已经找回了老总对自己的信任。

忠诚和信任是两个不同的概念，但是在职场里，它们亲如兄弟。你如若想得到上司的信任，忠诚是必不可少的。

在职场里一不小心翻了车，失去了上司对自己的信任，不要紧。只要你从此以后记得谨言慎行、记得认真工作、记得和上司相处的技巧，当然，还要记得多向上司展示自己的忠诚。如果你能够这样做了，想再找回信任，也就不是太难了！

同事翻脸，演一曲“将相和”

如果把公司比作一个“大家庭”的话，那么同事之间就成了兄弟姐妹。很显然，我们身在职场，接触最多的人就是这些兄弟姐妹。我们小时候都有过和自己的兄弟姐妹打架的经历，自然也明白一个道理，朝夕相处的人之间，磕磕碰碰的事儿必定是不会少的。

我们和同事之间，可能会有言语上的摩擦，可能会有意见上的冲突，也可能就是为一点鸡毛蒜皮的小事，弄得鸡飞狗跳，大家都不得安宁。但有意思的是，有些人和同事翻脸了，会变成仇人，“老死不相往来”；而有些人和同事翻脸了，当时也会互不相让，但没过几天——和好了。不仅如此，关系似乎还比以前更加融洽。这是怎么回事？

其实同事之间所以会翻脸，也是源于信任的流失。如果是两个相互信任的同事之间发生了争执，但只要彼此间的信任不流失，就一定不会翻脸。相反，如果是两个原本信任的同事之间，因为争执而把彼此的信任争没了，那么翻脸就是迟早的事了。

如果你遇到把信任争没了的情况，就该注意了，这是你的信任危机。这个时候，你应该想尽一切办法，找回同事对你的信任。只有如此，你才能搞好和同事之间的人际关系，在职场中游刃有余。

那么你肯定要问，怎么去找？

其实很简单，你只要记住四句话就行：承认错误、包容不是、放弃固执、遗忘过去。

我们来逐一解释：俗话说得好，“智者千虑，必有一失”。你可以想一想，自己是个智者吗？当然不是！那也就是说，在与同事发生矛盾的时候，有很大可能是因为你的原因。先不要忙着不承认，每个人都会犯错，这原本不是什么大不了的事。一旦你真正意识到是自己错误的时候，就要向同事勇敢地承认自己的错误。也许这样做会很“丢面子”，但是你还是要去这样做。因为真正有能力的人是敢于承认错误的，你在做，同事在看，他会原谅你的错误，重建对你的信任。

包容不是。这点是针对同事来说的。同事和你一样，有时候也会犯错，也会因为错事和你翻脸。这个时候，就是显示你大度的时候了。对于那些鸡毛蒜皮的小事，你和同事闹过矛盾之后，完全可以大手一挥，然后告诉同事：这事儿根本没什么了不起，你别放在心上。想想看，这时候也许同事正在暗暗自责，正在为自己和你翻脸后悔。你这种做法，让他感受到了你的大度和包容。如此一来，他还能不对你心生信任吗？

放弃固执。有时候，当你和同事的矛盾起因是因为对一个问题的不同看法时，你也该学着让步。想想看，对于一个问题，你们争论了很久，双方互不相让，最终也没有争出个子丑寅卯来，反而弄得双方关系恶化，这值得吗？当出现这种情况的时候，你就该放弃自己的固执，认认真真地听取同事的意见，两人共同找出解决的办法，找回彼此的信任。

遗忘过去。这里所谓的过去，就是你和同事的不愉快。既然是在这儿翻了车，弄得大家都不开心，为什么不试着去忘记呢？“不记仇，不记恨”，把过去的一切矛盾都抛得远远的，见到同事的时候依然保持足够的亲切与热情，一如既往。相信如果你这样做了，你的同事一定会为你折服，一定会更加信任你。

我们所说的这几点，大家都做到吗？这其实一点也不难，我们来看看古人是怎么做的：

从完璧归赵和渑池之会这两次大事上，赵国公司的董事长赵王发现了蔺相如强大的应变能力和过人的胆识。经过考虑，他决定任命蔺相如为上卿，职位在廉颇之上。

廉颇大为不快，生气地说：“我在赵国公司里做了多年的大将，南征北战，为公司立下了汗马功劳。可是这蔺相如仅凭着一张嘴，就爬到了我的上面，我不服气。更何况此人出身贫寒，没有显赫的背景，但我的职位却在他之下，我感觉是一种侮辱。哪天我碰到他了，一定要好好地羞辱他一番。”

很快这话就传到了蔺相如的耳朵里，奇怪的是，他听到之后非但没有生气，反而事事躲着廉颇。为了不和廉颇发生冲突，他甚至称病不去公司开会，就连出门遇到廉颇了，也是赶快绕路而行，远远地躲开。

三番几次下来，蔺相如的下属也看不惯了，对他说："您这是怎么了啊？我们之所以愿意跟着您为咱们公司效力，是因为您是一个有胆有识，值得信任的人。可是现在，廉颇总是在外面说您的坏话，您身为上卿，位置还在他之上，却如此的害怕。您这种怕事的行为，让我们寒心。也许我们看错人了，请让我们辞职回家吧！"

蔺相如听完微微一笑，问下属说："你们觉得廉将军和秦王哪个更厉害？"

下属回答："那还用说，秦王身为秦国公司的董事长，自然要比廉将军厉害。"

蔺相如正色说："即使是秦王位高权重，我依然敢在他的公司里责骂他，羞辱他的下属。你们觉得，我是胆小怕事之人吗？我之所以不想和廉将军翻脸，是为了维护咱们公司的利益。你们想想，如果我们两个因为这点小事，互相失去了信任，闹得不可开交，那么我们公司还怎么能又快又好地发展呢？"

下属们恍然，点头称是。

廉颇听说这件事后，觉得自己有些过分，很是惭愧。于是他便解衣赤背，背上负上荆条到蔺相如家里请罪。他对蔺相如说："我是个粗人，言语无状，得罪了您，却没有想到您这么宽宏大量。我今天是特意向您请罪来的，请您责罚。"

蔺相如哈哈一笑，两人终于和好，成为了好朋友，共同为赵国公司的发展努力。

同事之间，总会有闹矛盾的时候，总会有缺失信任的时候。缺失了信任并不可怕，可怕的是你不知道怎样去努力重新找回同事的信任。学会宽容、学会理解、学会放弃不必要的固执，你就可以重建朋友对你的信任。

朋友闹崩，显示出你的大度与宽容

关于对朋友的理解，也许我们体会得最为清楚。罗曼·罗兰曾经说过：“有了朋友，生命才显示出全部的价值。”

我们在形容自己生活圈子的时候，总喜欢说“亲朋好友”，把亲人和好友共同放置在内心的“首页”，由此可见，朋友在我们心中的分量。老话说得好，“千里难寻是朋友，朋友多了路好走”，生活在这个错综复杂的社会上，我们每个人都不能没有朋友。因为朋友是我们除了亲人以外，最大的依靠。

时下还有一句流行的话是“一个人朋友的多少，决定了其事业成就的高低”，这句话与前面那句老话其实有着异曲同工之妙。可不是嘛，随着我们对社会的了解越来越深，我们也愈发清晰地认识到朋友的重要。也正是因为这样，我们对待朋友应该多帮助、多体谅，拿出自己的真心，换取他们的信任。

只有拥有朋友的信任，我们的生活才能多姿多彩，我们的事业才能如虎添翼。

我们可以和朋友一起谈天说地；我们也可以和朋友一起把酒言欢；我们可以和朋友一起走过艰难；我们还可以和朋友一起分享快乐。但也因为总能和朋友在一起，所以，我们会时时面临着除了快乐的另外一种心情，那就是矛盾。

对，就是矛盾。老人们常说“牙齿和舌头也有打架的时候，更何况朋友”，朋友在一起久了，总会有摩擦、总会有分歧、总会有尴尬。我们的每一个朋友都有自己的长处和缺点，虽然我们在和他们交往的时候，都是奔着他们的长处去的，但在某一天，他们的缺点也会在与我们的相处中占据上风。他们或许会小气、或许会冲动、或许会不近人情、或许会蛮不讲理。当然，有时候我们的这些缺点也会在朋友眼中显现出来。

好了，当出现这种情况的时候，我们和朋友之间必定要发生冲突，定然会为此而闹崩。最后的结局是，也许我们和朋友当时不欢而散，过后却重归于好；也许是我们和朋友彻底闹翻，从此绝交。

如果是你不小心和朋友闹崩了，你是想和朋友重归于好呢，还是想与朋友绝交，从此老死不相往来？你肯定会选择前者，因为在前面我们告诉你了，朋友是你一生最大的财富。你和你的朋友之间，如果不是彼此犯下了不可饶恕的错误，还是能重归于好最好，不是吗？

还是那句老话，朋友闹崩还是因为缺失了信任，找回朋友对你的信任，也就能找回你的友谊。

张兵和刘浩是多年的哥们儿，两人之间无话不谈，感情极为深厚。

这天，张兵忽然接到了刘浩的电话。在电话里刘浩的声音沉重，好像遇到了很棘手的事情，他约张兵到酒吧喝酒，张兵不敢怠慢，很快到了两人约定的酒吧。

在酒吧里，刘浩一个劲儿地闷头喝酒，显得心事重重。在张兵的一再追问下，刘浩终于说出了事情的经过。原来，这几天刘浩就感觉有些不太舒服，于是请假到医院做了个检查，一查之下大惊失色，居然被疑似患有性病。这对刘浩来说不异于是晴天霹雳，虽然这病治疗起来不是太难，可是万一让妻子知道了，后果会怎么样，他不敢想。

由于心里实在烦躁，他就拉来了好友喝酒解闷。

张兵不知道该怎么去安慰刘浩，只能是舍命陪君子，和他一起喝酒买醉。

把心里的烦恼说了出来，刘浩感觉好受了许多，但他还是不放心，一个劲儿地叮嘱张兵：“哥们儿，我这实在是憋得慌了，才找你诉苦的，谁让你是我最信任的人呢！但你可一定要答应我，这事儿除了你之外，千万不能再让第三个人知道了。要是传到你嫂子耳朵里，我这日子可就没法过了。”

张兵一拍胸脯：“这个你放心，哥们儿什么时候让你失望过！”

两人喝得大醉，直到半夜的时候才各自分头回家。张兵这人平日里嘴倒是很紧，可是他有一个毛病，一旦喝醉了酒，就什么秘密也保不住了。这天晚上，大醉之后回家的张兵，迷迷糊糊就把这一切都告诉了自己的妻子。

巧的是，第二天早上张兵的妻子到菜市场买菜，正好遇到了刘浩的妻子也在买菜。由于两家经常相互走动，所以这俩人也很熟，就站在一块聊了一会儿。张兵的妻子是个藏不住话的人，就把这事儿一五一十地告诉了刘浩的妻子。

这下可不得了了，刘浩的妻子一听是勃然大怒，回家就和刘浩大闹了一场，还扬言要和他离婚。刘浩两口子的关系骤然紧张起来，陷入了冷战之中。

更巧的是，正在这个节骨眼上，医院的电话来了，原来医院填错了病历，刘浩的病根本就不是性病，只是普通的皮肤病而已。虚惊一场，刘浩夫妻两人总算是和好了。但是对于张兵，刘浩却很是失望。虽然明知道他不是有意而为之，可还是很难再去信任他了。

张兵自知理亏，赶紧买了不少礼物去上门拜访刘浩，想给刘浩赔个不是。

第一次，刘浩门都没有开，在门内大声吼道：“你走吧，我没有你这样的朋友！”但是张兵没有灰心，过了两天再次登门拜访，无奈之下，刘浩只得打开了门。

面对刘浩阴沉的脸，张兵没有丝毫的难为情，他把事情的起因真诚地对刘浩解释了一遍，然后盯着刘浩的眼睛说：“哥们儿，该说的我都说了。虽然我是无意为之，但这的确是我的错，我向你道歉。我知道你现在不信任我了，但是我还是不想失去你这个好朋友，希望你能原谅我这一次。”

刘浩凝视着张兵，看了好一会儿，忽然笑了起来：“好吧，看在你拿这么多礼物的份上，我原谅你了！”

两人相视大笑，拥抱在一起。

朋友闹崩不要怕，只要你是真心想重建朋友对你的信任度，那就拿出你的诚意来。朋友会把它当作再次建立信任的砝码，为你加分。

当然，你更应该像刘浩一样，用你的大度和包容，给自己的朋友一次机会。如果你的朋友值得原谅，那么你的大度和包容，将是你们共同的财富。想想看，用你的大度和包容再次换回一段充满信任的友谊，是不是比失去这段友谊更加划算？

你算得到！

夫妻猜忌，用行动表达你的真情

生活中，很多人喜欢用“婚姻是爱情的坟墓”这一偏见来扭曲婚姻的真正内涵。在我们看来，婚姻非但不是“坟墓”，还是一个真正的天堂。两个人之间最动容的爱，会在婚礼交响曲中得到最完美的升华。如果爱情是花，那么婚姻就是果，虽然这枚果实不若花般娇艳，但却更加香甜可人。

所以，我们认为，婚姻是一曲双人舞，而夫妻双方则是跳这曲双人舞的两个主角。两个人静静地拥在一起，慢慢地随着舞曲悠然踱步。如果很有默契，两个人会跳得恰似百花盛开，色彩缤纷；如果缺少默契，两个人则会跳得稍有错拍，微微停滞，但只要用心，都永远不会失了双人舞的美丽。

老人们常说，每个人都是前半生以父母为主，后半生以另一半为主。对于这种说法，我们深以为然。结婚之前，我们的一切都要依赖父母的照顾；而结婚之后，我们就依赖另一半的照顾了。丈夫体贴妻子，妻子照顾丈夫，这是每对夫妻的家庭准则。可以说，在我们每个人的后半生中，面对爱人的时间，要占据我们活着的一大半时间。

可是问题也来了，因为我们和爱人朝夕相处，一起吃饭、一起看电视、一起休息、一起去旅游，太多的“一起”让我们和爱人之间总免不了一些摩擦。脾气好的夫妻之间吵架了，打个冷战也就过去了；脾气不好的夫妻之间吵架，会鸡飞狗跳，邻里不宁。当然，如果脾气再暴躁点的夫妻吵架了，也极有可能会“红本变绿本”，离婚了事。

其实夫妻关系处理不好的人，就是上面我们所说的，认为“婚姻是爱情的坟墓”的这类人。这类人之所以处理不好夫妻之间的关系，归根结底，也是信任度的缺失。

可不是吗？爱默生说过：“信任他人，他人就会真诚地信任你；好好地对待他人，他人就会好好地对待你。”我们想一想就会明白，当夫妻闹矛盾的时候，你不去信任对方，努力地找回对方对你的信任，又怎么可能使夫妻二人和好如初，重建信任度？

这两天，小何可真是哑巴吃黄连，有苦说不出。

原来呀，这都是网络聊天惹的祸。事情是这样的：前段时间，小何在网上无意中认识了个女孩子，那女孩口才挺好，一通神聊下来，把小何唬得是一愣一愣的，真把那女孩引为知己。后来两个越聊越熟络，就彼此交换了电话号码。

但如此一来，问题也来了。

女孩在网上聊天的时候，总喜欢开玩笑地问小何：“亲爱的，你想我了吗？”小何知道这是玩笑话，也没怎么放在心上，平常的时候也就是扯几句就过去了。可是巧的是，这天晚上小何的妻子吃过晚饭后闲来无事，玩上了小何的手机，这时来了一条信息，“亲爱的，我想你了！”

不用说，这条信息是小何的网友发来的，刚好被妻子看了个正着。

可想而知，小何的妻子看到这条信息会是什么样的反应。她大发雷霆，一个劲儿地追问小何是怎么回事。小何在百般解释无果的情形下，直接被妻子判了“有期徒刑”——有外遇。小何虽然感到委屈，但也无法可施，谁让自己在网上瞎聊呢。

事情原本在小何给妻子解释过就应该结束了，可是让小何没有想到的是，妻子居然像着了魔一样，三天两头查他的手机和网上聊天记录。弄得小何苦不堪言，感觉没有一点隐私可言。而且小何明显地感觉到，妻子好像对自己并不怎么信任了。以前自己说什么妻子都听，可是现在无论自己说什么，妻子都要亲自去查证一番。

小何知道，如果再这样下去，妻子对自己的信任感会越来越少，到那个时候，夫妻关系就危险了。他决定要改变这种状况，挽回妻子对自己的信任。

这天是周末，小何告诉妻子，自己要带她去一个好地方玩。妻子本来不愿意去，但架不住小何的软磨硬泡，跟着小何出发了。到了目的地妻子才发现，原来小何带她来的地方，是他们第一次约会的地方。她心里微微有些惊讶，不明白小何带自己来这里做什么。

小何拉着妻子的手说："老婆，带你到这里来是想重温一下咱们第一次的约会。第一次约会的时候，我曾经对你说过，'如果我们以后在一起生活，我发誓不会对你说一句假话。'这话你还记得吗？我会永远记住自己说过的这句话，不对你说一句假话。老婆，前几天我说的都是真的，没有骗你……"

妻子一直在静静地听着小何说话，等到小何终于说完的时候，她笑了。她对小何说："好吧，我相信你了，看在你这么真诚的份上，原谅你吧！"

小何终于又找回了妻子对他的信任。

夫妻之间会有不快，会有猜忌、误会，也会有矛盾，但只要你真心实意地想去化解，我们相信，就没有迈不过去的坎儿。所以，当你遇到这种情况的时候，不要着急，记着要用行动表现出你的真诚。你的爱人能感觉得到，也能给你最大的信任。

将心比心，用信任赢得人生

公元前4世纪，意大利有个名叫皮斯阿司的年轻人不小心触犯了法律，被国王判了绞刑。在当时的意大利，国王向来是言出如山，绝难更改。

因为离执行绞刑还有一段时间，所以皮斯阿司提出了一个请求，他希望自己能在临死前回家见母亲最后一面。国王被他的孝心感动了，决定给他一次机会，但是要求在他回家看望母亲期间必须有人来替他坐牢。当时意大利的法律非常严苛，如果他在回家期间趁机逃走了，那么替他坐牢的人必须要被处死。

这也就是说，替他坐牢的人，必须要冒着死亡的危险，做一场信任与错信的对赌。谁敢来替他坐牢呢？有一个人，是他的朋友达蒙。达蒙是他的好友，他信任皮斯阿司不会是一个没有信义的人。

皮斯阿司从牢房里出来后，就日夜兼程地向家乡赶去，要跟母亲见最后一面。而为他沉陷牢中的好友达蒙，这时候却成了全城人嘲笑的对象。所有人都相信，皮斯阿司定然会一去不复返，放着这么一个活命的机会，又有谁不动心呢？

时间一天天过去了，离执行绞刑的日子越来越近，而皮斯阿司却仍然是踪影全无。人们开始对达蒙同情起来，认为他交了一个不值得信任的朋友。

终于，到了执行绞刑这天了。这天，全城所有的人都出来了，他们要为达蒙送行，为一个错交了朋友的人送行。但出人意料的是，绞刑架下的达蒙，却面无惧色，一脸的从容。面对人们的嘲笑和同情，他只是淡淡地说了一句话：“我信任我的朋友，他会来的！”

他的朋友终于来了，在绞索挂上达蒙脖子的时候，当所有的人都认为他死定了的时候，他的朋友皮斯阿司从远处飞奔而来。他一边跑一边高喊着：“我回来了！我回来了！幸好没有迟到！”所有的人，包括国王都惊呆了，这哪里像是来就死的啊，根本就是来赴一个朋友的约会啊！

人们被感动了，欢呼起来。国王也被感动了，他亲自走到了绞刑台上，为达蒙和皮斯阿司松了绑，并当众赦免了皮斯阿司的罪。国王对他们说：“孩子们，你们相互对朋友的信任，使我看到了一种最伟大的力量。可以肯定的是，你们是我最优秀的子民。”

我们一直在讲述信任，一直在讲述信任对于我们人生的影响，一直在讲述什么是信任，现在我们看到了。什么是信任，信任就是把我们的心拿给别人，同时也收下别人送给我们的心。将心比心，我们和别人才能相互信任，才得赢得最为精彩的人生。

英国作家斯达卡说：“不信任有传染性，但是信任也如此。”当我们把自己的心拿给别人看的时候，这种真诚会传染给别人，使得别人毫不犹豫地对我们产生信任。这样的信任，是我们一生中最为宝贵的财富。我们和别人之间的信任存诸于生活的各个角落，我们爱朋友，朋友信任我们；我们用心对待上司，上司信任我们；我们真诚对待同事，同事信任我们；我们关心客户，他们也会信任我们。而这样的信任，构成了我们精彩的人生。

信任不仅仅是存在于所有的成功因素里，还存在于生活中的每一个角落里。无论是个人、组织，还是整个社会，信任都有其神奇的作用。陌生人之间尚可如此，更何况是你和身边的人呢？请记住我们的话：将心比心，换取信任，你就能赢得一个更为精彩的人生！